시편과 함께하는 "행복 산책"

여호와여, 아침에 나의 소리를 들으시리니

시편과 함께하는 "행복 산책"

여호와여, 아침에 주께서
나의 소리를 들으시리니

초판 1쇄 인쇄 2018년 9월 15일
초판 1쇄 발행 2018년 9월 15일

지은이 나상오
펴낸이 장대윤

펴낸곳 도서출판 대서
등록 제22-2411호
주소 서울시 서초구 방배동 981-56
전화 02-583-0612 / 팩스 02-583-0543
메일 daiseo1216@hanmail.net

디자인 참디자인

ISBN 979-11-86595-42-8 (03230)

* 책 값은 뒤표지에 있습니다.
* 잘못된 책은 교환하여 드립니다.

이 책은 신 저작권법에 의하여 한국 내에서 보호받는 저작물이므로 무단 전재와 무단 복제를 금합니다.

시편과 함께하는 "행복산책"

여호와여, 아침에 주께서 나의 소리를 들으시리니

당신은 행복하십니까?

나상오 목사

도서
출판 **대서**

추천사

저자 나상오 목사는 늘 신선한 느낌을 주는 분입니다. 저자의 삶은 언제나 중요한 책 선택의 기준입니다. 저자의 신선함은 그의 묵상과 기도에 있다는 점입니다. 크리스천은 한 마디로 묵상과 기도의 사람입니다.

묵상은 영적 삶의 깊이와 폭을 더해줍니다. 기도는 하나님과의 대화, 영적 호흡입니다. 하나님을 믿는 사람들은 그분과 기꺼이 대화하며, 그분의 뜻을 알고, 그분을 닮고, 그분이 원하시는 삶에 초점을 맞춥니다.

묵상과 기도의 사람은 예수님을 닮습니다. 성경은 말씀과 기도로 거룩하여 진다고 말 합니다(딤전4:5). 종교개혁자 루터는 시편을 기도의 학교라고 말했습니다. 나상오 목사는 이러한 점에서 시편을 사랑하는 줄로 생각합니다. 그의 묵상이 책으로 나왔으니, 참 기쁜 일입니다. 어지러운 세상에서 거룩하고 차분한 삶을 원하신다면, 일독을 권합니다.

주도홍 교수 (백석대학교 부총장)

시편은 영혼의 거울이라 합니다. 시편을 읽고 묵상하는 이는 자기 영혼을 보게 된다는 뜻이겠지요. 그렇다면 시편을 묵상하고 그것을 글로 엮는 작업은 자서전을 쓰는 셈이 될 것입니다. 이 책에 담긴 저자의 묵상은 담백하고 따스합니다. 주님을 사랑하고 주님의 사람들을 귀하게 여기는 목자의 마음으로 나눈 이 글들을 읽노라면 믿음의 길을 함께 걷는 길벗의 소중함을 새삼 느끼게 됩니다. 시편으로 그리고 시편을 통해 주님께 가까이 가고픈 분들께 기꺼이 추천합니다.

유선명 교수 (백석대학교 기독교학부)

백석대학교 입사동기(?) 나상오 목사님의 시편묵상집 출간을 진심으로 축하드립니다. 목사님의 묵상집을 다 읽고 난 느낌은 마치 한여름날 얼음이 동동 떠 있는 오미(五味)자 차 한 잔을 마신 것만 같습니다. '달고시고쌉싸름한' 오묘한 맛의 조화라고나 할까요?

시편의 관문 1편부터 묵상의 '묵직함'에 놀라게 됩니다. "복 있는 사람은 악인의 꾀를 따르지 아니하며 죄인들의 길에 서지 아니하며 오만한 자들의 자리에 앉지 아니하고…" 목사님은 이 복 있는 자가 행복한 자임을 전제하고 이 행복을 유지하는 방법을 제시합니다. 그런데 그것은 뜻밖에도 '거절'이라고 선언합니다. '거절'은 결코 쉽지 않습니다. 하나님의 법에 정면도전하는 것들에 둘러싸인 일상에서 '거절'의 삶 자체가 고통이기 때문입니다. 그런데 이상한 일입니다. 그 음성을 거부할 수 없으니 말입니다.

그러나 목사님의 묵상이 모두 이러한 준엄한 권고로만 채워졌다고 생각하면 큰 오해입니다. 이 묵상집 안에는 다윗이 하나님께 올린 찬양도 있습니다. 그의 찬양은 금방이라도 눈앞으로 쏟아져 버릴 것만 같은 별들의 향연처럼 아름답습니다. 어디에선가는 죄로 인해 몸부림치며 오열하는 다윗을 만날 수도 있습니다. 짙은 어둠이 어깨를 들썩이며 처연한 울음을 토해내는 다윗을 지그시 바라보고 있습니다.

나 목사님은 이 모든 시편의 어간 속에서 보일 듯 말 듯 숨겨진 하나님의 사랑과 은혜를 절대로 놓치지 않습니다. 나 목사님의 언어로 표현되는 하나님의 마음은 독자에게 큰 울림으로 전달됩니다. 겁 많고 어리석으며 내일의 염려로 잠을 설치는 믿음 약한 영혼들을 또 달래고 어르며 감싸 안고 어루만집니다.

Plus 하나!
이 묵상집이 갖는 또 하나의 힘이 있습니다. 그저 "아침마다의 묵상을 글로 옮긴 것일 뿐"이라는 겸손의 말 속에 숨겨진 목사님의 신실함입니다. 깊고 맑은 감동의 묵상들은 매일 같은 시각 목사님과 주님이 나눈, 소중한 대화들입니다.

그래서, 이 묵상집에는 거짓이 없습니다.
그래서, 이 묵상집은 신선합니다.
그래서, 이 묵상집은 살아 있습니다.

이 묵상집을 손에 든 당신은 이미 행복한 사람입니다!

진미수 교수 (백석대학교 기독교학부)

저자서문

대학 1학년때 처음 아침 묵상(경건의 시간)을 시작했습니다. 이 시간을 통해서 지난 40년동안 너무 많은 하나님의 은혜를 경험했습니다. 부족한 저를 말씀을 통하여 가르치셨고, 말씀 앞에 굴복하게 하셨습니다. 모태 신앙, 목회자 자녀라는 신앙적 우월감이 철저하게 깨어지고, 저의 죄성과 연약함을 안고 시간 시간 처절한 몸부림을 치는 시간이 지속되었습니다.

5월의 어느 아침에 "우리가 아직 죄인 되었을 때에 그리스도께서 우리를 위하여 죽으심으로 하나님께서 우리에 대한 자기의 사랑을 확증하셨느니라(롬5:8)" 이 말씀으로 잠자는 저의 영혼을 깨우셨습니다. 그때부터 하나님 말씀이 꿀 송이 보다 더 달다는 것을 느끼게 되었지만, 때로는 깊은 시름에 잠기기도 했고, 형식적인 읽기로 시간을 때우기도 했고, 말씀대로 살지 못하는 자신의 연약함에 실망하기도 했고, 예상치 못했던 다양한 신앙의 부침이 있었습니다. 하지만 뒤돌아 보면 이 아침 시간을 통해서 하나님께서 저를 변화시키셨고, 만들어 오셨습니다

지난 6개월간 시편 전편을 묵상했습니다. 시편 전편을 한번에 묵상하기는 처음입니다. 20여년전 신대원 시절 시편 강의 첫 시간에 "시편은 행복에 관한 책이다"라는 교수님의 말씀은 저의 귀를 의심하게 했습니다. 잘못들은 것은 아닌가. 시편과 행복은 무슨 관계가 있지, 오히려 시편은 하나님 앞에서 자신의 삶을 돌아보는 고통의 기도가 아닌가라는 생각을

했었기 때문입니다.

　지난 6개월간의 묵상을 통해서, 시편이 고통의 기도가 아닌 성도들의 행복의 고백임을 다시금 확인하는 시간이었습니다. 지난 6개월간 매일 아침 시편을 통해서 하나님과 대화를 나누고, 그의 음성 듣는 것은 너무나 큰 행복이었습니다. 그냥 행복했습니다. 행복한 걸음을 오래 간직하려고 묵상의 내용을 기록했습니다. 저의 묵상의 내용이 학문적이지 못하거나, 저의 연약함을 드러내는 내용도 있을 것 입니다. 그러나 그것들은 여전히 저의 내면의 연약함과 싸우고 있는 저의 존재적 문제입니다. 다만 이 내용은 40년간 드렸던 저의 아침 시간의 고백에 대한 작은 감사의 매듭이며, 그것으로 만족할 따름입니다.

　저의 성장을 위하여 많은 분들이 시간과 기도 그리고 섬김으로 헌신해 주셨습니다. 사람은 쉽게 성장하는 것이 아님을 저의 우둔함으로 깨우치게 하셨습니다. 저를 가르치셨던 모든 선생님들께 진심으로 감사를 드립니다. 눈이 지쳐 눈을 감고 잠시 쉬는 순간도 말씀이 너무나 그리웠던 초년의 열정이 늘 아쉽습니다. 하나님께서 소망의 장소로 부르시는 그날까지 여전히 하나님의 사랑을 그리워하고, 초년의 열정을 회복하고픈 부족한 종의 고백을 주님께 올려드립니다. 하나님과 동행은 행복입니다. 하나님께 모든 영광을 드립니다.

　이 책은 "생명양식"을 발간해 주신 백석대학교 설립자이신 장종현 설립자님의 선물이라는 생각을 하며 깊은 감사를 드립니다. 또한 생명양식에 시편 전편을 집필해서 시편에 대한 새로운 시각을 갖게 하신 유선명 교수님께도 감사드립니다. 매일 아침 저의 10분 묵상 메시지를 카톡을 통해서 함께하시는 모든 분들께 감사를 드립니다. 매일 저의 10분 메시지의 첫 청취자인 사랑하는 아내 김규희에게도 감사합니다. 이 글의 첫 독자인 김남숙 전도사에게도 감사의 마음을 전합니다. 그리고 평생 부족한 아들을 위해 새벽마다 기도의 무릎을 꿇으시는 구순(九旬)의 아버님, 나황수 목사님의 기도가 저를 이 자리에 있게 했음을 고백합니다. 저의 졸저를 응원해 주시는 모든 분들께 감사를 드립니다.

2018년 9월 백석동산에서 은혜를 입은 종 **나 상 오**

목차

추천사	4		
저자서문	8		
시1편	12	시78편 67-72절	137
시3편	19	시79편 1-13절	143
시5편	23	시85편	148
시6편	29	시90편 1-17절	152
시8편	34	시101편	158
시9편	38	시103편	164
시12편	43	시108편	170
시13편	48	시112편	175
시14편	53	시113편	181
시15편	57	시121편	186
시20편	62	시122편	192
시23편	66	시123편	198
시26편	71	시126편	205
시32편 1-11절	76	시127편	210
시38편 1-22절	82	시129편	216
시44편	87	시131편	221
시49편	93	시133편	227
시50편	98	시134편	231
시56편	103	시136편	236
시58편	107	시137편	241
시61편	112	시141편	247
시62편 1-12절	117	시143편	255
시63편	121	시145편	261
시68편	126	시148편	267
시73편	131	시150편	270

시1편

¹ 복 있는 사람은 악인들의 꾀를 따르지 아니하며 죄인들의 길에 서지 아니하며 오만한 자들의 자리에 앉지 아니하고 ² 오직 여호와의 율법을 즐거워하여 그의 율법을 주야로 묵상하는도다 ³ 그는 시냇가에 심은 나무가 철을 따라 열매를 맺으며 그 잎사귀가 마르지 아니함 같으니 그가 하는 모든 일이 다 형통하리로다 ⁴ 악인들은 그렇지 아니함이여 오직 바람에 나는 겨와 같도다 ⁵ 그러므로 악인들은 심판을 견디지 못하며 죄인들이 의인들의 모임에 들지 못하리로다 ⁶ 무릇 의인들의 길은 여호와께서 인정하시나 악인들의 길은 망하리로다

예전에 교회를 담임할 때 있었던 일입니다. 성경공부를 하면서 성경공부 멤버들이 가장 원하는 삶의 모습을 나누다가 깜짝 놀랐습니다. 저는 그들이 상당히 훈련된 사람들이었기 때문에 자신의 삶을 하나님 나라를 위하여 헌신하고, 제자로서의 삶을 견고하게 살아가는 것을 목표로 하리라 짐작했는데, 정작 그들에게 가장 중요한 것은 "행복한 삶"이었습니다. 그러나 성경을 보면 행복이란 단어가 두세 번밖에 나오지 않습니다. 그러자 이런 생각이 들었습니다. 하나님께서는 우리의 행복에 정말 관심이 있으신가? 그렇게 생각한 이유로는 성경에 구원, 믿음, 헌신, 등의 단어는 너무 많은데. 행복이란 단어가 거의 없기 때문입니다. 사실 교회를 담임하는 입장에서 교인들의 관심과 기대치와 제가 가르치는 성경의 가치관이 맞지 않는다면 정말 큰 일입니다. 여기서 고민이

시작되었습니다. 그리고 그 고민은 상당 시간 진행이 되었습니다. 그러던 중 시편 말씀을 묵상하며 그 문제를 해결했습니다. 그것이 오늘의 본문입니다. 복 있는 사람은 악인의 꾀를 따르지 아니하며, 그 복 있는 사람의 의미가 "행복한 사람" 혹은 "행복한 상태의 사람"은 이라는 의미인 것을 알게 되었고, 그것으로 제가 가지고 있던 고민은 해결이 되었습니다. 이 일은 시편에 대한 보다 많은 묵상을 하게 된 계기가 되었습니다. 그런 의미로 본다면 시편 1편은 시편의 관문임으로 시편의 이야기는 곧 우리의 삶에서 일어나는 일상 가운데서 어떻게 행복할 것인가를 가르쳐 주는 교훈서라 할 수 있을 것입니다.

 사람들은, 인생을 "Journey to happiness"라고 합니다. 이 말은 모두가 행복하다는 의미보다는 인생은 본능적으로 행복을 추구하며 살아간다는 의미로 이해 됩니다. 사람들이 가장 많이 하는 단어를 보면 "사랑해" 혹은 "행복해"입니다. 그 말은 역설적으로 우리 안에 사랑이 없다는 의미입니다. 사실 그렇습니다. 사람들이 말하는 만큼 사랑한다면 사회는 그 만큼 사랑이 넘치는 곳이 될 것입니다. 행복에 관해서도 동일합니다. 세상 사람들의 삶의 목표는 사랑을 받기 위함이고, 행복해 지기 위함인 것입니다.

 여러 해 전에 나왔던 참 좋은 영화가 있습니다. "행복을 찾아서(The Pursuit of happiness)"입니다. 유명한 배우인 윌 스미스와 그의 아들 제이든 스미스가 열연했습니다. 의료기를 파는 크리스는 변변치 못한 벌이로 아내가 떠나가고 아들과 함께 남게 됩니다. 죽으라고 열심히 일하지만 상황은 더 악화 되기만 합니다. 집 월세를 내지 못해서 거리로 쫓겨납니다. 그런데 기회가 왔습니다. 보험회사에서 사람을 뽑는 것입니다. 천신만고 끝에 시험에 통과하고, 인턴의 연수 과정에서 1등으로 합격하여 보험 중개인이 됩니다. 그러나 그것이 문제를 해결해 주지 못했습니다. 여전히 가난하고, 힘든 삶이었습니다. 어느 날 부자인 사업가와 우연히 만나게 되면서 일이 잘 풀렸습니다. 그리고 평생 보험인으로 자신의 회사를 차려서 행복하게 호의호식하면서 살았다 이런 이야기입니다.

이런 삶을 그리스도인에게 적용시키기는 조금 어렵다고 생각합니다. 그리스도인의 인생은 행복을 추구하는 인생이 아니라 "지금" 행복한 인생이기 때문입니다. 행복이 주어진 인생이기 때문입니다. 이는 그리스도인과 세상 사람들의 삶의 목표가 다르다는 것을 말해줍니다.

시편 1편에서는 행복한 사람(의인)과 악인에 대하여 이야기하고 있습니다. 두 가지를 생각해 봅니다. 시편의 1장에서 이런 얘기를 하는 것은 시편의 다양한 내용은 하나님 안에서 행복한 사람의 삶에 관한 이야기입니다. 앞에서 언급한 것과 같이 시편에서 나오는 많은 희로애락의 내용들은 행복한 삶의 과정에서 일어나는 많은 이야기입니다. 삶에서 행복을 추구하는 것이 아니라 행복을 누리는 사람들의 이야기인 것입니다.

> 1 복 있는 사람은 악인들의 꾀를 따르지 아니하며 죄인들의 길에 서지 아니하며 오만한 자들의 자리에 앉지 아니하고

위의 내용을 보면 3가지를 이야기 하고 있습니다. "복있는 사람은 악인의 꾀를 따르지 아니하며, 죄인의 길에 서지 아니하며, 오만한 자의 자리에 앉지 아니하고" 악인, 죄인, 오만한 자는 같은 부류의 사람입니다. 그런데 의인, 즉 행복한 사람의 이야기를 하면서 부정 접근을 합니다. 긍정 접근을 해도 될 것 같은데 말입니다. 즉, "행복한 사람은 하나님 나라를 소망하며 살아가며, 이웃을 사랑하는 삶을 살아가는 사람들입니다"라고 할 수도 있을 것입니다. 그런데 왜 부정적으로 접근하고 있는 것일까요? 그 이유는 1절의 내용이 의인과 악인에게 공히 함께 적용되는 내용이기 때문입니다. 즉, 공통의 환경이라는 것입니다.

즉 악인의 꾀가 난무하며, 죄의 길에 줄을 길게 서며, 오만한 자의 자리에 앉기를 즐겨 하는 것이 세상의 원칙이며, 세상의 법입니다. 따라서 이것은 악인이든 의인이든 상관없이 모든 사람의 일상이라는 것입니다.

다. 악인의 꾀와 죄의 길과 오만한 자의 자리에 대한 유혹은 누구에게나 있습니다. 그것을 나타내 주는 단어가 있습니다. 그것은 "악인의 꾀를 따르지 아니하며"의 'walk'입니다. "죄인의 길에 서지 아니하며"의 stand 입니다. "오만한 자의 자리에 앉지 아니하고"의 'seat'입니다. 즉 'walk, stand, seat'은 우리의 일상을 말합니다. 또한 점진적으로 관심이 증폭되어가는 과정을 나타내며, 시간을 더 많이 사용하는 상태를 설명하고 있습니다. 즉 인생의 길을 가다가 walk, 관심이 있는 것이 있으면 stand 합니다. 그리고 탐닉하게 되면 seat 합니다. 즉, 몰입하게 되는 것입니다.

이러한 일상의 환경에서 즉 세상의 원리가 난무하는 상황에서 행복한 사람의 삶의 행동은 무엇이겠습니까? 그것은 거절입니다. 부정적 접근의 의미입니다. '거절'(refuse)! 거절을 해 본 사람은 그것이 얼마나 어렵다는 것을 압니다. 한 쪽 눈만 살짝 감으면 정말 큰 이익이 돌아오는데, 그것을 거절하는 것은 너무 어렵습니다. 내가 세상을 너무 원리원칙대로 사는 것은 아닌가? 내가 너무 팍팍하게 사는 것은 아닌가? 다른 사람들과 그래도 최소한의 보조는 맞추어야 하는데, 맑은 물에는 물고기가 살기가 어렵다는데, 이렇게 하다가 왕따 당하는 것은 아닌가? 조금만 비굴하게 살면 인생이 보다 편할 수 있는데 등등. 하지만 성경은 분명하게 이야기 하고 있습니다 '거절'이 행복한 사람의 강력한 힘이며 원동력이라는 사실을 말입니다. 이러한 발상은 우리가 일상적으로 생각하는 것과 조금 다르다는 생각이 듭니다. 혹시 그렇게 느끼셨다면 성경을 제대로 읽지 않은 것입니다. 요셉의 경우가 그랬고, 다윗은 그렇지 못해서 오랜 시간 베개가 젖도록 울었고, 다니엘은 그의 거절로 말미암아 사자굴에 던져졌지만 결국은 하나님의 영광을 나타냈습니다.

행복을 추구하는 사람과 지금 행복한 사람의 차이가 여기에서 나타납니다. 행복을 추구하면 그 제안을 거절하지 못하고 수용할 가능성이 매우 높아집니다. 왜냐하면 그것이 자신을 행복하게 해 줄 수 있을 거라고 생각하기 때문입니다. 더 많은 상여금, 급여, 승진, 칭찬 등등.

그러나 행복한 사람은 거절합니다. 어떻게요? 2절이 설명합니다.

² 오직 여호와의 율법을 즐거워하여 그의 율법을 주야로 묵상하는도다

2절은 한 마디로, 거절의 원동력이 어디에 있는가를 설명하고 있습니다. 성도들의 삶의 행동이나 가치는 언제나 말씀을 읽고 그 말씀의 묵상을 통해서 하나님의 뜻을 이해함으로 나타납니다. 거절은 고통입니다. 먼저는 나의 원래의 성품이 악인의 꾀를 따르고, 죄의 길을 즐거워하고, 오만한 자의 자리에 앉기를 기대하기 때문입니다. 그런데, 그런 인생의 큰 기회를, 세상적인 출세의 기회를 거절한다고 생각해 보십시오, 얼마나 큰 고통입니까? 한편으로는 주의 말씀을 따라야 한다고 생각하고 자신을 위로하지만 다른 한편에서는 잃어버린 기회에 대한 고통이 있는 것입니다. 그러한 고통 속에서도 거절할 수 있는 힘은 여호와의 말씀을 묵상함으로 내 삶 가운데 삶의 기준이 생기기 때문입니다. 말씀의 원리가 나의 삶의 기준이 되는 것입니다. 그 기준이 나의 행동을 지배하고 있는 것입니다. 4절은 그 기준을 가지지 못한 자의 모습을 묘사하고 있습니다. "오직 바람에 나는 겨와 같도다" 우리의 삶 가운데서 하나님께서 허락하시는 말씀의 은혜와 위로로 채우시는 주님을 경험하게 될 때 그것이 말씀안에서 하나님의 뜻을 알아가는 즐거움을 경험할 수 있는 것입니다.

롬 5:1-4

¹ 그러므로 우리가 믿음으로 의롭다 하심을 받았으니 우리 주 예수 그리스도로 말미암아 하나님과 화평을 누리자 ² 또한 그로 말미암아 우리가 믿음으로 서 있는 이 은혜에 들어감을 얻었으며 하나님의 영광을 바라고 즐거워하느니라 ³ 다만 이 뿐 아니라 우리가 환난 중에도 즐거워하나니 이는 환난은 인내를, ⁴인내는 연단을, 연단은 소망을 이루는 줄 앎이로다

그렇습니다. 환난 가운데서 위로하시는 하나님의 은혜가 우리를 연단하시며, 이 연단으로 말미암아 우리가 하나님의 말씀으로 즐겁게 살아가는 가운데 하나님 나라에 대한 소망을 갖게 되는 것입니다. 이것이 하나님의 은혜로 경험하는 행복한 사람의 모습인 것 입니다.

> 3 그는 시냇가에 심은 나무가 철을 따라 열매를 맺으며 그 잎사귀가 마르지 아니함 같으니 그가 하는 모든 일이 다 형통하리로다

행복한 그리스도인의 삶은 시냇가에 심은 나무이며, 그 나무는 철 따라 열매를 맺는다고 했습니다. 그러나 시냇가에 심은 나무라고 다 저절로 좋은 열매를 맺는 것은 아닙니다. 열매를 맺기 위한 충분한 물과 영양분을 얻기 위하여 최선의 노력을 해야 합니다. 생각해 보면 물가에 심기운 나무가 한 번 혹은 몇 번 좋은 열매를 맺는 것은 그리 어려운 일은 아닐 것입니다. 그러나 지속적으로 좋은 열매를 맺는다는 것은 쉽지 않은 일입니다. 최근에 우리의 존경을 받던 한국교회의 몇몇 어르신들의 추락을 보면서 끝까지 좋은 모습으로 좋은 열매를 맺는다는 것이 얼마나 힘든 일인가를 생각해 보게 됩니다. 그렇습니다. 바울은 자신의 삶을 이렇게 소개합니다. "나는 선한 싸움을 싸우고 나의 달려 갈 길을 마치고 믿음을 지켰으니"(딤후4:7). 바울은 우리에게 이렇게 간증하고 있습니다. 자신의 인생 끝까지 악인의 꾀를 따르지 아니하고, 죄인의 길에 서지 아니하며, 오만한 자의 자리에 앉지 않았다고. 이것이 우리가 가야 할 하나님의 자녀로서의 행복한 삶의 길이며, 또한 우리의 뒤를 이을 다음 세대가 우리에게 기대하는 것이 아니겠습니까?

또한 시냇가에 심은 나무는 풍성한 열매를 맺는다고 했습니다. 그 열매는 누구의 것이겠습니까? 그것은 하나님나라의 것입니다. 자기의 것이 아닙니다. 열매 맺은 나무가 그 열매를 취하는 일은 없습니다. 그 열매는 많은 사람을 위하여, 공동체를 위하여 나누어집니다. 그를 통하여

하나님나라의 은혜를, 하나님나라의 결실을 공유하는 것입니다. 왜냐하면 하나님께서는 그 과정을 통하여 이미 그에게 넘치는 은혜를 허락하셨기 때문입니다. 이것이 진정으로 행복한 사람의 삶의 모습입니다. 따라서 그리스도인의 행복은 축복을 소유한 자로서의 행복이 결코 아닙니다. 만약 그렇다면 우리의 행복이 세상 사람들과 다를 바가 하나도 없습니다. 우리의 행복은 통로로써의 행복한 삶입니다. 하나님의 은혜로 얻은 축복을 다른 사람들이 누릴 수 있도록 내가 통로가 되는 것입니다. 이것을 통해서 우리는 삶에 성령의 열매를 맺는 것입니다.

여러분! 지금 행복하십니까? 아니 하나님 나라의 행복을 누리고 계십니까? 아니면 아직도 행복을 얻기 위하여 이곳저곳 기웃거리며, 거절과 수용의 갈림길에서 고민하는 피곤한 삶을 살고 계십니까? 우리의 삶은 하나님과 함께하는 행복한 삶입니다. 우리의 인생은 "Journey to happiness walking with God"입니다. 시편의 여정을 통해서 하나님의 행복을 누리시기를 기도합니다. 아멘!

시 3편

다윗이 그의 아들 압살롬을 피할 때에 지은 시

¹ 여호와여 나의 대적이 어찌 그리 많은지요 일어나 나를 치는 자가 많으니이다 ² 많은 사람이 나를 대적하여 말하기를 그는 하나님께 구원을 받지 못한다 하나이다 (셀라) ³ 여호와여 주는 나의 방패시요 나의 영광이시요 나의 머리를 드시는 자이시니이다 ⁴ 내가 나의 목소리로 여호와께 부르짖으니 그의 성산에서 응답하시는도다 (셀라) ⁵ 내가 누워 자고 깨었으니 여호와께서 나를 붙드심이로다 ⁶ 천만인이 나를 에워싸 진 친다 하여도 나는 두려워하지 아니하리이다 ⁷ 여호와여 일어나소서 나의 하나님이여 나를 구원하소서 주께서 나의 모든 원수의 뺨을 치시며 악인의 이를 꺾으셨나이다 ⁸ 구원은 여호와께 있사오니 주의 복을 주의 백성에게 내리소서 (셀라)

그리스도인의 삶은 언제나 고난입니다. 그렇다고 기쁨이 없다는 의미는 아닙니다. 하나님과 공동체와 함께하는 기쁨이 있지만, 삶의 환경이 본질적으로 영적 싸움터이기에 고난입니다. 전쟁터에서의 어려움은 근본적으로 적으로부터 오지만, 개인이 가지고 있는 어려움도 많이 있습니다. 어쩌면 싸움터에서 적과 싸우는 것보다 더 큰 문제는 나 자신과 나를 둘러싸고 있는 사람들과의 관계입니다. 예를 들면 관계의 갈등, 개인 기호의 문제, 신체적인 연약함으로 인한 좌절, 의지적으로 극복되지 않는 결정의 내용들 그리고 지금 나의 삶이 제대로 된 길을 걷고 있는 것인가에 대한 원초적인 질문 등이 전쟁과 같은 외적 고난의 요소보다 우선합니다.

　이러한 문제들은 평생 잘 해결되지 않습니다. 그래서 많은 사람들이 그 문제들과 평생 씨름합니다. 좌절하고, 극복하고, 다시 좌절하는 악순환을 반복합니다. 자신의 삶의 모습에, 자신의 능력에 그리고 해결할 수 없는 구조적인 문제에 낙담하여 희망없이 삶을 살아가는 모습들이 너무 많습니다. 어쩌면 이것이 우리의 원래의 모습일 것입니다. 이러한 삶의 본질적인 문제를 해결할 수 있는 가장 좋은 방법은 무엇이겠습니까? 그것은 외적인 적, 즉 내가 싸우고 있는 지금의 전쟁에 집중하는 것입니다. 내가 감당해야 할 영적 전쟁에 집중할 때 나의 개인적인 문제는 가벼워지고, 나와 함께하시는 그 분의 도우심과 능력을 간절히 구하게 되고, 그러한 능력을 경험하게 됩니다. 많은 사람들이 자신이 집중해야 할 전쟁의 문제에 집중하지 못하고 이곳 저곳을 기웃거립니다. 나에게 있는 외적 문제에 집중하여 씨름하는 것이 중요합니다. 그래야 외적 문제를 통해서 내면의 문제를 해결하시는 하나님을 발견하게 됩니다.

　우리는 종종 내가 지금 어디에 있는가를 망각합니다. 나의 시선이 나를 둘러싸고 있는 영적 싸움의 대상자가 아닌 나 자신과 나의 신경에 거슬리는 주변의 사소한 것들을 해결하기 위하여 애 쓰고 있는 것은 아닌지 살펴보아야 합니다. 이러한 사소한 것들에 관심을 집중하고 있는 사이에 어느덧 나는 정말 내가 싸워야 할 대상에 대하여 전의를 상실하고, 나의 시선이 하늘이 아닌 나의 발끝을 주목하며 땅바닥을 향해 걷게 됩니다. 훈련되지 않은 나, 준비되지 않은 나를 발견하는 순간, 내가 지금 무엇을 하고 있나라는 물음에 대답도 할 수 없는 것이 나의 모습인 것입니다.

　지금 하나님께서는 전쟁에서 나의 승리를 위한 준비를 하고 계시는데, 나는 여전히 전쟁에는 관심이 없고 나의 주변의 사소한 문제에 몰두하고 있는 것은 아닌지 점검해야 합니다. 나의 자고 일어남과 일상의 일들은 나를 싸움터로 보내신 그분께 맡겨야 합니다. 나의 본분을 위해 내가 해야 할 일에 관심을 집중해야 합니다. 그리고 그분께서 나와 함께 하시는 순간을 기대합시다. 우리는 아직 그분의 어떠함을 잘 모릅니다. 우리는 그분의 능력을 아직 제대로 경험해 보지 못했습니다. 우리가 그분과 함께할 때 그분의 능력을 경험할 수 있습니다. 지금까지 우리가 본 것은 너무나 미미한 내용입니다. 우리는 아직 그 분의 참 모습을 보지 못했습니다.

그렇다고 그분을 사건의 현장 즉 영적 싸움터에서만 볼 수 있는 것은 아닙니다. 지난 밤에도 그분께서는 나의 곁에 계셨습니다. 나의 편안한 잠은 그분께서 함께하셨던 증거입니다. 이 아침의 밝은 빛을 누릴 수 있는 이유가 그분에게 있음을 우리는 모르고 있었습니다. 우리는 내 눈에 보이는 것만을 인정하는 어리석음이 있습니다. 내 눈에 보이는 것, 내가 아는 것만이 나의 판단의 전부입니다. 우리는 어리석게도 그것을 전적으로 신뢰합니다. 그리고 우리는 그 어리석음을 지혜로 착각하며 살아갑니다. 그것을 자랑하고 싶어합니다.

우리의 삶은 그렇게 이어져 왔습니다. 생각해 보면 낯이 뜨겁고, 아찔한 시간입니다. 잠에서 깨어 곁에 엄마가 없다고 놀라서 우는 아이와 같습니다. 문틈으로 들어오는 아침 햇살을 보지 못하고 어스름한 어둠에 겁먹은 어린시절의 모습을 아직도 기억하고 있습니다. 문만 열면 중천에 떠 오른 뜨거운 햇살을 느낄 것이며, 하루 일정을 위한 모든 준비를 마친 엄마의 다정한 소리를 들을 수 있는데, 아직도 방안에서 머뭇거리는 모습이 우리의 모습입니다.

문을 여십시오, 오늘도 우리와 함께하실 하나님께서 우리를 기다리고 계십니다. 더 이상 하나님을 기다리게 하지 마십시오, 우리의 삶의 여정은 하나님께서 함께하시기 때문에 행복합니다. 마치 맛난 아침과 도시락을 준비해 놓으신 어머니의 손길과 같습니다. 나는 잠결에 있었지만 그 시간 어머니는 분주하게 우리의 하루를 위한 준비를 하셨습니다. 하나님의 손길도 이와 같습니다. 우리의 잠결에 이마를 쓰다듬으시는 따스한 체온이 아직도 나의 몸에 온기를 더해 줍니다. 오늘 하루도 전쟁터와 같은 삶이지만 안심하고 살아갈 수 있는 기운을 느끼는 아침입니다. 하나님께서 준비하신 하루의 문을 열어봅니다. 어떤 새로운 은혜가 나를 기다리고 있을지 궁금합니다. 아멘!

시 5편

다윗의 시, 인도자를 따라 관악에 맞춘 노래시

¹ 여호와여 나의 말에 귀를 기울이사 나의 심정을 헤아려 주소서 ² 나의 왕, 나의 하나님이여 내가 부르짖는 소리를 들으소서 내가 주께 기도하나이다 ³ 여호와여 아침에 주께서 나의 소리를 들으시리니 아침에 내가 주께 기도하고 바라리이다 ⁴ 주는 죄악을 기뻐하는 신이 아니시니 악이 주와 함께 머물지 못하며 ⁵ 오만한 자들이 주의 목전에 서지 못하리이다 주는 모든 행악자를 미워하시며 ⁶ 거짓말하는 자들을 멸망시키시리이다 여호와께서는 피 흘리기를 즐기는 자와 속이는 자를 싫어하시나이다 ⁷ 오직 나는 주의 풍성한 사랑을 힘입어 주의 집에 들어가 주를 경외함으로 성전을 향하여 예배하리이다 ⁸ 여호와여 나의 원수들로 말미암아 주의 의로 나를 인도하시고 주의 길을 내 목전에 곧게 하소서 ⁹ 그들의 입에 신실함이 없고 그들의 심중이 심히 악하며 그들의 목구멍은 열린 무덤 같고 그들의 혀로는 아첨하나이다 ¹⁰ 하나님이여 그들을 정죄하사 자기 꾀에 빠지게 하시고 그 많은 허물로 말미암아 그들을 쫓아내소서 그들이 주를 배역함이니이다 ¹¹ 그러나 주께 피하는 모든 사람은 다 기뻐하며 주의 보호로 말미암아 영원히 기뻐 외치고 주의 이름을 사랑하는 자들은 주를 즐거워하리이다 ¹² 여호와여 주는 의인에게 복을 주시고 방패로 함 같이 은혜로 그를 호위하시리이다

본문은 새벽에 기도하는 다윗의 기도입니다. 다윗은 음악을 잘 이해하며 악기를 잘 다루는 사람입니다. 목동이었기에 아무도 없는 벌판에

서 하루의 시간을 보내야 했던 다윗에게 수금은 그의 중요한 취미 생활이자 위로였습니다. 그래서 그는 음률에 매우 탁월합니다. 그의 시를 읽으면 자동적으로 음률로 읊조려지는 것을 느낍니다.

> ¹ 여호와여 나의 말에 귀를 기울이사 나의 심정을 헤아려 주소서 ² 나의 왕, 나의 하나님이여 내가 부르짖는 소리를 들으소서 내가 주께 기도하나이다 ³ 여호와여 아침에 주께서 나의 소리를 들으시리니 아침에 내가 주께 기도하고 바라리이다

그런데, 이러한 다윗이 어떤 비통한 일 때문에 새벽에 하나님께 부르짖는 것일까요? 내용으로 짐작하기는 다윗이 왕이 되기 전에 쓴 시라는 생각이 듭니다. 무엇인가 자신의 힘으로 해결할 수 없는 한계에 부딪힌 모습을 생각해 보게 됩니다. "나의 심정을 헤아려 주소서"라는 고백은 그의 마음가운데 억울함이 있다는 뜻으로 생각됩니다. 그러한 억울한 심정을 표현 할 수 있는 대상이 하나님이시며, 그 시간이 아직 사람들이 잠자고 있는 이른 아침 즉 새벽인 것입니다. 새벽이라는 말은 많은 의미를 내포하고 있습니다. 하루의 가장 첫 시간이란 의미입니다. 새벽에 무엇을 한다는 것은 가장 중요한 일을 상징합니다. 하루의 첫 시간에 우리가 잠을 깨서 하나님을 만난다는 것은 그 시간이 그 사람에게는 무엇보다 중요한 일이라는 것입니다. 우리가 어려운 일을 겪을 때 가장 먼저 생각하는 것이 무엇입니까? 그것은 새벽기도입니다. 문제를 해결하기 위하여 기도시간이 필요하다는 것을 느끼는 것이기도 하지만 중요한 문제이기 때문에 특별한 헌신의 기도가 필요하고, 그 시간을 통하여 하나님의 뜻을 확인하는 것이 필요하다는 것입니다. 방해 받지 않는 가장 좋은 시간으로 선택하는 것이 새벽이며, 새벽에 드리는 기도입니다. 여기서 한 가지 더 생각해야 할 것이 있습니다.

> ³ 여호와여 아침에 주께서 나의 소리를 들으시리니 아침에 내가 주께 기도하고 바라리이다

다윗의 "여호와여 아침에 주께서 나의 소리를 들으시리니"의 구절 속에서 내가 기도한다는 의미 이전에, 하나님께서 새벽에 깨어 계셔서 나의 기도를 기다리고 계시는 것을 알 수 있습니다. 우리가 기도 할 때에 가장 중요한 것은, 나의 기도하는 행위가 아닙니다. 더 중요한 것은 나의 기도를 하나님께서 들으시며 그 기도는 하나님께 드리는 기도라는 것입니다. 이 본문을 다른 말로 해석해 보면 하나님께서 새벽에 나를 기다리고 계신다는 것입니다. 나를 기다리시는 하나님, 이른 아침에 하나님께서 나를 기다리고 계셨기에, 다윗은 깨어서 기도하고 있는 것입니다. 새벽기도는 내 의지로 드리는 것이라고 생각했는데, 그것이 아니라 하나님께서 나를 만나시려고 기다리고 계셨던 것입니다. 네가 하나님을 깨우는 것이 아니라 그곳에서 이미 나를 기다리시는 하나님을 내가 만나러 가는 것입니다. 그 하나님께서 바로 우리의 하나님이시라고 다윗은 고백합니다.

새벽에 기도하는 사람들이 종종 겪는 감정은 외로움, 고독함입니다. 아무도 없는 예배당에, 특히나 추운 겨울에는 차디찬 바깥 공기와 다름 없는 휑한 기운이 그대로 있는 곳에 나 혼자 나와서 기도하고 있는 모습을 생각해보면 자신마저 처량하게 느껴집니다. 그러나 사실은 그곳은 하나님께서 밤새 나를 기다리고 계셨던 곳입니다. 고독함과 쓸쓸함은 내가 하나님의 임재를 의식하지 못했을 때 느끼는 감정입니다. 실상은 하나님의 따스한 눈길이 나를 바라보고 계셨던 것입니다. 천지의 하나님께서, 창조주이신 하나님께서 나의 기도를 들으시기 위해서 나보다 먼저 그곳에 와서 기다리고 계시는 것입니다. 따라서 새벽을 깨우는 기도는 행복합니다. 의지할 이 없는 이 땅에서 하나님과 단 둘이 만나는 그 행복의 시간이 새벽인 것입니다. 다윗은 이 시간이 자신에게 얼마나 중요한 시간인가를 알고 있었습니다.

프랑스 작가 '생떽지베리'의 『어린 왕자』를 보면, 어린 왕자가 사막에서 여우를 만나는 장면이 있습니다. 어린 왕자가 여우에게 다시 만나자고 했더니 여우는 나는 너에게 길들여지지 않아서 안 된다고 거절합니다. 그 말의 의미를 이해하지 못한 어린 왕자가 "길들여지는 것"이 무엇이냐고 묻습니다. 그러자 여우는 길들여지는 것은 "관계를 형성하는 것"이라고 말합니다. 그리고 어린 왕자와 여우 자신이 관계가 형성되면 "만나기로 한 약속시간 한 시간 전에 나와서 기다린다"고 고백합니다. 이것이 관계입니다.

하나님께서는 창조자이시지만 우리를 사랑하시므로 나를 기다리고 계시는 것입니다. 내가 생각하기에 내가 하나님께 나가서 내 문제를 해결하리라고 생각하지만 하나님께서는 나의 문제를 이미 알고 계시며 그 문제를 나를 위해 해결해 주시기를 원하고 계십니다. 그래서 내가 당신께 오기를 기다리고 계셨던 것입니다.

다른 면에서 기도는 하나님에 대한 전적인 의존을 요청합니다. 우리가 기도한다는 것은 내가 문제를 해결 할 수 없다는 사실을 전제합니다. 그리고 그 문제를 하나님께서 하나님의 방법으로 해결해 주시기를 기대하는 고백입니다. 이것을 다른 말로는 주권 즉 "Lordship"이라고 합니다. 마치 수레바퀴가 축이 없으면 돌아가지 않는것과 같은 이치입니다. "하나님께서는 나의 삶의 수레바퀴를 돌아가게 하는 축입니다"라고 고백하는 것과 같습니다. 기도에서 "주권"이 사라지면 아무런 의미가 없고, 다만 "나의 욕심을 하나님께서 해결해 주십시오"라는 탄원 그 이상도 그 이하도 아닌 것입니다.

[7] 오직 나는 주의 풍성한 사랑을 힘입어 주의 집에 들어가 주를 경외함으로 성전을 향하여 예배하리이다

[11] 그러나 주께 피하는 모든 사람은 다 기뻐하며 주의 보호로 말미암아 영원히 기뻐 외치고 주의 이름을 사랑하는 자들은 주를 즐거워하리이다

응답의 기쁨, 문제 해결의 기쁨입니다. 그러나 실제는 관계의 기쁨입니다. 당장 그 문제가 해결되지 않았을 수 있습니다. 이른 아침에 나를 기다리시는 하나님께서 그를 찾는 그의 백성들에게 피난처가 되시고, 기쁨을 주실 것을 믿는 것입니다. 그 문제가 내 손에 있는 것이 아니라 하나님의 권능 아래 있다는 사실을 인정하는 것입니다.

한국교회를 지탱하고 있는 힘은 날씨와 상관없이 새벽마다 제단에 나와서 무릎을 꿇고 기도하는 분들의 기도의 힘이라고 생각합니다. 이러한 기도의 시간이 "특새"를 통해서 엔터테인먼트가 되었습니다. 여흥이 되고 잔치가 되었습니다. 년 중 혹은 절기에 실시하는 한 주간 정도의 "특새"에 참석하는 것으로 일년의 새벽기도를 대신하는 것입니다. 많은 사람을 동원하기 위하여 상품도 주고 기념품도 제작하여 줍니다. 예배당의 전등이 대낮처럼 켜지고, 몇 명에서 많게는 수십 명의 찬양단이 나와서 노래하고, 시끄러운 악기 소리가 새벽을 어지럽게 합니다. 인사하는 소리, 오가는 소리, 소음에 도저히 기도할 수 없습니다. 그러나 목회자들은 그 와중에 참석한 인원을 세고 있습니다. 대형교회들은 본당이 좁은 관계로 본당에 들어가기 위한 전쟁을 합니다. 새벽 두 시부터 와서 기다립니다. 그리고 저마다 본당에서 새벽기도회에 참석한 무용담을 늘어 놓습니다. 새벽기도가 아닌 새벽 시장이 되었습니다. 교회 주변에 사는 주민들은 차 소리에 밤 잠을 설칩니다. 민원이 교회로 쏟아집니다. 그야말로 아수라장입니다. 성전에서 장사하는 장사치들의 호객행위 같은 소리침이 난무하는 새벽이 되고 말았습니다.

새벽은 애통하는 자들의 것입니다. 새벽은 하루의 첫 시간을 헌신하고자 하는 자들의 것입니다. 하나님께서는 애통하는 자들의 울음소리를 듣기 원하십니다. 뼈를 깎는 그 신음소리를 통해서 하나님께서 일하십니다. 그리고 그 신음에 응답하십니다. 목회자들의 이벤트 때문에 가슴을 찢는 상한 심령을 가진 자들의 울음이 사라진 새벽이 안타깝습니다. 하나님께서는 "특새"에 전일 참석하여 받은 도장을 훈장으로 생각하는 많은 자들의 기쁨보다 한 사람 마음이 상한자의 기도를 기다리십니다. 오늘도 하나님께서는 자신의 모습을 보고 애통한 심령으로 울부짖는 우리를 이른 아침부터 기다리고 계십니다. 눈물의 양 만큼 하나님의 사랑이 나의 가슴에 흐르는 것을 느낍니다. 이 행복을 부디 깨지 마시길 부탁합니다. 아멘!

시 6편

다윗의 시, 인도자를 따라 현악 여덟째 줄에 맞춘 노래)

¹ 여호와여 주의 분으로 나를 견책하지 마옵시며 주의 진노로 나를 징계하지 마옵소서 ² 여호와여 내가 수척하였사오니 긍휼히 여기소서 여호와여 나의 뼈가 떨리오니 나를 고치소서 ³ 나의 영혼도 심히 떨리나이다 여호와여 어느 때까지니이까 ⁴ 여호와여 돌아와 나의 영혼을 건지시며 주의 인자하심을 인하여 나를 구원하소서 ⁵ 사망 중에서는 주를 기억함이 없사오니 음부에서 주께 감사할 자 누구리이까 ⁶ 내가 탄식함으로 곤핍하여 밤마다 눈물로 내 침상을 띄우며 내 요를 적시나이다 ⁷ 내 눈이 근심을 인하여 쇠하며 내 모든 대적을 인하여 어두웠나이다 ⁸ 행악하는 너희는 다 나를 떠나라 여호와께서 내 곡성을 들으셨도다 ⁹ 여호와께서 내 간구를 들으셨음이여 여호와께서 내 기도를 받으시리로다 ¹⁰ 내 모든 원수가 부끄러움을 당하고 심히 떨이여 홀연히 부끄러워 물러가리로다

위의 시는 다윗이 왕으로 재위하는 시절에 지은 시 같은 생각이 듭니다. 내용을 두 가지로 생각해 볼 수 있습니다. 먼저는 다윗이 죄를 짓고, 이를 통해서 심한 육체적인 고통과 하나님의 징벌에 대한 두려움을 가지고 있는 상태에서 하나님께 긍휼을 구하는 기도로 생각해 볼 수 있습니다. 다른 한편으로는 다윗 왕이 몸이 쇠하여짐으로 짓는 죄로 인해서 겪는 어려운 상태를 묘사하고 있다고도 생각해 볼 수 있습니다. 개인적으로 전자가 더 타당하다는 생각을 해 봅니다. 이는 첫 구절이 주는 전

체적인 분위기 때문입니다. 자신의 죄로 인해서 분노하시며 징계하실 하나님에 대한 두려움을 표현하고 있기 때문입니다.

본문으로는 다윗이 어떤 죄를 지었는지 알 수 없습니다. 분명한 것은 다윗이 자신의 지은 죄를 통해서 육신이 쇠약해질 정도로 고통을 받고 있으며, 하나님의 분노가 아직 자신에게 오지도 않았음에도 불구하고 두려워하고 있는 것입니다. 이는 매우 심각한 상태임이 분명합니다. 왜냐하면 다윗은 언제나 하나님을 찬양하기를 즐거워했으며 하나님의 은혜와 능력을 시적인 표현으로 노래하기를 좋아했기 때문입니다. 성경에서 나타나는 다윗의 심각한 죄는 우리아의 아내 밧세바와의 통간과 인구조사를 한 것 입니다. 그렇다고 해서 다윗이 평생 그 죄 말고 다른 죄를 지은 적이 없다고 생각되지는 않습니다. 다만 성경에서 기록하지 않았을 뿐입니다.

본문을 통해서 생각해 보는 것은 다윗의 죄에 대한 태도입니다. 다윗이 지은 죄가 무엇인지 알지 못하지만 분명한 것은 다윗은 자신의 육체가 파괴될 정도의 영적, 육체적인 고통을 겪고 있습니다. 하나님의 징벌을 무서워하고 있으며 자신의 죄 때문에 임할 하나님의 징계를 이렇게 두려워하고 있다라고 생각할 수 있습니다. 죄를 지은 사람이 그 죄에 대한 형벌을 두려워하는 것은 너무나 당연한 일이며, 그 일로 인해서 반성하는 것은 마땅하다고 생각합니다. 그러나 본문으로 생각할 때 다윗의 반응은 조금 과하다는 생각이 듭니다. 물론 다윗처럼 평생을 하나님의 종으로 성결하게 살아온 입장에서 자신이 지은 죄를 보면서 자책하는 것은 너무나 당연한 사실입니다. 그러나 다시 생각해 보면 다윗이 자신의 죄로 인한 형벌의 두려움으로 인해서 이렇게 자책하는 것이 아니라 다른 의미를 가지고 있다는 생각을 해 보게 됩니다.

다윗은 자신의 죄로 인하여 왕이신 하나님을 근심하게 한 것에 대하여 자책하고 있습니다. 죄에 넘어진 자신의 연약함을 바라보면 의기 양양해 하는 사탄의 모습을 생각하며 좌절하고 있습니다. 죄 때문에 자책하고, 좌절함으로 자신의 육체가 쇠약해짐에 대한 마음 아픈 고백을 하고 있습니다.

그렇습니다. 죄는 이렇게 우리의 삶에 심각한 고통과 두려움을 줍니다. 다윗이 이렇게 자신의 죄에 대하여 고통하고, 하나님의 징계를 두려워하는 이유는 무엇입니까? 그것은 다윗이 하나님께서 죄를 얼마나 미워하시는지를 잘 알고 있기 때문입니다. 또한 자신의 삶을 통해서 지속적으로 성결의 삶을 살려고 노력했기 때문에 사소한 죄에도 고통하며, 힘들어 하고 있는 것입니다. 이를 통해서 다윗의 성결의 모습을 볼 수 있습니다. 뿐만 아니라 자신의 죄로 인해서 회심의 미소를 짓고 있는 원수들의 행동과 그들의 태도 때문에 더욱 힘들어 하고 있습니다. 자신은 자신의 죄로 인한 벌을 받으면 되지만 하나님께서 원수들로 인해서 혹시 조롱을 받으시는 것을 너무 힘들어 하고 있는 그의 모습을 봅니다. 물론 하나님께서 원수들에게 그러한 능욕을 당하시는 일은 없지만 그럼에도 불구하고 그러한 일을 근심하는 다윗의 모습은 많은 생각을 하게 합니다.

우리는 어떻습니까? 내가 매일 반복적으로 짓는 해결하지 못한 죄에 대하여 어떤 태도를 가지고 있습니까? 혹시 죄의 만연 가운데 있어서 잘 분별하지 못하는 것은 아닌지 불안합니다. 왜냐하면 나에게는 다윗과 같은 회개의 기도가 없기 때문입니다. 죄 때문에 너무 힘들어서 육체적으로 쇠약해진 경험도 없습니다. 나의 죄에 대한 하나님의 징계를 잠시 두려워했던 적은 있지만 죽음에 이르기까지 심각하게 고민해 본적도 또한 없습니다. 내가 다윗보다 성결한 삶을 살고 있기 때문이 아니라 죄에 대한 민감성이 떨어졌기 때문입니다.

죄는 우리의 존재의 속성이고 삶의 모습입니다. 그러한 나의 모습을 제대로 이해하지 못하고 인지하지도 못하고 있다는 것은 하나님 앞에서 나의 모습에 대한, 나의 삶에 대한 진지한 고민이 없었다는 것을 나타내는 것입니다. 우리는 기도 할 때 마다 회개합니다. "하나님 나는 죄인입니다"라고 나의 죄를 자백합니다. 그리고 그 죄에 대하여 용서를 구합니다. 눈물로 기도합니다. 그런데 사실 정직하게 고백하면 자백할 죄의 내용이 별로 없습니다. 그렇다고 내가 의인도 아니고 죄를 짓지 않는 것도 아닌데 기도시간에 자백할 죄가 없다는 것은 내가 얼마나 죄에 대한 왜곡된 이해를 하고 있는지를 보여 줍니다.

다윗은 시139편 23-24절에서 자신의 마음의 깊숙한 곳에 있는 죄성을 하나님께서 살펴 주시기를 기도하고 있습니다. 뿐만 아니라 자신의 마음을 시험해서 확인해 달라고 기도합니다. 이러한 고백을 생각해 볼 때 다윗은 얼마나 자신이 죄에 오염되는 것을 두려워했는지 알 수 있습니다.

> [23] 하나님이여 나를 살피사 내 마음을 아시며 나를 시험하사 내 뜻을 아옵소서 [24] 내게 무슨 악한 행위가 있나 보시고 나를 영원한 길로 인도하소서

죄를 두려워하는 것은 겁이 아니고 연약함 또한 더구나 아닙니다. 그것은 하나님 앞에서 나약한 인간으로서 나의 존재에 대한 솔직한 고백입니다. 죄를 짓지 않는 것에 대한 소극적인 태도가 아니라 가장 적극적으로 죄를 방어하는 태도입니다. 그런데 우리는 죄에 대하여 너무 담대합니다. 자신만만합니다. 아니 더욱이 적극적이기도 합니다. 마음만 먹으면 얼마든지 죄를 피할 수 있다고 생각하고, 죄를 이길 수 있다고 자신합니다. 말할 수 없이 오만한 태도입니다. 뿐만 아니라 자신의 실체를 잘 모르는 어리석은 소치입니다. 그렇기 때문에 죄에 대하여 그렇게 담대합니다. 말할 수 없는 우리의 어리석음이여!

다시 나의 모습을 생각해 봅니다. 억지로가 아니라 나의 죄의 모습이 드러나기를 기도해 봅니다. 가끔은 나의 죄를 입에 담는 것도 부끄럽고 힘이 드는 것을 느낍니다. 하지만 이런 기도가 나에게 필요합니다. 나를 소진시키는 기도가 필요합니다. 그래야 나의 진실된 실체를 가지고

하나님 앞에 나갈 수 있기 때문입니다. 그래야 나의 죄의 고백을 들으시고 용서하시는 하나님을 느낄 수 있을 것입니다. 하나님께서는 나의 고백에 귀를 기울이실 것이며 가슴 아파하실 것입니다. 하나님께서 나의 죄 때문에 아파하시는 마음이 나의 죄에 대한 용서의 발로입니다. 또한 나의 죄에 대한 가슴 아픈 자백은 죄의 고통을 나의 영혼에 새기는 것입니다. 그 고통이 나를 죄로부터 멀어지게 할 것입니다. 그때 내가 느낄 기쁨과 하나님의 긍휼을 내가 어떻게 감당할 수 있을지 짐작할 수 없습니다. 그렇습니다. 우리는 하나님 앞으로 나아가야 합니다. 우리의 죄 짐을 지고 나아가야 합니다. 그리고 그의 그림자 위에 무릎을 꿇고. 그의 영으로 비추어 주시는 나의 모습 그대로 자백해야 합니다. 그것이 나의 가장 진실한 모습이기 때문입니다. 비록 영혼의 고통과 육체의 쇠잔함이 내게 미칠지라도 포기하지 말아야 합니다. 이것만이 나의 삶의 회복이며, 찬양의 회복입니다. 영과 육의 고통보다 회복의 기쁨이 더할 것은 너무나 자명한 사실입니다. 우리는 죄의 자백의 자리로 나아가야 합니다. 하나님! 나의 고백을 받아 주시옵소서. 아멘!

시 8편

다윗의 시, 인도자를 따라 깃딧에 맞춘 노래

¹ 여호와 우리 주여 주의 이름이 온 땅에 어찌 그리 아름다운지요 주의 영광이 하늘을 덮었나이다 ² 주의 대적으로 말미암아 어린 아이들과 젖먹이들의 입으로 권능을 세우심이여 이는 원수들과 보복자들을 잠잠하게 하려 하심이니이다 ³ 주의 손가락으로 만드신 주의 하늘과 주께서 베풀어 두신 달과 별들을 내가 보오니 ⁴ 사람이 무엇이기에 주께서 그를 생각하시며 인자가 무엇이기에 주께서 그를 돌보시나이까 ⁵ 그를 하나님보다 조금 못하게 하시고 영화와 존귀로 관을 씌우셨나이다 ⁶ 주의 손으로 만드신 것을 다스리게 하시고 만물을 그의 발 아래 두셨으니 ⁷ 곧 모든 소와 양과 들짐승이며 ⁸ 공중의 새와 바다의 물고기와 바닷길에 다니는 것이니이다 ⁹ 여호와 우리 주여 주의 이름이 온 땅에 어찌 그리 아름다운지요

시편 8편은 다윗이 하나님께서 지으신 자연을 바라보며 그의 지으신 세상을 찬양하는 내용입니다. 특히 다윗은 하나님께서 지으신 온 우주를 통하여 하나님과 교감하는 것을 느낄 수 있습니다. 우리는 종종 자연의 위대함과 아름다움을 느끼고, 감탄합니다. 그리고 그 감정을 오랫동안 간직하려고 노력합니다. 그러나 다윗과 같이 그 자연 가운데 드러나는 하나님의 놀라우신 미적 아름다움에 대한 경지와 섭리를 발견하는 것은 쉽지 않습니다. 더 놀라운 것은 자연의 아름다움과 경이로움을 감탄하고 그 안에 있는 하나님의 손길을 이해할 뿐 아니라 결국은 그것이

우리 인간을 위한 하나님의 축복이고 선물이라는 사실을 깨닫는 것입니다. 사실 그것은 놀라운 지혜입니다. 지금은 많은 책들이 쏟아져 나와서 우리가 그것을 읽으며 지식적으로 이해할 수 있고, 그러한 지식을 학교나 다양한 교육 과정들을 통해서 배웁니다. 그러나 수 천년 전 다윗이 살았던 그 시대에 그러한 과학적인 지식을 배운 적도 없이 이러한 섭리적 시각을 갖는다는 것은 다윗의 놀라운 지혜라는 생각이 듭니다.

어린 시절 무심하게 큰 소리로 불렀던 찬양 478장이 생각납니다.

"참 아름다워라 주님의 세계는
저 솔로몬의 옷보다 더 고운 백합화
주 찬송하는 듯 저 맑은 새소리
내 주 하나님의 지으신 그 솜씨 깊도다"

저는 이 찬양을 참 좋아했습니다. 왜 좋아했는지 정확한 이유는 생각은 나지 않습니다만 이 찬양을 부를 때면 유난히 크게 열심히 불렀던 생각이 납니다. 그런데 여러 해 전에 어릴 적 불렀던 그 찬양의 가사를 직접 체험하는 일이 있었습니다. 아프리카 케냐에 봉사활동을 갔었는데, 마사이 부족의 땅에 농장을 만들어 보는 project였습니다. 마사이 부족은 예로부터 소를 키우던 사람이었는데, 초원이 발달한 사바나(savanna) 기후가 사막화로 인해 초원이 없어지면서 더 이상 소를 먹이기 힘들어졌는데, 이 상황을 보고 그곳에 사역을 하시는 선교사 한 분이 땅이 너무 좋으니 이스라엘의 집단 농장과 같은 형태를 만들어 보려고 했는데, 제가 다니던 회사에서 봉사의 일원으로 지원을 했던 것입니다. 우리는 마사이 부족의 전통 가옥인 소위 '소똥집'에서 잠을 잤습니다. 그날 저녁에 상당히 피곤한 상태에서 그들이 끓여준 달달한 차 "차이"가 너무 맛있어서 큰 컵으로 두잔이나 마셨습니다. 본부에서 밤에 절대로 차이를 많이 마시지 말라고 신신당부를 했습니다. 왜냐하면 그들의 소 똥집에는 화장실이 없고, 밖에도 화장실이 없기 때문에 생리현상이 생기면 집 주변에서 적당히 해결을 해야 하는 상황이었습니다. 그런데 밤에는 집 주변에 맹수들이 종종 나타나기 때문에 위험할 수 있다는 것입니다. 그러한 생각을 했지만 달콤함 차이의 유혹을 이기지 못한 탓에 밤에 생리현상이 발동을 한 것 입니다. 참으려고 노력했지만 그러기에는 너무 물을 많이 마신 탓에 한계 상황에 온 것입니다. 두려운 마음이 들었지만 어쩔 수 없었습니다. 조심스럽게 밖으로 나와서 주변을 살피고 적당한 곳에서 볼 일을 보고 나니 마음이 한결 여유로워졌습니다. 주변에 동물들의 소리도 들리지 않고 모든 것이 평화로워 보였습니다. 그런데 갑자기 생각난 것은 밤인데 너무 밝다는 느낌이 들었습니다. 그렇다고 야외에 전등이 있는 것도 아닌데. 무의식적으로 하늘을 바라보았습니다. 그리곤 깜짝 놀랐습니다. 내가 지금까지 본 적이 없는 상상을 초월한 수많은 별들이 있었습니다. 마치 나를 향해서 한번에 쏟아질 듯이 하늘에 달려있는 것 같은 느낌이 들었습니다. 그것은 은하수였습니다. 말로만 듣던 은하수를 본 것입니다. 너무나 찬란하고 엄청난 광경에 정신 없이 한 동안 그 하늘을 쳐다보고 있었습니다. 별이 너무나 많기도 했지만, 한 번도 본 적이 없는, 표현할 수 없는 색깔과 모습이었기 때문입니다. 그후에 그 은하수를 다시 보고 싶어 밤마다 집 밖에 나가서 하늘을 바라보았습니다. 그러나 다시 그 은하수를 보는 행운은 없었습니다. 지금도 밤 하늘의 별을 쳐다보면 그 때의 감격을 잊을 수 없습니다.

그때 생각이 났습니다. 그렇구나 하나님께서 아브라함에게 보여 주셨던 하늘의 별이 이것이었구나. 그때 아브라함이 본 그 하늘의 별들과 바닷가의 모래의 숫자가 일치함을 깨달았습니다. 그리고 창세기 15장5절의 그 말씀이 사실로 믿어졌습니다. 아브라함이 그 별들을 보며 어떤 생각을 했을까 궁금합니다. 성경은 아브라함이 그 말씀을 믿으니 하나님께서 그것을 의로 여기셨다고 했습니다.

다윗은 여기서 그치지 않고 창조주 하나님께서 지으신 이 아름다운 세계에 자신의 존재론적 의미를 생각했습니다. "사람이 무엇이기에" 하나님의 지으신 자연 앞에 선 인간의 모습은 참으로 초라하고 왜소하고 나약합니다. 그럼에도 불구하고 하나님께서 인간에게 허락하신 존재적 축복을 다윗은 기억했습니다. 그것은 자연의 모습을 통해서 이름을 지을 수 있는 심미안이었습니다. 하나님께서 우리에게 허락하신 자연에 대한 우리의 미적 감각은 하나님의 수준입니다. 하나님께서 지으신 것을 이해하고 찬양할 수 있다는 것은 하나님께서 우리에게 허락하신 하나님 수준의 미적 센스를 우리가 지니고 있다는 것을 증명합니다. 자연 가운데 하나님의 섭리를 이해할 수 있다는 것 입니다. 자연을 통해서 보여 주시는 하나님의 살아계심, 그의 섬세한 손길, 그리고 그의 마음을 느낄 수 있는 것입니다. 그것을 사람들은 통찰력(insight)이라고 합니다. 통찰력은 외적으로 보이지 않는 내면을 들여다 보는 힘입니다. 이 통찰력은 하나님께서 주신 지혜로만 이해가 될 수 있습니다. 다윗이 자연을 통해서 느낀 것은 소명 의식입니다. "주의 손으로 만드신 것을 다스리게 하시고"라는 구절은 분명 다윗이 느끼는 이 땅을 향하여 하나님께서 인간에게 허락하신 소명을 인지하는 시간이었던 것입니다. 그 하늘을 보면서 하나님의 마음을 느끼는 다윗은 참 행복했을 것입니다.

문득 나의 모습을 생각해 봅니다. 하늘을 보지 않고, 땅만 보고 살아가는 모습이 참 죄송합니다. 떨어진 낙엽 한 잎에도 담겨져 있는 하나님의 섭리를 보지 못한 무지가 너무나 부끄럽습니다. 어린 시절과 같이 "참 아름다워라 주님의 세계는"이라고 외치지 못하는 내가 참으로 안타깝습니다. 하늘의 별을 가리키시며 아브라함에게 주셨던 소명을 깨닫지 못하는 어리석은 나의 모습이 슬픕니다.

이 아침에 이런 고백을 드립니다. 창조주 하나님! 어리석은 나를 인애로 받아주심을 감사합니다. 아멘!

시 9편

다윗의 시, 인도자를 따라 뭇랍벤에 맞춘 노래

¹ 내가 전심으로 여호와께 감사하오며 주의 모든 기이한 일들을 전하리이다 ² 내가 주를 기뻐하고 즐거워하며 지존하신 주의 이름을 찬송하리니 ³ 내 원수들이 물러갈 때에 주 앞에서 넘어져 망함이니이다 ⁴ 주께서 나의 의와 송사를 변호하셨으며 보좌에 앉으사 의롭게 심판하셨나이다 ⁵ 이방 나라들을 책망하시고 악인을 멸하시며 그들의 이름을 영원히 지우셨나이다 ⁶ 원수가 끊어져 영원히 멸망하였사오니 주께서 무너뜨린 성읍들을 기억할 수 없나이다 ⁷ 여호와께서 영원히 앉으심이여 심판을 위하여 보좌를 준비하셨도다 ⁸ 공의로 세계를 심판하심이여 정직으로 만민에게 판결을 내리시리로다 ⁹ 여호와는 압제를 당하는 자의 요새이시요 환난 때의 요새이시로다 ¹⁰ 여호와여 주의 이름을 아는 자는 주를 의지하오리니 이는 주를 찾는 자들을 버리지 아니하심이니이다 ¹¹ 너희는 시온에 계신 여호와를 찬송하며 그의 행사를 백성 중에 선포할지어다 ¹² 피 흘림을 심문하시는 이가 그들을 기억하심이여 가난한 자의 부르짖음을 잊지 아니하시도다 ¹³ 여호와여 내게 은혜를 베푸소서 나를 사망의 문에서 일으키시는 주여 나를 미워하는 자에게서 받는 나의 고통을 보소서 ¹⁴ 그리하시면 내가 주의 찬송을 다 전할 것이요 딸 시온의 문에서 주의 구원을 기뻐하리이다 ¹⁵ 이방 나라들은 자기가 판 웅덩이에 빠짐이여 자기가 숨긴 그물에 자기 발이 걸렸도다 ¹⁶ 여호와께서 자기를 알게 하사 심판을 행하셨음이여 악인은 자기가 손으로 행한 일에 스스로 얽혔도다 (힉가욘, 셀라) ¹⁷ 악인들이 스올로 돌아감이여 하나님을 잊어버린 모든 이방 나라들이 그리하리로다 ¹⁸ 궁핍한 자가 항상 잊어버림을 당하지 아니함이여 가난한 자들이 영원히 실망하지 아니하리로다 ¹⁹ 여호와여 일어나사 인생으로 승리를 얻지 못하게 하시며 이방 나라들이 주 앞에서 심판을 받게 하소서 ²⁰ 여호와여 그들을 두렵게 하시며 이방 나라들이 자기는 인생일 뿐인 줄 알게 하소서 (셀라)

그리스도인이 된 후 많은 것이 달라졌습니다. 아니 정확하게 말하면 생각이 많이 달라졌습니다. 신앙이 성장하면서 지금까지 내가 잘 해서 무엇인가 이루었다고 생각하던 것들에 대한 변화가 가장 큰 차이입니다. 나의 노력에 의해서, 능력에 의해서 이루어진 일은 분명 나의 자랑입니다. 자신의 자부심입니다. 자부심이 클수록 자신의 능력에 대한 기대는 더 커지고, 자존감은 더 높아집니다. 사람들은 그러한 상태가 되기를 기대합니다. 소위 다른 사람에게 인정받는 길이며, 사회에서 더 나은 대우를 받을 수 있는 발판이 되기 때문입니다. 그래서 더 좋은 학점을 받고, 이름있는 회사에 들어가려고 애쓰고, 더 나은 대우를 받는 직위에 올라가려고 밤낮없이 노력합니다. 대부분은 좌절하지만 그래도 누군가 주변에서 그러한 목표를 이룬 사람들이 자신의 높아진 어깨를 으쓱하고 지나치는 것을 느낄 때면 자신이 초라해지는 것 같습니다. 창피하기도 하고, 자신의 능력에 한계를 느끼기도 하고, 나를 기대하고 있는 주변의 사람들에게 미안함을 느낍니다. 특히 가장 가까이에서 나를 기대하고 응원하고 있는 가족들에게는 더욱 그러합니다.

사회는 지속적으로 소리칩니다. 너의 경쟁력을 높여야 한다. 그것이 살길이다. 오랫동안 직장에서 살아남는 길이다. 그 길이 자식들에게 피눈물을 흘리게 하지 않게 하는 길이다. 듣기만 해도 가슴 아픈 말들을 나를 위한다는 이유로 거침없이 내뱉습니다. 이러한 소리들은 잘했던 잘못했던 조용히 나를 돌아 볼 수 있는 기회조차 앗아가 버립니다. 크든 작든 내가 이루었던 일들을 돌아보며 그 일에서는 작은 자부심을 느꼈던 것이 분명합니다. 그러한 작은 성공이 나의 체면을 세웠던 것은 사실입니다. 그런데 그것이 그렇지 않다면 이야기는 달라집니다.

⁴ 주께서 나의 의와 송사를 변호하셨으며 보좌에 앉으사 의롭게 심판하셨나이다 ⁵ 이방 나라들을 책망하시고 악인을 멸하시며 그들의 이름을 영원히 지우셨나이다 ⁶ 원수가 끊어져 영원히 멸망하였사오니 주께서 무너뜨린 성읍들을 기억할 수 없나이다

시9편 **39**

위의 본문을 생각해보면 주께서 나의 송사의 변호인이 되셨으며 재판장이 되셔서 의로 판결하셨습니다. 다른 말로 하면 지금까지 나의 인생에서 주께서 해결하신 것이 너무나 많아서 헤아릴 수가 없습니다. 우리는 어려움에 있을 때 도우시는 은혜의 손길을 경험합니다. 그런데 사실은 우리가 경험하고 기억하는 것만을 생각한다면 위와 같은 고백은 너무 과해 보입니다. 우리의 기억은 매우 제한적입니다. 왜냐하면 사람은 내가 기억하고 싶은 것만 기억합니다. 내가 기억하고 싶은 대로 기억합니다. 즉 그 말을 내 기억은 저장은 얼마든지 사실과 다른 내용으로 기억될 수 있다는 것입니다. 그러나 하나님께서는 모든 것을 알고 계시며, 정확하게 기억하고 계십니다. 그분께서 말씀하십니다. 내가 기억하는 것보다 기억하지 못하는 것이 훨씬 더 많다는 것이다.

> 12 피 흘림을 심문하시는 이가 그들을 기억하심이여 가난한 자의 부르짖음을 잊지 아니하시도다 13 여호와여 내게 은혜를 베푸소서 나를 사망의 문에서 일으키시는 주여 나를 미워하는 자에게서 받는 나의 고통을 보소서

고통 가운데 있는 자는 다급합니다. 지금 받는 고통이 경감될 수 있다면 무슨 말이든지 합니다. 자신이 감당 못할 일이라도 도움이 되는 것은 일단 약속을 합니다. 우리의 서원을 생각해 보십시오, 그 서원들은 대부분 고통가운데서 그 고통을 감면하기 위하여 한 것들입니다. 그러나 그 고통의 상황이 끝나고 나면 그 서원의 내용은 암담한 현실이 되어 버립니다. 대부분의 서원은 시간이 지나면서 자연스럽게 잊어버리고, 다음 고통의 시간이 되어야만 그 기억을 회생시킵니다. 그리고 후회합니다. 그 서원의 내용을 실행하지 못해서 이 고통이 다시 왔다고 생각합니다. 그것도 잠시 다시 꼭 같은 방법으로 잊고, 기억을 회생하고를 반복합니다. 인간은 이렇게 대책 없이 어리석습니다. 고통가운데서 내가 기억하지 못했던 것들, 내가 송사하지 못했던 것들을 다행히도 주께서

기억하셔서 챙기셨습니다. 그리고 내가 느꼈던 고통을 그가 대신 갚아 주셨습니다. 과거에 열심히 불렀던 찬양이 생각납니다.

"나의 등 뒤에서 나를 도우시는 주. 나의 인생 길에서 지치고 곤하여 매일 처럼 주저앉고 싶을 때 나를 밀어 주시네"

두려운 상황에서 부르던 이 찬양이 나의 눈을 주님을 향해서 들게 만듭니다. 지친 나의 발걸음이 왜 그렇게 가벼웠던지 이제 알았습니다. 내가 알 수 없었던 힘이 나의 잠재력이 아니라 그분의 힘이었던 것을 이제 분명하게 이해했습니다. 높아지는 자부심과 경쟁력을 자랑했던 내가 우습습니다. 어딘지 나를 숨기고 싶습니다. 그분의 손길을 느끼지 못하고 있던 나의 우둔함에 얼굴을 묻을 곳이 없어집니다.

[18] 궁핍한 자가 항상 잊어버림을 당하지 아니함이여 가난한 자들이 영원히 실망하지 아니하리로다 [19] 여호와여 일어나사 인생으로 승리를 얻지 못하게 하시며 이방 나라들이 주 앞에서 심판을 받게 하소서 [20] 여호와여 그들을 두렵게 하시며 이방 나라들이 자기는 인생일 뿐인 줄 알게 하소서 (셀라)

세상은 언제나 성공한 사람들의 편입니다. 일부의 사람들이 약자의 편을 듭니다. 특히 정치를 하는 사람들이 그렇습니다. 그러나 알고 보면 그들은 자신들의 더 큰 성공을 위하여 약자들을 이용하는 것을 종종 보게 됩니다. 이처럼 세상은 약자에게 관대하지 않습니다. 그러나 주님 께서는 그렇지 않으셨습니다. 언제나 약자의 편이셨습니다. 처음부터 그렇게 선언하셨고, 그 말을 끝까지 잘 지키셨습니다. 주님의 은혜가 크심을 느낍니다. 세상은 나를 기억하지 않더라도 부모가 그 자식을 잊지 못함 같이 주님은 연약한 우리의 궁핍을 잊지 않으십니다. 사회에서 더 이상 가치를 인정 받지 못할지라도 주님은 나의 가치를 인정하심이,

마치 버려진 돌을 들고 사용처를 찾아 가장 적합 곳에 놓으셨습니다. 이 땅에서 한번도 그런 관심과 배려를 받지 못한 자들이 모인 곳이 주님의 옷깃 아래입니다. 세상이 자기의 작은 재주를 과장하며 떠벌리고 의지할 때 나는 주께서 나의 힘이 되신 것을 자랑합니다. 그것이 오직 나의 자랑입니다.

    인생이 이 땅에서 승리하는 것은 이 땅에 암울한 상황을 지속적으로 만들어 갈 뿐입니다. 인생의 승리는 결국은 타락이고, 파멸입니다. 이 땅의 인생으로 하여금 당신을 알게 하시며, 기억하게 하시며, 의지하게 하소서. 다시는 그들이 세상을 자신의 것으로 만들지 않게 하소서. 자신들의 연약함을 깨닫게 하시며, 당신께서 베풀어 주시는 은혜로 살고 있음을 알게 하소서. 아멘!

시 12편

¹ 여호와여 도우소서 경건한 자가 끊어지며 충실한 자들이 인생 중에 없어지나이다 ² 그들이 이웃에게 각기 거짓을 말함이여 아첨하는 입술과 두 마음으로 말하는도다 ³ 여호와께서 모든 아첨하는 입술과 자랑하는 혀를 끊으시리니 ⁴ 그들이 말하기를 우리의 혀가 이기리라 우리 입술은 우리 것이니 우리를 주관할 자 누구리요 함이로다 ⁵ 여호와의 말씀에 가련한 자들의 눌림과 궁핍한 자들의 탄식으로 말미암아 내가 이제 일어나 그를 그가 원하는 안전한 지대에 두리라 하시도다 ⁶ 여호와의 말씀은 순결함이여 흙 도가니에 일곱 번 단련한 은 같도다 ⁷ 여호와여 그들을 지키사 이 세대로부터 영원까지 보존하시리이다 ⁸ 비열함이 인생 중에 높임을 받는 때에 악인들이 곳곳에서 날뛰는도다

본문은 "여호와여 도우소서"라는 절규와 한탄으로 문장을 시작합니다. 이는 자신이 처한 상황뿐 아니라 사회적으로도 너무나 어려운 상황이어서 쉽게 해결이 가능하지 않은 상황을 놓고 울부짖는 저자의 마음을 대변한 것입니다. 다윗이 언제 지은 시 인지는 알 수 없지만 참담함을 알 수 있는 내용입니다. 어쩌면 경건한 그리스도인들이 세상에서 겪는 심정을 대변한 것이 아닐까요? 사방을 둘러봐도 의지할 수 있는 사람이 없으며, 눈을 크게 뜨고 돌아봐도 믿을 수 있는 사람을 찾을 수 없을 때 겪는 좌절은 실낱 같은 소망의 날개가 꺾이는 고통입니다.

> ¹ 경건한 자가 끊어지며 충실한 자들이 인생 중에 없어지나이다 ² 그들이 이웃에게 각기 거짓을 말함이여 아첨하는 입술과 두 마음으로 말하는도다 ³ 여호와께서 모든 아첨하는 입술과 자랑하는 혀를 끊으시리니

자신의 주위에 경건한 사람과 충실한 사람이 없다는 것은 믿을 수 있는 사람이 없다는 것 입니다. 경건함과 충실함을 나타내는 것은 말과 행동의 일치입니다. 경건함은 godliness인데, 이는 하나님을 닮은 모습을 나타내며, 인생의 삶에서 하나님의 모습과 삶의 방식이 투영된 사람을 의미합니다. 세상과 타협하지 않으면 세상의 삶의 방식을 따르지 않는 사람을 의미합니다. 충실함은 faithfulness인데, 성실하며 지속적인 성품을 표현합니다. 요즈음은 자신의 내면의 진실함을 보이기 전에 수려한 말솜씨로 한 몫을 잡으려는 사람이 얼마나 많습니까? 속이고, 과장하고, 왜곡하고, 비웃고, 아첨하는 말들이 난무합니다. 잠깐 정신을 놓으면 그러한 말에 빠져들고 맙니다. 정직하고, 담백하고, 성실한 말은 매력적이지 않기 때문에 외면만 보면 그다지 좋아 보이지 않습니다. 학교에서, 직장에서, 가정에서 심지어 교회에서도 정직과 과장, 진실과 왜곡 사이에서 효율적으로 줄타는 법을 가르칩니다. 그것이 성공의 길이고, 효과적인 생존의 노하우라고 합니다. 어디까지가 진정한 그 사람의 모습인지 알기가 어렵습니다. 그것이 노련한 처세술이고, 사람들에게 비난받지 않고, 자신의 이익을 챙길 수 있는 방법이라고 생각합니다. 사람들은 상대가 충실한 것은 선호하지만 자신이 충실한 삶을 살아가는 것은 싫어합니다. 왜냐하면 충실한 삶의 모습은 사회에서 인정받기가 어렵고 사람들에게 주는 이미지가 매우 투박하기 때문입니다.

그러나 하나님은 다릅니다. "하나님은 인생이 아니시니 식언치 않으시고, 인자가 아니시니 후회가 없으시도다" 하나님은 자신만이 아닌 사람에게도 동일한 모습을 나타내십니다. 이러한 하나님의 모습은 거짓과 아첨의 두 마음을 품은 사람을 엎드려지게 하십니다. 빛과 같이 일정

하신 주님의 모습이 그들에게는 너무나 큰 위협입니다. 이러한 주님의 모습은 나에게도 너무나 큰 불편함입니다. 아첨하는 입술과 자랑하는 혀를 끊으시는 주님 앞에 나의 입술이 순결함과 비열함의 경계를 줄타기 하고 있지는 않는지 두렵습니다. 투박하지만 진실되고, 세련되지 않지만 정직한 진정성이 나의 모습이기를 바랍니다.

> ⁴ 그들이 말하기를 우리의 혀가 이기리라 우리 입술은 우리 것이니 우리를 주관할 자 누구리요 함이로다 ⁵ 여호와의 말씀에 가련한 자들의 눌림과 궁핍한 자들의 탄식으로 말미암아 내가 이제 일어나 그를 그가 원하는 안전한 지대에 두리라 하시도다

세상은 세치 혀의 힘에 과도하게 의존합니다. 말의 힘은 위대하지만 진정성이 담보될 때 가능한 일입니다. 자신의 말을 자신의 말로 부정하는 사람들은 자신의 말의 능력을 과시하길 좋아합니다. 그들의 말은 세상을 다스리고도 남을 만큼의 힘을 지니고 있는 것 같이 보입니다. 때때로 그들의 말이 너무나 정확하게 이루어지는 것을 보기도 합니다. 그들은 그들의 말의 주관자이며, 실행자입니다. 그래서 그들이 두려울 때도 있습니다. 그러나 하나님께서는 그들의 말을 기억하고 계십니다. 마치 광야에서 이스라엘 백성들이 내뱉었던 믿음 없는 말들처럼, 하나님께서는 그들의 말을 그들이 내뱉었던 그대로 보응 하셨습니다. 그들은 자신들의 짐을 지고 메마른 광야를 유리 방황했습니다. 그들의 고난의 걸음은 자신의 목숨이 다하는 그날까지 이어졌습니다. 더 고통스러운 것은 그들의 자손들이 동행하며 그 광경을 보게 하셨습니다. 그 자손들은 이 진퇴양난의 광경을 경험했습니다. 자신들이 약속의 땅인 가나안으로 가기 위해서는 자신들의 아비와 어미 그리고 형들이 죽어야만 했습니다. 그 시간을 기다리는 그들의 심정은 말 그대로 참담함 이었습니다. 그러나 인생은 어리석게도 그러한 광경을 경험하였음에도 불구하고 동일한 죄악을 반복합니다.

말은 마음을 보여주는 거울입니다. 말을 통해서 마음 속을 확인 할 수 있습니다. 무릇 속에 있는 것이 밖으로 나타나기 때문입니다. 어떤 사람들은 조금 더 효율적으로 자신의 마음의 생각을 통제합니다. 그러나 그것은 일정한 시간 동안만 가능합니다. 결국은 마음에 있는 것을 내쏟고 맙니다. 그래서 다윗은 "하나님이여 나를 살피사 내 마음을 아시며 나를 시험하사 내 뜻을 아옵소서"(시139:23)라고 기도했습니다.

6 여호와의 말씀은 순결함이여 흙 도가니에 일곱 번 단련한 은 같도다 7 여호와여 그들을 지키사 이 세대로부터 영원까지 보존하시리이다 8 비열함이 인생 중에 높임을 받는 때에 악인들이 곳곳에서 날뛰는도다

우리는 아둔해서 아직도 하나님께 말을 배워야 한다는 생각을 못합니다. 순결하며, 도가니에 단련된 은과 같은 하나님의 말씀을 배우고 따라 할 생각을 왜 못할까요? 부모가 사투리를 쓰면 사투리를 배우고, 욕을 하면 욕을 배우는 것이 자녀의 행동인데, 하나님의 자녀인 우리들이 순결한 하나님의 말을 배우기 보다 세상의 말을 배우려고 그렇게 애를 쓰고 있습니다. 어떻게 하면 세상의 말을 좀 더 잘 배울 수 있을까? 몰두하고 있는 나의 모습을 봅니다. 그것이 세상에서 좀 더 잘 사는 방법이라고 믿기 때문입니다. 보다 효율적으로 세상의 말을 하는 방법을 생각합니다. 하나님의 자녀들이 이렇게 어리석습니다.

쓸데없는데 시간을 낭비하고 있는 나를 보면서 갑자기 부끄럽고 쓸데없는 일을 하고 있다는 생각이 듭니다. 아직도 세상의 말과 하나님 나라의 말을 잘 가리지 못하는 나의 미련함을 확인합니다. 나의 모습은 입술의 순결함과 세상의 비열함의 경계 어디쯤에 자리잡고 있는지 알 수 없습니다. 오래도록 믿음 생활을 했는데, 이 아침에 내 모습의 한 자락을 무방비로 내비치는 것 같아 마음이 심란합니다. 선생인 내가 나 자신도 잘 모르면서 선생 노릇을 하고 있다는 자책이 듭니다. 내 말을 듣는

사람들이 나를 어떻게 생각할까 생각해 보니 부끄러워 몸 둘 바를 모르겠습니다. 눈을 감고 마음을 모아 봅니다. 세상에 적응 하려고 애쓰는 나를 바라봅니다. 세상 사람들에게 보여지는 나를 내려놓고, 하나님께서 바라보시는 나를 생각합니다. 그 모습이 내가 살아가야할 삶의 궁극적인 목표인 것을 다시 확인하게 됩니다. 그리고 마음을 차분하게 가라앉혀봅니다. 마음의 가닥을 잡아봅니다. 그리고 낮은 소리로 나의 마음을 고백합니다. 여호와여 나의 입술을 도우소서. 세상의 말이 아닌 하나님 나라의 언어에 능하게 하소서. 아멘!

시13편

다윗의 시, 인도자를 따라 부르는 시

¹ 여호와여 어느 때 까지니이까 나를 영원히 잊으시나이까 주의 얼굴을 나에게서 어느 때까지 숨기시겠나이까 ² 나의 영혼이 번민하고 종일토록 마음에 근심하기를 어느 때까지 하오며 내 원수가 나를 치며 자랑하기를 어느 때까지 하리이까 ³ 여호와 내 하나님이여 나를 생각하사 응답하시고 나의 눈을 밝히소서 두렵건대 내가 사망의 잠을 잘까 하오며 ⁴ 두렵건대 나의 원수가 이르기를 내가 그를 이겼다 할까 하오며 내가 흔들릴 때에 나의 대적들이 기뻐할까 하나이다 ⁵ 나는 오직 주의 사랑을 의지하였사오니 나의 마음은 주의 구원을 기뻐하리이다 ⁶ 내가 여호와를 찬송하리니 이는 주께서 내게 은덕을 베푸심이로다

초등학교 6학년때, 어머니의 심부름으로 연희동에 사는 외삼촌 집에 갔었습니다. 당시 외삼촌은 2층 양옥집의 위층에서 살고 있었는데, 마루가 넓고, 햇볕이 잘 드는 집이었습니다. 밤이 늦도록 기다려도 외삼촌과 숙모는 오질 않았습니다. 저녁도 못 먹어 배도 고프고, 어린 나이에 무섭기도 하고, 잠자는 도중에 외삼촌이 오실까 잠도 제대로 못 자고 꼬박 밤을 세웠습니다. 아침에 아래층 주인집에서 저의 인기척을 듣고 올라오셨습니다. 외삼촌과 숙모 두 분이 함께 다른 지역으로 출타해서 전날 밤에 오시지 않는다고 했다는 것 입니다. 그것도 모르고 그 집에 와서 밥도 못 먹고 밤새 잠도 제대로 못 자고 하룻밤을 꼬박 새웠습니

다. 허탈한 마음으로 집으로 돌아왔습니다. 어린 시절의 매우 짧은 시간의 경험이었지만 지금도 생생하게 기억하고 있다는 것은 나의 기억력보다 경험의 강도가 훨씬 강했다는 것을 알 수 있습니다. 누구를 기다린다는 것은 참 고통스런 일입니다

다윗은 "여호와여 어느 때 까지니이까"라며 자신이 하나님의 얼굴을 볼 수 없음을 한탄하고 있습니다. 다윗은 하나님을 기다리고 있습니다. 그에게는 너무나 시급하게 해결해야 하는 일이 있습니다. 하나님 만이 그 일을 해결하실 수 있기 때문입니다. 그 해결자이신 하나님께서 나타나시지 않으시며, 자신의 문제를 외면하고 계시는 것입니다. 만나야 할 사람을 만나지 못하는 것은 참으로 답답한 일입니다. 이는 사람의 근본적인 존재 목적이 관계에 있기 때문입니다. 하나님을 직접 대면해서 볼 수 없지만 지금까지 인격적으로 대면해 주셨던 하나님께서 아무런 응답을 하시지 않는다는 것은 참으로 큰 고통입니다. 많은 생각들이 머리를 스쳐가지만 뾰족하게 남는 답이 없습니다. 다윗은 자신이 하나님을 찾을 수 없음을 탄식하며 절규하고 있습니다. "어느 때까지"라는 표현은 계속해서 고통이 지속될 것에 대한 두려움을 내포하고 있습니다. 고통과 두려움을 가지고 하루하루를 견디며 지낸다는 것은 너무나 힘든 일입니다. 하루도 견디기 어려운데, 그 날이 지속될 것 같은 불안감이 그를 엄습하고 있습니다.

나에게 반드시 필요한 그의 존재, 만약 그 존재가 나타나지 않는다면 나는 어떻게 되는 것일까? 지금 나의 상황에서 반드시 그 사람이 있어야 되는데, 필요한 사람이 없어진 그 불안감! 그러한 마음은 겪어보지 않았다면 이해하기 어려울 것 같습니다. 나는 혹시 누구와 관계의 소원해짐을 두려워하고 있지 않습니까? 그것은 우리가 사회적인 존재로 지어졌다는 것이며, 그 중심에는 나를 지으신 창조주 하나님께서 계십니다. 이는 우리가 하나님과 뗄 수 없는 창조적 관계를 맺고 있기 때문입니다. 그렇기 때문에 다윗은 하나님을 애타게 찾고, 그리워하고 있습니

다. 놀이터에서 놀이에 몰두하던 아이가 깜짝 놀란 듯이 사방을 두리번 거리며 엄마를 찾는 것과 같습니다. 아이는 순간적으로 엄마가 보이지 않는 공포를 경험하지만, 다음 순간 엄마가 저기서 자신을 바라보고 웃고 있는 엄마의 모습을 보면서 안심하고 다시 놀이에 몰두합니다.

다윗이 느끼는 하나님의 부재는 정신없이 세상 일에 부딪치고 고민하고 몰두하다 누군가 옆에 있어야 할 사람이 보이지 않을 때 느끼는 그런 부재입니다. 다윗의 한탄은 죄로 인해 잊었던 하나님을 찾는 모습은 아니라고 생각됩니다. 잠시라도 내 마음에 하나님의 공백이 느껴질 때 그로 인해 갖는 두려움이라는 생각이 듭니다. 마치 사랑하는 연인이 잠시라도 내 눈에 안보이면 그 시간이 너무나 긴 것 같이 느껴져서 어찌할 줄 모르는 그런 감정입니다. 우리는 어떻습니까? 하나님과의 관계보다 우선적으로 해야 할 일이 너무나 많고, 하나님보다 내 인생에 중요한 사람이 많은 삶이 아닌지를 돌아봐야 합니다. 하나님이 보이지 않아도 이런 저런 조건만 주어지면 얼마든지 잘 살수 있다고 생각하지는 않습니까? 제 마음이 혹이라도 그런 마음일까 두렵습니다. 잠시라도 하나님의 존재가 느껴지지 않는 것을 못 견디는 다윗의 마음이 부러울 따름입니다.

> 3 여호와 내 하나님이여 나를 생각하사 응답하시고 나의 눈을 밝히소서 두렵건대 내가 사망의 잠을 잘까 하오며 4 두렵건대 나의 원수가 이르기를 내가 그를 이겼다 할까 하오며 내가 흔들릴 때에 나의 대적들이 기뻐할까 하나이다

다윗은 하나님 없는 자신의 삶은 어떤 삶인가를 정확하게 알고 있습니다. 가끔 이런 생각이 듭니다. 다윗이 이렇게 하나님을 사랑하고, 사모하게 된 동기는 무엇일까? 그에게 어떤 일이 있었던 것일까? 그가 사울에게 쫓겨서 광야에서, 적국에서 정처없이 자신의 몸을 의탁하고 있을 때였을까? 사실 그때의 다윗은 절대 절명의 위기의 순간을 여러 번

경험했습니다. 자신과 그를 따르는 사람들의 목숨이 경각에 달려있는 것을 수없이 느꼈을 것입니다. 그러한 상황을 지내면서 하나님을 경험하고 그를 깊이 의지하는 경험을 하는 것은 너무나 당연한 일입니다. 그러나 그것이 아니었습니다. 성경을 읽어보면서 그 답을 찾았습니다. 성경에서 다윗이 블레셋의 골리앗과 대적할 때의 고백을 볼 때 그는 이미 광야에서 양을 치면서 하나님과의 깊은 교제를 가지고 있었습니다. 그리고 하나님을 깊이 경험하고 있었음을 알 수 있습니다. 전쟁이나 용사의 싸움은 패기나 국가에 대한 애국심만으로 되는 것이 아니기 때문입니다. 다윗의 고백은 전쟁은 하나님의 것이며, 하나님께서 자신과 함께 하신다는 분명한 고백과 믿음이 있었습니다. 이러한 다윗이었기에 한 시라도 하나님의 부재는 그에게는 고통스러운 일이었을 것 입니다.

더욱이 다윗은 이 순간을 틈타서 원수들이 자신을 농락할 것 임을 염려하고 있습니다. 다윗 같은 위대한 영적 거장이 이렇게 나약한 소리를 한다는 것이 의아스럽습니다. 그러나 반대로 생각하면 내가 너무 겁이 없는 것 입니다. 원수들이 얼마나 무섭고, 잔악한지 알지 못하기 때문에 하나님 없이 혼자 다녀도 아무런 문제를 느끼지 않는 것 입니다.

오래전에 중국 연변에 있는 연변과학기술대학교에 한 학기 강사로 간 적이 있었습니다. 이른 저녁을 먹고 나면 무료하기도 하고, 중국사람들의 삶에 궁금증도 있어서 학교에서 제법 걸어서 가야 되는 시장통에 가서 맛있는 것도 사 먹고 구경도 하다가 약간 어둑해 지면 다시 걸어서 돌아오곤 했습니다. 어느 날 제가 저녁 마실 갔다가 오는 것을 본 동료교수 한 분이 저에게 어디를 갔다 오느냐고 물었습니다. 있는 그대로 저녁 마실 다녀온다고 대답을 했더니 갑자기 눈이 휘둥그래지면서 그 동안 아무 일이 없었냐고 물어보는 것이었습니다. 저는 천연덕스럽게 무슨 일어날 일이 있느냐고 반문을 했습니다. 그랬더니 그분이 학교에서 시장에 가는 길은 매우 위험한 길이라는 것입니다. 이곳 지리에 익숙한 중국 학생들도 그곳으로 갈 때는 택시를 타고 가거나 여러 명이 같이 간다는 것이었습니다. 왜냐하면 그 길에서 자주 중국 현지 폭력배들이 나타나서 사람을 해친다는 것 입니다. 그러면서 저에게 간이 큰 것인지, 뭘 모르는 것인지 알 수 없다고 농담을 했습니다. 그 말을 듣고 그 다음 날부터는 시장통에 갈 일이 생기면 꼭 택시를 이용했던 경험이 있습니다. 그때 그 교수님의 말을 듣고 가슴이 철렁했던 생각이 납니다. 지금 생각해 보면 제가 무지했던 것입니다. 그러니 그 위험한 길을 겁도 없이 다녔지요.

우리의 삶도 마찬 가지 입니다. 원수의 무서움을 모르면 그냥 무방비 상태로 있게 마련입니다. 하나님께서 우리의 보호자가 되시는 것을 제대로 인식하기가 어렵습니다. 하지만 다윗은 수많은 고통 가운데 원수들이 얼마나 자신을 헤치려고 노력했는 지를 생생하게 기억하고 있으며, 그 순간마다 하나님의 도움심이 자신을 지키었다는 사실을 경험했습니다. 때문에 자신의 인생에서 하나님께서 계시지 않는 순간을 견딜 수 없어 하는 것 입니다.

아이들이 아침에 눈을 뜨자 마자 가장 먼저 하는 일이 엄마의 존재를 확인하는 것 입니다. 엄마의 모습을 보거나 목소리를 들으면 안심하고 다시 잠자리에 들어갑니다. 이와 같이 날마다 우리의 삶에서 하나님의 존재와 그가 나와 함께하심을 확증하는 아침이 되시기를 기도합니다. 아멘!

시14편

하나님이 희망이시다

¹ 어리석은 자는 그의 마음에 이르기를 하나님이 없다 하는도다 그들은 부패하고 그 행실이 가증하니 선을 행하는 자가 없도다 ² 여호와께서 하늘에서 인생을 굽어살피사 지각이 있어 하나님을 찾는 자가 있는가 보려 하신즉 ³ 다 치우쳐 함께 더러운 자가 되고 선을 행하는 자가 없으니 하나도 없도다 ⁴ 죄악을 행하는 자는 다 무지하냐 그들이 떡 먹듯이 내 백성을 먹으면서 여호와를 부르지 아니하는도다 ⁵ 그러나 거기서 그들은 두려워하고 두려워하였으니 하나님이 의인의 세대에 계심이로다 ⁶ 너희가 가난한 자의 계획을 부끄럽게 하나 오직 여호와는 그의 피난처가 되시도다 ⁷ 이스라엘의 구원이 시온에서 나오기를 원하도다 여호와께서 그의 백성을 포로된 곳에서 돌이키실 때에 야곱이 즐거워하고 이스라엘이 기뻐하리로다

세상에서 조금이라도 힘이 있는 사람은 하나님의 존재를 부정합니다. 그들의 하나님에 대한 부정 속에는 하나님의 존재와 상관없이 돈이 있으면, 권력이 있으면 무엇이나 가능하다고 생각하는 세상적인 가치관인 "황금 만능주의"가 자리하고 있습니다. 소유한 돈의 양과 권력의 크기는 자신이 세상에서 펼칠 수 있는 꿈과 야망의 크기와 비례한다고 굳게 믿고 있습니다. 그리고 실제로 세상은 그렇게 돌아가고 있습니다. 아쉽게도 교회 공동체에 속한 많은 사람들도 동일한 생각을 가지고 있는듯 합니다. 그들도 세상의 사람들의 가치관에 물들어 가고 있는 것입

니다. 그리스도인들이 돈이 있어야, 교회가 돈이 있어야 무엇을 할 수 있다고 공공연히 말합니다. 돈이 있어야 하나님 일을 멋지고 폼 나게 할 수 있다고 생각합니다. 이러한 경향은 점점 더 심각해 지고 있습니다. 믿음이 있어야 할 자리에 돈과 세상의 권력이 자리잡고 있으며, 세상에서 소위 출세한 사람들이 교회에서도 동일한 힘을 가지고 있으며, 많은 하나님의 백성들이 그러한 기회를 애타게 추구하고 있습니다. 그리고 그것이 믿음의 최선의 결과라고 믿고 있습니다.

그들을 향해서 하나님께서는 "어리석은 자" 즉 마음에 하나님이 없는 자 (godlessness) 라고 경멸하십니다. 어리석은 자의 대표격인 사울 왕은 자신을 왕으로 만들어 주신이가 하나님이신 것을 분명히 알고 있었음에도 불구하고 결코 하나님에게 묻지 않았습니다. 언제나 자신의 생각과 뜻으로 스스로 결정하고 행동했습니다. 심지어 자신을 왕으로 기름 부은 선지자 사무엘에게 "당신의 하나님"이라고 했습니다. 사탄은 하나님의 백성들이 자기 마음대로 결정하고, 행동하면서도 마치 하나님의 뜻을 구하고 그의 뜻대로 행하는 것으로 착각하게 만듭니다.

이런 이야기(예화)를 들었습니다. 어떤 사람이 예수님에게 물었습니다. 어떻게 하나님의 뜻을 알 수 있습니까? 예수님께서 말씀하셨습니다. "그것은 매우 간단하다. 너의 뜻과 가장 멀리 있는 것이 하나님의 뜻이다."라고 말씀을 하셨답니다. 간단하지만 우리의 생각의 의표를 찌르는 내용이라고 생각됩니다. 즉, 네가 가장 하기 싫은 것이 하나님의 뜻이다라는 의미입니다. 이러한 세상의 모습을 보면서 또 많은 그리스도인들은 실망하고, 자포자기하고, 세상에 대하여 부정적인 생각을 가지고 빨리 예수님께서 오시도록 기도합니다. 주님의 다시 오심을 기대하고 사모하는 것은 참으로 필요한 신앙이고 믿음입니다. 그러나 이러한 부정적인 생각 때문에, 자신들이 그렇게 될 수 없기 때문에 주님의 오심을 기대하는 것은 성경적인 이치와 맞지 않습니다.

세상이 이렇게 악하지만 본문6절은 우리에게 희망을 줍니다. "어리석은 사람들은 하나님을 향한 우리의 생각과 뜻을 좌절시키지만 주님께서는 항상 우리와 함께 계시고 도우시는 분 입니다"라고 다윗은 고백합니다. 그렇습니다. 세상은 단 한번도 우리에게 희망을 주지 않았습니다. 하나님의 이름을 부르지 않는 자들이 득세하고, 잘 살고, 권력을 휘두르지만 처벌받지 않고, 오히려 자신의 부정과 악행을 너무도 잘 감추며 살아가는 모습을 보면서 정말 하나님께서 계시는가라는 생각이 들고, 하나님께서는 무엇을 하고 계시는가라는 실망의 마음을 억누를 때도 있지만 다윗의 고백은 나로 하여금 다시 한번 주님에 대한 기대와 희망을 갖게 합니다. 돌아보면 언제나 세상은 좌절이었고, 하나님께서는 언제나 나에게 성실하심이셨습니다. 나는 그렇지 못했지만 하나님께서는 나의 상황과 상관없이 그렇게 하셨습니다.

생각해 보면 내가 세상에서 경멸하는 자들의 모습과 나의 모습은 얼마나 다른가라고 반문하면 대답할 길이 없습니다. 어쩌면 나는 제대로 살지도 못하면서 이렇게 살아야 한다는 명분과 당위성만을 허공에 외치는 사람과 별로 다르지 않습니다. 나의 마음에 내가 경멸하는 사람들에 대한 비판의 소리가 높아질수록 나의 마음 한 구석에는 그들에 대한 동경의 모습과 그렇지 못한 나 자신에 대한 열등의식이 더 높아지는 것을 느낍니다. 나의 본심을 감추고 싶었던 게지요. 그래도 나만은 결코 아니다 라고 내세우고 싶었던 것입니다. 왜냐하면 악한 자들이 나의 선한 뜻을 좌절 시키지만, 실상은 내가 그 선한 뜻을 지속할 수 있는 믿음이 나에게 없기도 합니다. 이런 나를 하나님께서는 너무 잘 아십니다. 지금까지 이런 나의 이중적인 마음을 하나님께서는 받아주시고, 덮어 주시고, 눈 감아 주셨습니다. 그리고 마치 내가 무엇을 한 것 같이 포장해 주셨습니다. 나는 압니다. 나의 삶에서 괜찮았던 것, 사람들의 부러움을 샀던 것, 능력 있게 보였던 것은 모두 내가 아닌 그 분의 손길이고, 작품이었습니다. 다만 그분께서 그 앞에 그분의 이름대신 나의 부끄러운 이름을 써 넣으셨던 것입니다. 제가 그것을 모르면 누가 알겠습니까? 그런데 시간이 지나면서 그것이 마치 내가 한 것 같이 자주 나의 무용담을 늘어 놓는 위장된 모습을 보게 됩니다. 가끔은 내가 한 것 같은 착각이 들기도 합니다. 그래서 어깨와 눈에 힘을 주었던 시절들이 저에게도 있었습니다. 지금 생각하니 너무 어리석은 행동이고, 수치스러운 마음입니다. 하하하

　이제 저는 좌절이 아닌 희망을 선택하겠습니다. 세상의 모습을 보면 좌절입니다 하지만 그 좌절의 암흑 가운데 보여주시는 작은 희망의 구름을 보겠습니다. 마치 엘리야가 손바닥만한 구름의 모습을 보고 삼년 육개월의 가뭄이 끝나는 징조임을 알았던 것 같이 세상의 어떠함을 보지 말고 나를 도우시는 주님을 기대하고 바라봅니다. 세상에서 갖고 싶고, 좋아 보이고, 부러움의 대상들 가끔 나의 마음을 흔들고 불편하게 하지만 그래도 이 아침에 이렇게 소리치면서 나아가기를 원합니다. "주님, 당신만이 나의 희망입니다." 혹시 이 외침이 작아서 나만 들을 수 있어도 좋습니다. 어느 날 누구나 들을 수 있는 외침이 되기를 기대하는 마음을 담습니다. 이 아침에... 아멘!

시15편

¹ 여호와여 주의 장막에 머무를 자 누구오며 주의 성산에 사는 자 누구오니이까² 정직하게 행하며 공의를 실천하며 그의 마음에 진실을 말하며³ 그의 혀로 남을 허물하지 아니하고 그의 이웃에게 악을 행하지 아니하며 그의 이웃을 비방하지 아니하며⁴ 그의 눈은 망령된 자를 멸시하며 여호와를 두려워하는 자들을 존대하며 그의 마음에 서원한 것은 해로울지라도 변하지 아니하며⁵ 이자를 받으려고 돈을 꾸어 주지 아니하며 뇌물을 받고 무죄한 자를 해하지 아니하는 자이니 이런 일을 행하는 자는 영원히 흔들리지 아니하리이다

여호와의 장막에 사는 자, 성산에 머무르는 자는 하나님의 백성에 대한 통칭입니다. 세상에 살지만 세상과 구별된 삶을 살아가는 사람들의 정체성이며, 삶의 모습인 것입니다. 그들의 삶은 생활이 아니라 예배입니다. 예배의 행위는 언제나 하나님 중심이며, 하나님께서 원하시는 것에 대한 온전한 헌신입니다. 이는 세상에서 살아가는 사람들의 가치관과 구별된 삶의 모습입니다. 이들은 하나님의 백성입니다.

¹ 여호와여 주의 장막에 머무를 자 누구오며 주의 성산에 사는 자 누구오니이까?

주의 장막과 성산에 머무는 것은 하나님께 나아가 예배 드리는 것을 의미합니다. 여호와에게 예배 드리는 자는 누구입니까? 본문의 조건으

로는 아무도 그 자격을 충족할 수 없습니다. 하나님께서 원하시는 예배자는 예배에 참석하는 자가 아닌 진정으로 예배를 드리는 자입니다. 우리는 어떻습니까? 우리는 너무 많은 예배를 드리며, 준비 없이 시간에 맞춰서 참석합니다. 적어도 시간에 늦지만 않으면 예배 참석에 대한 결격사유는 없다고 생각합니다. 한 주간 동안 내가 어떤 삶을 살았는지는 예배의 참석과 아무런 상관이 없습니다. 예배를 위한 어떤 준비를 했는지도 별 의미가 없습니다. 다만 늦지 않게 참석하는 것이 내가 이 예배를 위하여 해야 할 최선의 의무이며, 책임인 것입니다. 이 늦지 않게 예배 참석에 대한 행위가 하나님은 아니지만 적어도 목사님에 대하여는 의무를 다 하는 것입니다. 그렇습니다. 오늘날의 예배는 하나님이 아닌 강대상 위에서 나를 보고 있는 목사님께 보이는 예배가 되었습니다. 목사님께 보여지는 예배, 주일에 그래도 일찍 일어나 교회에 왔는데, 적어도 영상으로 예배를 드리는 일은 없어야 한다는 마지노선과 같은 예배 참석의 원칙이 자연스럽게 우리에게 자리 잡고 있습니다. 언제부터인가 예배의 주체가 하나님이 아니라 예배 주의를 둘러싸고 있는 환경이나 사람이 되어버렸습니다. 예배도 하나님께 드리는 것이 아닌 사람을 의식하며, 사람들의 생각과 말을 의식하며 드리는 나를 발견하는 그 심정은 어떻습니까? 이는 예배가 아닌 것입니다. 어쩌다 예배가 이렇게 되었습니까?

사1:14

내 마음이 너희의 월삭과 정한 절기를 싫어하나니 이것이 내게 무거운 짐이라 내가 지기에 곤비하였느니라

그리스도인의 삶은 한마디로 '예배의 삶'입니다. 예배는 하나님과의 관계적 신분을 확인하며, 기뻐하며, 그에게로 돌아가는 의식이며, 내용이며, 결단입니다. 본문은 예배를 드릴 수 있는 자의 조건을 말하기 보

다 예배를 통해서 하나님께서 원하시는 삶을 살아내는 삶의 원동력을 제공받는 자들의 모습을 나타내고 있습니다. 이러한 삶에 대한 기대가 있는 사람만이 하나님의 예배를 사모합니다. 하나님께서 원하시는 삶을 제대로 살아내지 못한 사람들의 패배감이 아닌 위로와 긍휼을 통한 은혜의 경험이 바로 예배입니다. 아침에 드리는 짧은 예배를 통해서 나의 시선을 주님께 향하게 하고 오늘 하루의 삶에 필요한 주님의 은혜와 자비를 채워주심을 기대합니다. 하나님의 은혜와 긍휼을 어떻게 경험합니까? 그것은 나의 삶에 대한 통찰입니다. 하나님의 백성으로서, 이 땅이 아닌 오는 세상에 소망을 두고 살아가는 사람의 삶은 어떻게 해야 하는가에 대한 지속적이고도 실험적인 삶의 추구입니다. 때론 너무 형편없는 나의 모습에 실망하고, 무방비로 당하는 나의 무기력함에 좌절하고, 세상 누구에게도 의지할 수 없는 자신의 처지에 낙심하고, 내가 필요할 때 외면하시는 것만 같은 주님께 당황하지만 그래도 포기할 수 없는 나의 네임 텍(name tag)은 예배자임을 고백합니다.

> 3 그의 혀로 남을 허물하지 아니하고 그의 이웃에게 악을 행하지 아니하며 그의 이웃을 비방하지 아니하며 4 그의 눈은 망령된 자를 멸시하며 여호와를 두려워하는 자들을 존대하며 그의 마음에 서원한 것은 해로울지라도 변하지 아니하며 5 이자를 받으려고 돈을 꾸어 주지 아니하며 뇌물을 받고 무죄한 자를 해하지 아니하는 자이니 이런 일을 행하는 자는 영원히 흔들리지 아니하리이다

세상의 당연한 이치를 거부하며 살아가는 삶은 고난입니다. 어쩌면 자신을 고립으로 몰아가는 삶의 모습입니다. 세상으로부터 손가락질을 받는 삶입니다. 잘못해서 받는 손가락질이 아니라 자신과 다르다는 의미의 손가락질이며, 비난입니다. 세상과 달라지기를 원하지만 실상 그렇듯 다른 모습으로 눈치를 받으면 불안해 집니다. 무엇인가 잘못하고 있는 것은 아니지 자꾸만 사방을 돌아보게 됩니다. 나의 주위에 아무도

없는 것 같아 공포감을 느낍니다. 이때는 왜 주님을 바라보지 못하고, 세상 사람들의 눈치를 보게 되는지 나의 모습이 안타깝습니다. 세상 사람들과 표나게 다르지 않게 하나님의 백성으로 살아가는 방법은 없을까 고민합니다. 그렇게 살면 조금은 덜 불편할 것 같습니다. 그러나 다시 생각해 보면 나는 덜 불편하지만 하나님께서 많이 불편하실 것 같습니다. 내가 양다리 걸치고 있다고 생각하실 것 같습니다.

일상이 되어 버린 다른 사람에 대한 냉혹한 평가와 나 자신에 대한 관대한 시각이 나의 눈에만 존재하는 것이 아니라, 나의 혀를 통해서 나타날 때 세상의 수치를 모르는 자와 같은 뻔뻔함이 나의 모습입니다. 물론 나의 처지를 생각해서 가능한한 관대한 표현과 객관적인 가치를 넣어서 나의 생각만이 아닌 것 같이 말하지만 그 모든 것은 나의 생각입니다. 나의 시각입니다. 내가 들으면 견딜 수 없는 비방의 말을 나는 아무렇지 않게 다른 사람에게 객관적인 평가라는 기준으로 남발하고 있습니다.

하나님은 어리석은 삶의 모습을 보이는 나에게 세상의 풍조를 따라 살아가는 사람들을 보지 말고 이세대를 거슬려 사는 사람들을 바라보게 하셨습니다. 내가 그들을 바라봄은 곧 그들의 삶의 모습을 내가 따라가는 것입니다. 그들을 본받는 것입니다. 그들의 삶은 하나님을 두려워하며, 사람들에게 최대한의 긍휼을 베푸는 삶입니다. 그렇게 살고 싶었지만 그렇게 살수 없었던 삶입니다. 한때는 세상을 향해서 누가 그렇게 살 수 있는지를 확인하고 싶었던 삶의 모습입니다. 그런데 하나님께서 나의 시각을 바꾸셔서 그렇게 살아가는 사람들을 보여주십니다. 내가 그렇게 찾던 사람들의 모습입니다. 그리고 이 땅에서는 그렇게 살아갈 수 없다고 단정적으로 포기해 버린 삶의 모습입니다. 그런데 그런 사람들의 삶을 보게 하셨습니다. 순간 말할 수 없는 창피함이 나의 얼굴에 나타납니다. 도대체 그들은 어디에 있었던 것일까? 그들은 왜 지금까지 나의 눈에 띄지 않았을까? 결국은 모든 원인은 나에게 있었습니다. 세상 사람들의 모습에서 그러한 삶을 기대했기 때문입니다. 만약 처음부터 하나님의 사람들을 내가 바라볼 수 있었다면 상황은 달라졌을 것입니다. 그것은 나의 시각과 생각이 세상 사람들의 삶의 모습에 더 많은 관심을 가지고 있었다는 것을 의미합니다. 그야말로 이중성입니다. 생각은 하나님의 사람들과 동행하기를 원하지만 실제의 삶의 모습과 기대는 세상의 그 무엇을 쫓는 사람과 동일한 삶의 모습을 가지고 있었던 것입니다.

지금부터는 소극적이 아닌 매우 적극적으로 하나님의 백성으로서 그들의 삶을 살아 내기를 기대합니다. 소극적인 기대를 버리고, 적극적인 삶의 모습을 바라보기를 기대합니다. 내가 살아가는 삶의 방향에 자부심을 갖기를 기대해 봅니다. 세상 눈치보지 않고, 주변 사람들의 귓속말에 신경을 쓰지 않고 그냥 먼 곳 내가 가는 방향만을 바라보면서 천천히 주어진 삶의 걸음을 걷기를 원합니다. 그런 담대함이 나에게 있기를 원합니다. 오늘 하루도 세상의 법칙이 아닌 하나님의 법칙이 나의 삶에 기준이 되기를 원합니다. 눈치보지 말고 담대하게 하옵소서. 아멘!

"주께 가오니 날 새롭게 하시고 주의 은혜를 부어 주소서
내 안에 발견한 나의 연약함 모두 벗어지리라
주의 사랑으로
주 사랑 나를 붙드시고 주 곁에 날 이끄소서
독수리 날개쳐 올라가듯 나 주님과 함께 일어나 걸으리
주의 사랑 안에"

시20편

¹ 환난 날에 여호와께서 네게 응답하시고 야곱의 하나님의 이름이 너를 높이 드시며 ² 성소에서 너를 도와 주시고 시온에서 너를 붙드시며 ³ 네 모든 소제를 기억하시며 네 번제를 받아 주시기를 원하노라 (셀라) ⁴ 네 마음의 소원대로 허락하시고 네 모든 계획을 이루어 주시기를 원하노라 ⁵ 우리가 너의 승리로 말미암아 개가를 부르며 우리 하나님의 이름으로 우리의 깃발을 세우리니 여호와께서 네 모든 기도를 이루어 주시기를 원하노라 ⁶ 여호와께서 자기에게 기름 부음 받은 자를 구원하시는 줄 이제 내가 아노니 그의 오른손의 구원하는 힘으로 그의 거룩한 하늘에서 그에게 응답하시리로다 ⁷ 어떤 사람은 병거, 어떤 사람은 말을 의지하나 우리는 여호와 우리 하나님의 이름을 자랑하리로다 ⁸ 그들은 비틀거리며 엎드러지고 우리는 일어나 바로 서도다 ⁹ 여호와여 왕을 구원하소서 우리가 부를 때에 우리에게 응답하소서

¹ 우리의 임금님께서 고난 가운데서 주님께 기도하실 때에 주님께서 임금님께 응답하여 주시기를 원합니다. 야곱의 하나님께서 친히 임금님을 지켜 주시기를 바랍니다. (새번역)

오늘 본문은 왕을 위한 기도입니다. 이스라엘의 백성들이 자신을 통치하는 왕을 위하여 하나님께 기도하고 있습니다. 이 기도는 이스라엘 백성들이 그들의 존경하는 왕을 위하여 부르는 기도입니다. 왕의 승리가 곧 이스라엘의 승리이며, 자신들의 승리입니다. 왕은 자신이 속한

공동체를 위하여 무거운 책임의 짐을 지고 있습니다. 그의 결정과 능력은 곧 공동체의 운명을 좌우합니다. 자신의 왕(지도자)을 위하여 기도하는 모습은 참으로 아름다운 광경입니다. 이 기도는 혼자가 아닌 함께 드리는 합창과 같은 기도입니다.

소위 지식이 있다고 생각하는 사람들은 자신의 지도자를 위하여 기도하고 지원하기 보다는 욕하고, 비방하고, 반대하기를 더 좋아합니다. 물론 모든 지도자가 자기의 마음 같지 않고, 실제로 지도자로서의 역할을 잘못하는 사람도 있습니다. 그럼에도 불구하고 우리는 내가 속한 공동체의 지도자를 위하여 기도해야 합니다. 먼저는 하나님께서 지도자를 세우셨다는 것을 인정해야 합니다. 이 말은 세우신 자가 폐하게 할 수 있다는 것을 의미합니다. 성경에서도 원수 갚은 일이 우리들에게 있지 않고 하나님께 있다고 하십니다. 그 말의 의미는 세우신자의 주권을 인정함을 의미합니다. 다윗은 극한 상황에서 자신을 죽이려고 쫓아오는 사울 왕에 대하여 "하나님의 기름 부은 자"임을 인정하고 그의 처분을 하나님께 맡겼습니다. 물론 구약의 그러한 정신이 오늘날에도 수용할 수 있느냐고 반문할 수 있습니다. 그러나 우리가 말할 수 있는 것은 그때도 하나님께서 통치하셨고, 지금도 그 하나님께서 우리의 하나님이신 것을 부인 할 수 없습니다. 둘째는 그 지도자가 하나님의 뜻을 알고, 백성들을 사랑해야 공동체가 성장하고 평안할 수 있습니다. 사도 바울도 디모데서에서 "임금을 위하여 기도하라"고 했습니다. 그 이유가 성도들의 평안한 삶을 위해서 입니다. 혹시 나쁜 지도자와 사람들에 대한 우리의 원망과 분노가 있을 찌라도 그를 위해서 기도할 근거가 있는 것 입니다. 따라서 우리는 하나님께서 세우신 사람(지도자)를 통해서 나라, 교회, 조직을 이끌어 가시고, 우리에게는 기도할 책임을 주셨다는 것을 기억할 필요가 있습니다. 혹자는 그것은 매우 소극적인 방법이기에 보다 적극적인 행동이 필요하다라고 말합니다. 그렇습니다. 그들의 소리가 틀린 것은 아닙니다. 어떤 경우에는 적극적인 행동이 필요한 경우도 있습니다. 그러나 그때에도 하나님께서 그러한 환경과 상황을 주장하시고 주님을 경건하게 믿는 사람들을 통해서 말씀해 주실 것입니다. 과격한 행동을 통해서 문제를 해결하려는 시도에 대해서는 사람들은 자신들의 행동이 보다 나은 공동체를 위한 행동이었으며, 불가피한 상황이었다고 말하지만 역사를 통해서 얻는 교훈은 그러한 주장이 어떤 경우는 결국은 힘의 논리였고, 사람들의 욕심, 감정, 그리고 군중의 선동에 의해서 일어난 미성숙한 자신들의 논리에 의한 것임을 확인하게 됩니다.

> 6 여호와께서 자기에게 기름 부음 받은 자를 구원하시는 줄 이제 내가 아노니 그의 오른손의 구원하는 힘으로 그의 거룩한 하늘에서 그에게 응답하시리로다 7 어떤 사람은 병거, 어떤 사람은 말을 의지하나 우리는 여호와 우리 하나님의 이름을 자랑하리로다 8 그들은 비틀거리며 엎드러지고 우리는 일어나 바로 서도다 9 여호와여 왕을 구원하소서 우리가 부를 때에 우리에게 응답하소서

우리가 지도자를 위해서 기도할 수 있다는 것은 매우 행복한 일 입니다. 하나님께서 우리에게 주신 특권이며, 축복입니다. 오늘의 본문처럼 모두 모여서 왕을 위하여 기쁜 마음으로 기도할 수 있다면 더할 나위 없이 기쁘겠지만 혹시 상황이 그렇지 못하다 할 찌라도 비방과 반대의 감정을 잠시 접고 그를 사랑하는 마음으로, 그 지도자를 세우신 하나님의 뜻을 생각하며 내가 속한 나라, 교회, 조직(직장, 학교)의 지도자를 위하여 기도하는 시간을 갖기를 기도합니다. 특히 우리가 짐 진자들를 위해서 기도할 때에 그들이 자신의 힘을 의지하지 않고, 자신의 힘을 키우기 위해 세상적인 방법으로 마병이나 주변의 힘과 권력을 가진 사람들을 의지하지 않고 하나님을 의지하는 지도자가 되기를 기도합니다. 특히 주변의 권력지향적인 사람들, 세상적인 매력을 가진 사람들, 아름다운 말로 귀를 즐겁게 하는 사람들, 무슨 일이든 시키기만 하면 다 해낼

것 같은 능력이 있어 보이는 사람들, 죽을 때까지 의리를 지킬 것 같은 충성스러운 사람들을 분별하여 그들을 의지하지 않고 하나님을 의지하는 마음을 갖기를 기도합니다.

지도자가 자신이 가진 권력을 의지하지 않고 하나님을 의지한다고 말하는 것은 매우 나약해 보이는 모습입니다. 사람들은 강력한 힘을 가지고, 자신들을 지켜줄 지도자를 원합니다. 그리고 그러한 성향을 가진 지도자들이 보다 성공적인 능력을 발휘하는 것처럼 보입니다. 그러나 역사를 통해서 보면 자신의 힘을 과시하던 대부분의 지도자들은 자신들에게 권력을 제공한 백성들을 무시하고, 착취하고, 그들 위에 군림하려고 했습니다. 그들의 종말은 서로가 원하지 않았던 불행한 모습이었습니다. 그것은 고금을 통해서 예외가 많지 않은 모습입니다. 그러나 겸손한 지도자들은 평소에 보기에는 매우 유약한 듯이 보여도 위기의 순간이 오면 강력한 결단력을 발휘하고 사람들의 의견을 모으며 자신이 가지고 있는 권력이 아닌 국가와 공동체를 위한 헌신을 요구하면 결단하게 합니다. 그것이 진정한 지도자의 모습이라고 말할 수 있습니다. 하나님을 의지하는 지도자는 겸손한 지도자입니다. 자신의 힘이 자신으로부터 나오는 것이 아니라 하나님께서 허락하신 것이라는 사실을 너무나 정확하게 알기 때문입니다. 그리고 하나님께서 자신을 공동체를 위한 지도자로 삼으셨다는 것을 정확하게 인지하고 있습니다. 그런 면에서 볼 때 사울 왕은 하나님도 무시하고 백성들도 무시했습니다. 이것이 교만한 지도자들의 모습입니다. 현명한 지도자는 하나님을 의지하고, 백성들을 사랑하는 태도를 보입니다. 우리의 지도자들이 하나님을 두려워하고, 백성들을 사랑하는 올바른 지도자가 되기를 기도합니다. 아멘!

시23편

¹ 여호와는 나의 목자시니 내게 부족함이 없으리로다 ² 그가 나를 푸른 풀밭에 누이시며 쉴 만한 물 가로 인도하시는도다 ³ 내 영혼을 소생시키시고 자기 이름을 위하여 의의 길로 인도하시는도다 ⁴ 내가 사망의 음침한 골짜기로 다닐지라도 해를 두려워하지 않을 것은 주께서 나와 함께 하심이라 주의 지팡이와 막대기가 나를 안위하시나이다 ⁵ 주께서 내 원수의 목전에서 내게 상을 차려 주시고 기름을 내 머리에 부으셨으니 내 잔이 넘치나이다 ⁶ 내 평생에 선하심과 인자하심이 반드시 나를 따르리니 내가 여호와의 집에 영원히 살리로다

시편 23편은 성경에서 가장 유명한 내용입니다. 예수를 믿든, 믿지 않든 한 구절 정도를 외운다면 본문이 될 가능성이 가장 큽니다. 그러나 유명하다고 사람들에게 잘 알려졌다고 많은 사람들이 보다 명확하게 그 의미를 이해하고 있다고 말할 수 없습니다. 현대인의 큰 병이 상식은 많은데, 깊이가 없다는 것입니다. 어쩌면 많은 그리스도인들이 이 같은 병에 걸려있는지도 모릅니다. '상식과다증'입니다. 오랜 시간 교회를 다니면서 성경의 내용은 매우 익숙한데 그 의미를 잘 모르고, 누군가 물어보면 대답할 말이 없어서 쥐구멍을 찾고 싶은 때도 있습니다. 잘 알려진 시편23편에 관해서도 아마 그럴 수 있다고 생각합니다.

¹ 여호와는 나의 목자시니 내게 부족함이 없으리로다 ² 그가 나를 푸른 풀밭에 누이시며 쉴 만한 물 가로 인도하시는도다

성경에서 가장 중요하게 다루는 주제는 무엇입니까? 그리스도를 통한 구원입니다. 그 문제를 조금 더 포괄적으로 생각해 보면 족보의 문제입니다. 족보는 결국 나는 어디에 속해 있는가 입니다. 즉 신분의 문제로 귀결됩니다. 저자는 자신이 하나님께 속한 사람이라고 설명하고 있습니다. 한발 더 나아가 하나님이 자신의 목자라고 매우 구체적인 의미를 담은 용어를 사용합니다. 이 시편이 쓰여질 당시 목자라는 신분이 사회적으로 어떠하냐의 문제보다 목자와 그 목자가 기르는 양과의 관계성을 설명하고 있습니다.

성경은 자주 목자와 양의 관계를 설명하고 있습니다. 고대 이스라엘에서 목자라는 신분은 그 사회에서 매우 낮은 계층이었습니다. 그들은 밤낮없이 벌판에서 자신들에게 주어진 양들을 데리고 다니면서 신선한 꼴을 찾아서 먹이고, 짐승으로부터 그들을 보호하는 일을 했습니다. 따라서 목자는 양에 대하여 매우 헌신적이며 양을 지키기 위하여 자신의 모든 노력을 기울였습니다. 목자 자신이 양의 생명이기 때문이었습니다. 또한 들판에 마땅한 축사가 없었기 때문에 기본적인 자연 환경을 이용해서 자연의 재해와 해로운 짐승을 막을 수 있는 장소에서 함께 밤을 보내야 했습니다. 따라서 목자와 양은 매우 친밀한 관계였고, 목자는 양을 자신의 모든 것을 걸고 지켜야 하는 생명공동체와 같은 관계라고 정의할 수 있을 것입니다. 이와 같은 상황을 염두에 두고 저자인 다윗은 하나님과 자신의 관계를 목자와 양의 관계로 서술하고 있습니다.

다른 면에서 자신을 양으로 지칭하고 있는 것에 대하여 양의 속성을 잘 모르면 양이 매우 온순하고 목자의 말에 순종적인 것으로 오해하기 쉽습니다. 또한 목자와 양의 관계를 매우 낭만적으로 생각하기 쉽습니다. 그러나 일반적인 생각과는 달리 양은 매우 고집이 세고 순종적이지

않습니다. 뿐만 아니라 상당히 근시이기 때문에 멀리 볼 수 없어서 앞 양의 뒤 꽁무니만 따라 다녀서 무리가 집단적으로 위험에 처할 경우도 얼마든지 생깁니다. 이러한 내용들을 충분히 감안해서 자신을 양이라고 지칭했을 것 같습니다. 왜냐하면 당시의 팔레스틴에는 많은 사람들이 목축업에 종사했기 때문에 양의 성격을 새삼스럽게 설명하지 않아도 너무나 잘 알고 있었고, 다윗 자신이 목동출신이기 때문에 누구보다 양의 습성이나 행동에 관하여는 정통해 있었을 것입니다. 그럼에도 불구하고 자신을 양으로 표현한 것은 자신이 얼마나 불순종적이며 어리석은 존재인가를 은유적으로 나타내고 있는 것입니다. 이러한 양의 속성을 알고 있는 사람들이 자신을 어리석고, 불순종적이고, 고집이 센 양으로 표현하는 것은 결코 쉬운 일은 아닐 것입니다. 그럼에도 불구하고 한 나라의 왕인 다윗이 자신을 양으로 표현했습니다. 자신이 어리석고 불순종적이라고 말합니다. 하나님에 대한 깊은 신뢰가 없으면 누가 왕인 자신을 그렇게 표현할 수 있겠습니까? 겸손의 극치이며, 하나님에 대한 최상의 신뢰를 나타내는 것 입니다. 아무튼 다윗은 양과 같은 자신에게 하나님은 부족함이 없는 목자인 것입니다. 못된 양에 대한 목자의 인내와 자비 그리고 헌신을 다윗은 알고 있습니다. 그렇기 때문에 자신에게 하나님은 목자이신 것 입니다. 양이 가장 필요로 하는 것은 신선한 풀과 물이며, 필요한 양식과 양을 해치는 짐승으로부터 자신을 지켜주시는 목자인 것입니다.

3 내 영혼을 소생시키시고 자기 이름을 위하여 의의 길로 인도하시는도다 **4** 내가 사망의 음침한 골짜기로 다닐지라도 해를 두려워하지 않을 것은 주께서 나와 함께 하심이라 주의 지팡이와 막대기가 나를 안위하시나이다

다윗은 목자와 양의 관계에서 일어나는 매우 구체적인 일상을 통해서 하나님과 자신과의 관계를 나타냅니다. 목자가 양을 보살피면서 한

곳에 머무는 것이 아니라 시간을 따라서 필요한 풀과 물이 풍성하게 있는 곳으로 이동을 하며 결국은 들판을 떠나 집으로 돌아오게 되는 여정을 서술하고 있습니다. 마치 인생의 여정과 같은 시간을 목자와 양은 함께 광야에서 지내는 것입니다. 그 시간에 무슨 일이 일어날까요? 흔히 우리가 인생에서 겪는 모든 문제 즉 생사화복(生死禍福)과 희로애락(喜怒哀樂)이 다 일어날 것입니다. 다윗의 고백을 근거로 생각해 보면 우리의 삶에서 일어나는 모든 삶의 정황에서 하나님께서는 함께하신다는 것이다.

어떤 분이 시23편을 묵상하시며 제목을 달기를 "뒷문을 막아 주시는 하나님"으로 묘사하는 것을 들은 기억이 납니다. 하나님의 축복을 내가 까먹지 않아야 하는데 하나님께서는 짐승들이 양들의 뒤에서 공격하는 것을 막으시듯 우리의 뒷문을 막아주시는 하나님이라는 것입니다. 본문과 관련이 있는 듯 없는 듯 약간 아리송하지만 그 의미는 정확하게 이해할 수 있습니다. 사실 목자가 뒤처져서 가는 양을 잃지 않기 위하여 얼마나 많은 시간과 노력을 기울일지는 어렵지 않게 생각해 볼 수 있습니다. 그와 같이 주님께서 우리의 인생의 뒷문을 막으시는 분이시라면 어두운 밤길에 불안한 마음으로 자꾸만 뒤를 돌아보지 않고 평안을 가지고 갈 길을 갈 수 있을 것입니다.

5 주께서 내 원수의 목전에서 내게 상을 차려 주시고 기름을 내 머리에 부으셨으니 내 잔이 넘치나이다 6 내 평생에 선하심과 인자하심이 반드시 나를 따르리니 내가 여호와의 집에 영원히 살리로다

양의 여정에서 가장 중요한 일은 들판에서의 모든 여정을 마치고 무사히 집으로 돌아오는 일입니다. 아무리 들판에서 좋은 풀에 신선한 물을 마셔서 살이 포동포동하게 찌고, 털이 많아졌다고 해도 집으로 돌아오지 않는 양은 의미가 없습니다. 잃어버린 양입니다. 목자의 가장 중

요한 책임이 양을 잘 먹여서 무사히 집으로 데리고 돌아오는 것과 같이, 목자이신 하나님께서 우리의 들판의 삶을 책임지시고 함께하십니다. 우리의 인생의 걸음이 하나님의 나라를 소망하는 걸음인 것과 같이 주께서 계시는 본향에 돌아올 때까지 우리와 항상 함께하시는 분이 바로 우리 하나님 이십니다. 그분께서 나의 목자 이십니다. 어릴 때 불렀던 찬송이 생각납니다.

> "선한 목자 되신 우리 주 항상 인도하시고 푸른 풀밭 좋은 곳에서 우리 먹여 주소서 선한 목자 구세주여 항상 인도하소서 선한 목자 구세주여 항상 인도하소서" 찬송569장

이 아침에 이런 고백을 드립니다. 주님! 저는 당신의 양입니다. 아멘!

시 26편

¹ 내가 나의 완전함에 행하였사오며 흔들리지 아니하고 여호와를 의지하였사오니 여호와여 나를 판단하소서 ² 여호와여 나를 살피시고 시험하사 내 뜻과 내 양심을 단련하소서 ³ 주의 인자하심이 내 목전에 있나이다 내가 주의 진리 중에 행하여 ⁴ 허망한 사람과 같이 앉지 아니하였사오니 간사한 자와 동행하지도 아니하리이다 ⁵ 내가 행악자의 집회를 미워하오니 악한 자와 같이 앉지 아니하리이다 ⁶ 여호와여 내가 무죄하므로 손을 씻고 주의 제단에 두루 다니며 ⁷ 감사의 소리를 들려 주고 주의 기이한 모든 일을 말하리이다 ⁸ 여호와여 내가 주께서 계신 집과 주의 영광이 머무는 곳을 사랑하오니 ⁹ 내 영혼을 죄인과 함께, 내 생명을 살인자와 함께 거두지 마소서 ¹⁰ 그들의 손에 사악함이 있고 그들의 오른손에 뇌물이 가득하오나 ¹¹ 나는 나의 완전함에 행하오리니 나를 속량하시고 내게 은혜를 베푸소서 ¹² 내 발이 평탄한 데에 섰사오니 무리 가운데에서 여호와를 송축하리이다

    그리스도인들은 종종 자신의 의에 함몰될 수 있습니다. 내가 완벽하게 살고 있다는 의미보다 그래도 괜찮은 사람이고, 괜찮게 살고 있다고 생각하는 것 입니다. 많은 그리스도인이 이렇게 생각할 수 있습니다. 아무리 되돌아봐도 그리스도인이 되고 난 후에 특별히 큰 죄를 지은 기억도 없습니다. 물론 내가 항상 죄인이다 라는 의식은 습관적으로 혹은 존재적으로 가지고 있습니다만 그 의식으로 인해서 내가 특별한 죄의 자백이 있는 것은 아닙니다. 그러다 보니 회개한다는 것이 내가 지

은 죄에 대한 행위적인 내용이기 보다 내가 죄인인 것에 대한 실존적 회개를 하게 됩니다. 그렇기 때문에 우리의 기도에서 우리의 필요를 위한 간구의 기도 때에는 간절함이 생기는데, 죄 용서를 위한 회개의 기도는 언제나 무덤덤합니다. 회개할 별 내용이 없습니다. 아무리 생각해도 울며 불며 회개할 만큼 크게 지은 죄가 없습니다. 그러니 기도가 추상적이고, 기도하면서도 무엇을 기도해야 하는지 모르는 경우도 얼마든지 있습니다. 이러한 상황에서 죄에 대한 심각성을 인지하고 자신의 죄를 자백하는 기도를 하기는 쉽지 않습니다. 우리가 기도 할 때 나의 죄성과 드러나지 않은 죄의 동기와 하나님이 원하시는 의의 수준에서 살지 못하는 삶의 나태함을 죄로 여기지 않는다면 우리의 삶은 세상적으로나 그리스도인으로서 너무 괜찮고, 당당합니다.

  오늘 본문의 기도가 그렇습니다. 주님 나를 변호해 주십시오. 그래도 제가 당신의 뜻대로 잘 살지 않습니까? 이 정도면 괜찮지 않나요? 이런 기도로 시작합니다. 그러나 분명한 것은 우리는 결코 이런 기도를 드릴 만한 괜찮은 존재가 아니라는 사실입니다. 우리의 삶은 마치 엄마가 어린 자녀를 앞장세우고 걸어가는 것과 같은 모습입니다. 옆으로 넘어질 것 같으면 옆에서 슬쩍 잡아주시고, 앞에서 오는 위험을 미리 제거해 주셔서 잘 걷도록 해 주시는 것입니다. 뿐만 아니라 자신의 걸음이 엄마의 걸음의 속도와 비슷하다고 생각합니다. 그렇지 않으면 엄마가 앞서 나가야 하는데, 계속 자신의 뒤를 따라오기 때문입니다. 그래서 아이는 자기가 잘 걷고있다고 생각하고 자신을 대견해 합니다. 이것이 우리의 모습이며, 우리의 편협한 생각이며, 깨닫지 못하는 삶의 내용입니다.

  고전 10:12 이후에 "선 줄로 생각하는 자는 넘어질까 조심하라." 그리고 시험에서 우리를 막아주시는 말씀을 하십니다. 그렇습니다. 우리는 결코 우리의 힘으로, 우리의 삶의 능력으로 사탄의 송사와 유혹을 막아 낼 수 없습니다. 언제나 동행하시는 그분의 긍휼과 은혜가 있기 때문에 그나마 지금의 내 모습을 만드는 것 입니다.

7 감사의 소리를 들려 주고 주의 기이한 모든 일을 말하리이다 8 여호와여 내가 주께서 계신 집과 주의 영광이 머무는 곳을 사랑하오니 9 내 영혼을 죄인과 함께, 내 생명을 살인자와 함께 거두지 마소서 10 그들의 손에 사악함이 있고 그들의 오른손에 뇌물이 가득하오나 11 나는 나의 완전함에 행하오리니 나를 속량하시고 내게 은혜를 베푸소서 12 내 발이 평탄한 데에 섰사오니 무리 가운데에서 여호와를 송축하리이다

심지어 우리는 자신의 삶의 어떠함에 대하여 감사하기 조차 합니다. 은혜를 베푸셔서 감사하는 것이 아니라 내가 그렇게 당당하게 살 수 있음에 감사를 드리는 것입니다. 이 얼마나 코미디 같은 이야기입니까? 자신의 모습을 너무나 모르는 것입니다. 그러나 당사자인 우리는 그것을 잘 모릅니다.

위의 내용은 마치 성전에서 기도하는 바리새인과 세리의 기도 비유(눅18:9-14)에서 나오는 바리새인과 같다는 생각이 듭니다. "하나님 나는 다른 사람들 곧 토색, 불의, 간음하는 자들과 같지 아니하고 이 세리와도 같지 아니함을 감사하나이다"로 시작하는 바리새인의 기도를 들으면 그냥 숨이 탁 막히거나, 혹은 쓴 웃음이 날 것 같습니다. 물론 그 뒤에 이어지는 기도는 더 이상 들을 필요가 없이 가관입니다. 바리새인의 기도는 나에게 상당한 거부감을 줍니다. 도데체 어떻게 자기의 주제를 이렇게 모르는 이런 인간이 있을까라는 생각을 갖게 됩니다. 그런데 그 사람이 바로 나 자신이라는 사실을 전혀 눈치채지 못합니다. 이는 실제로 자신의 모습이 그렇다고 굳게 믿고 있기 때문입니다. 그런 까닭에 그러한 고백이 교만하게 들릴 수 있으나 실상은 감사입니다. 하나님에게 자신이 그러한 삶을 살고 있지 않음을 감사하고 있는 것 입니다. 어떻게 생각해 보면 그런 기도를 하는 바리새인은 매우 진지하게 진심으로 그런 기도를 하고 있을 지도 모릅니다. 자신은 매우 정의롭고, 정해진 율법의 내용을 최선을 다해서 진실하게 잘 지키고, 하나님의 백성이라는 자신의 신분에 걸맞게 잘살아가고 있다고 생각할 수 있습니다. 그

렇게 때문에 매우 자연스럽게 그런 기도를 할 수 있는 것입니다. 우리의 입장에서 보면 매우 실망스럽고, 가증한 기도이지만 자신은 너무 진지한 기도입니다. 그 이유는 무엇이겠습니까? 그것은 자신의 죄 앞에 직면해본 적이 없기 때문입니다. 자신의 모습을 거울에서 보듯 자신의 실상을 본적이 없기 때문입니다. 이는 나단 앞에 선 다윗의 모습과 같습니다. 나단 선지자의 발고에 다윗은 얼마나 분노합니까? 분노 정도가 아닙니다. 당장 처단하라는 명령을 내리는 것입니다. 그것은 자신이 지금 분노하는 죄의 장본인 이라는 사실을 결코 생각할 수 없었습니다. 왜냐하면 자신이 의롭다고 생각해 왔기 때문입니다. 분노하는 다윗의 모습, 이 모습이 바로 나의 모습입니다. 다윗은 나단의 설명을 듣고 나서야 자신의 실체를 파악합니다. 자신이 선한 왕이 아니라 죽을 죄인이라는 사실을 인지합니다.

우리가 위장된 나의 모습을 인정하고, 뼈 속까지 죄성으로 물든 나의 모습을 두손들고 인정하고, 내가 나의 눈으로, 나의 판단으로는 결코 나를 알 수 없음을 인정하고, 성령의 거울로 나를 비추시는 하나님의 은혜를 구하며, 나의 삶의 걸음이 절대 안전할 수 없음에 주의 자비를 구하고, 나의 삶의 모습이 하나님 보시기에 온전할 수 없음을 만민이 다 알고 있다는 사실을 인정하며 하나님 앞으로 나아가기를 원합니다. 주님 앞에서 나를 포장하는 것이 오히려 죄로 죄를 덧칠하는 것과 같은 것임을 알게 하시기를 원합니다. 내가 나의 모습을 인정하는 것이 가장 안전한 삶의 방법인 것을 알아야 합니다. 그 사실을 인정할 때 우리는 하나님의 도우심과 보호심을 받을 수 있기 때문입니다. 창피하고, 부끄럽고, 수치스럽지만 그것은 나중에 닥칠 벌에 비하면 아무것도 아니며, 하나님의 깊은 사랑을 느낄 수 있는 기회이기 때문입니다.

자신을 있는 그대로 인정한다는 것은 참으로 놀라운 변화입니다. 인간은 그렇게 고분고분하지 않습니다. 인간은 자신을 포장하고, 과장하고, 돌아서면 밝혀질 일도 거짓말을 하는 그런 뻔뻔한 존재입니다. 다른 사람이 그렇다는 것이 아니라 내가 그렇다는 것 입니다. 따라서 나를 있는 그대로 인정하고 하나님 앞에 나아간다는 것은 참으로 놀라운 일입니다. 그래서 세리의 기도가 놀라운 것입니다. 세리의 입장에서 자신을 변명하고, 겉과 속이 다른 바리새인들을 고발할 거리가 얼마나 많았겠습니까? 그러나 세리는 다른 사람이 아닌 자신의 연약한 모습에 집중하며 자신의 모습이 온전하게 하나님의 긍휼을 얻기를 기대하는 마음으로 기도하고 있습니다. 하나님! 우리에게 나의 모습 그대로 하나님 앞에 나아가며 하나님의 자비와 긍휼을 구하는 자가 되게 하소서. 그래야 나의 발이 세상의 진흙 구덩이가 아닌 주께서 예비하신 평탄한 자리에 설 수 있음을 고백합니다. 아멘!

시32편 1-11절

1 허물의 사함을 받고 자신의 죄가 가려진 자는 복이 있도다 **2** 마음에 간사함이 없고 여호와께 정죄를 당하지 아니하는 자는 복이 있도다 **3** 내가 입을 열지 아니할 때에 종일 신음하므로 내 뼈가 쇠하였도다 **4** 주의 손이 주야로 나를 누르시오니 내 진액이 빠져서 여름 가뭄에 마름 같이 되었나이다 (셀라) **5** 내가 이르기를 내 허물을 여호와께 자복하리라 하고 주께 내 죄를 아뢰고 내 죄악을 숨기지 아니하였더니 곧 주께서 내 죄악을 사하셨나이다 (셀라) **6** 이로 말미암아 모든 경건한 자는 주를 만날 기회를 얻어서 주께 기도할지라 진실로 홍수가 범람할지라도 그에게 미치지 못하리이다 **7** 주는 나의 은신처이오니 환난에서 나를 보호하시고 구원의 노래로 나를 두르시리이다 (셀라) **8** 내가 네 갈 길을 가르쳐 보이고 너를 주목하여 훈계하리로다 **9** 너희는 무지한 말이나 노새 같이 되지 말지어다 그것들은 재갈과 굴레로 단속하지 아니하면 너희에게 가까이 가지 아니하리로다 **10** 악인에게는 많은 슬픔이 있으나 여호와를 신뢰하는 자에게는 인자하심이 두르리로다 **11** 너희 의인들아 여호와를 기뻐하며 즐거워할지어다 마음이 정직한 너희들아 다 즐거이 외칠지어다

다윗의 시편은 하나님과의 관계에서 매우 다양한 자신의 감정을 표현하고 있습니다. 누구든 그 사람과의 관계에서 가식이 아닌 진심으로 자신의 감정을 표현할 수 있다는 것은 매우 건강하고 좋은 관계를 유지하고 있다고 생각할 수 있고, 다른 면에서 그러한 사람은 자신의 내면도 매우 건강하다고 할 수 있습니다. 죄로 인하여 하나님의 형상을 잃어 버

린 인간이 관계에서 건강하다는 것은 있을 수 없는 일입니다. 아담과 하와가 에덴에서 죄를 짓고 쫓겨날 때에 네가지의 관계가 파괴되었다고 말합니다. 하나님과의 관계, 사람과의 관계, 자신과의 관계, 그리고 자연과의 관계입니다. 이 관계들은 사람이 살아가는데 가장 중요하고 기본적인 관계입니다. 나의 주변을 돌아보면 바로 이 네 가지 관계로부터 우리의 삶이 시작되는 것을 확인할 수 있습니다. 사람은 사회적인 존재입니다. 사회적인 존재라는 의미는 관계를 통해서 삶의 내용을 이어가고, 관계가 삶을 풍성하게 만드는 필수적인 요소라는 것을 의미합니다.

[1] 허물의 사함을 받고 자신의 죄가 가려진 자는 복이 있도다 [2] 마음에 간사함이 없고 여호와께 정죄를 당하지 아니하는 자는 복이 있도다

삶에 있어서 가장 어려운 일이 무엇이겠습니까? 끝없이 지속되는 고통입니다. 물질적으로, 환경적으로 받는 고통은 견디기가 어렵습니다. 그러나 이러한 어려움은 힘들지만 시간이 지나서 적응하면 훨씬 가벼워집니다. 하지만 사람과의 관계는 시간이 지나도 결코 가벼워지지 않습니다. 더 악화됩니다. 사람들과의 관계가 그렇습니다. 주변 사람의 관계가 좋은 사람은 축복받은 사람입니다. 그리스도인에게 가장 힘든 관계가 하나님과의 관계입니다. 그리스도인과 하나님과의 관계는 축복의 관계입니다. 에덴에서 하나님과 사람의 관계는 축복이며, 은혜이며, 기쁨이었습니다. 그러나 우리가 그 관계를 깨뜨림으로 끝없는 긴 어둠의 터널로 들어섰습니다. 끝날 것 같지 않은 그 어둠과 시간이 지나도 달라지지 않는 암흑의 시간은 우리를 지치게 합니다. 처음 암흑과 같은 터널을 들어설 때는 약간의 호기심이 있었습니다. 어둠이 주는 신비로움, 누구도 나를 볼 수 없을 것 같은 안도감, 무엇인가 나만의 신비감이 있는 것 같아서 호기심을 넘어선 본능적인 자극이 있었습니다. 몰래 다른 사람의 행동을 보고 있는 스릴이 있었습니다. 그러나 그 시간이 길어

지면서 무엇인가 밑에서부터 스물 거리며 올라오는 불길함이 있었습니다. 몰래 남을 보는 흥분이 누군가 나를 보고 있는 불안함으로 바뀌었습니다. 나의 모습이 벌거벗겨져서 다른 사람의 눈에 비추어지는 듯한 내면의 갈등이 생겼습니다. 우리가 예수를 믿고 난 후 느꼈던 안도감과 행복함을 기억해 보면 분명 그렇습니다. 이 고통과 불안감은 어디에서 왔는가? 하나님과의 관계의 회복을 통한 행복을 이해하지 못했습니다. 누구나 느끼는 감정으로 생각했습니다. 그 가치를 모르고 지낸 시간이 너무 길었습니다. 그랬기에 불순종의 대가를 가벼이 생각했던 것입니다. 하나님과의 관계에서 겪는 고통의 원인은 죄이며, 불순종입니다.

> 3 내가 입을 열지 아니할 때에 종일 신음하므로 내 뼈가 쇠하였도다 4 주의 손이 주야로 나를 누르시오니 내 진액이 빠져서 여름 가뭄에 마름 같이 되었나이다 (셀라)

오늘 본문에 나타난 다윗의 고백은 죄로 인해서 겪는 고통의 극한을 표현합니다. 쉽게 생각하면 "하나님 잘못했습니다. 용서해 주십시오."라고 그냥 죄를 고백하면 될 것을 이라고 말하기는 쉽습니다. 그러나 그러한 고백은 이 문제를 해결하기에 불충분합니다. 고백의 어려움은 내가 이성적으로, 감정적으로, 그리고 의지적으로 수용하고 인정해야 하는 것 입니다. 이것이 어렵습니다. 죄를 고백(confession)하고 싶은데, 내 마음 가운데 충분히 동의가 되지 않는 경우가 얼마든지 있을 수 있고, 그것이 죄인줄도 모르는 경우도 있고, 알면서도 고백하지 못하는 교만함도 있습니다. 가장 큰 어려움은 죄인 줄 알고, 감정적으로 인정되고 자백도 되는데, 의지적으로 그 죄에서 돌아설 마음의 준비나 결단이 되지 않은 것 입니다. 일단 죄를 자백하여 마음의 안정을 갖는 것, 심리적인 위로를 갖는 것이 목표인 경우도 얼마든지 있습니다. 나라는 사람은 내가 생각하는 것 보다 훨씬 사악하고, 교활합니다. 따라서 이러한 고백은 진정한 고백이 아닙니다. 혹시 이러한 유의 고백을 통해서 마음의 위로를 경험했다면 그것은 사탄의 속임수 입니다. 그리스도인들은 종종 사단의 잘못된 이 속임수에 걸려듭니다. 고백을 통한 회복을 기대했는데, 회복이 아닌 더 깊은 침륜에 빠지는 자신을 확인하면서, 하나님에 대한 불신이 더 커지는 경우도 얼마든지 있습니다. 나의 사악한 교만함을 사단이 이용하는 것입니다. 이것은 가장된 위로이며 회복입니다. 이는 자신으로부터 오는 위로이지 성령 하나님을 통한 회복과 위로와는 아무런 상관이 없습니다.

> 5 내가 이르기를 내 허물을 여호와께 자복하리라 하고 주께 내 죄를 아뢰고 내 죄악을 숨기지 아니하였더니 곧 주께서 내 죄악을 사하셨나이다 (셀라)

이 구절을 보면 다윗은 매우 의지적으로 자신의 죄를 인정하고 고백하는 노력을 합니다. 이러한 노력이 성령께서 우리 죄의 고백을 도우셔서 온전한 죄의 고백을 할 수 있는 원동력인 것 입니다. 죄를 자백한다는 것은 성령의 빛에 자신을 노출시키는 것입니다. 부끄러움입니다. 창피함이며, 말할 수 없는 수치입니다. 내가 나의 죄를 고백하는 것도 이러한 감정적이 수치감을 가지고 있는데, 혹여 그 말을 다른 사람이 듣기라도 한다면, 이는 절망입니다. 그러나 이 고통을 내려 놓기만 하면 되는데, 도무지 그런 용기를 갖기가 쉽지 않습니다. 그리스도인이 된다는 것은 이런 용기를 갖게 되는 과정이라 생각됩니다. 돌아온 탕자는 집으로 돌아오면서 "아버지 잘못했습니다. 용서해 주십시오." 이 말을 수없이 반복했을 것입니다. 결코 하기가 쉽지 않은 말입니다. 그러나 그 말을 입 밖으로 내 놓았을 때, 내 안에 있는 죄의 무게가 내려지는 것을 느낍니다.

> 6 이로 말미암아 모든 경건한 자는 주를 만날 기회를 얻어서 주께 기도할지라 진실로 홍수가 범람할지라도 그에게 미치지 못하리이다 7 주는 나의 은신처이오니 환난에서

나를 보호하시고 구원의 노래로 나를 두르시리이다 (셀라) ⁸ 내가 네 갈 길을 가르쳐 보이고 너를 주목하여 훈계하리로다 ⁹ 너희는 무지한 말이나 노새 같이 되지 말지어다 그것들은 재갈과 굴레로 단속하지 아니하면 너희에게 가까이 가지 아니하리로다 ¹⁰ 악인에게는 많은 슬픔이 있으나 여호와를 신뢰하는 자에게는 인자하심이 두르리로다 ¹¹ 너희 의인들아 여호와를 기뻐하며 즐거워할지어다 마음이 정직한 너희들아 다 즐거이 외칠지어다

짧은 순간 내려 놓음이지만, 천근만근 같았던 죄의 무게가 한번에 사라지는 것을 경험하게 됩니다. 사람들 사이에서 한번도 경험하지 못했던 현상입니다. 때때로 꼬였던 사람들과의 관계를 해결하려고 백보 양보해서 내가 잘못했다, 미안하다고 해도 이상하게 받아지지 않는 찜찜한 느낌과 답답함이 있었는데, 이상하죠 하나님께 고백하는 순간 묵었던 체증이 쑥 내려가는 것 같습니다. 이것은 하나님의 긍휼과 은혜 이외 어떤 단어로도 설명이 불가능합니다. 수술의 과정을 거치는 것도 아닌데, 성경께서 전광석화처럼 우리의 마음을 터치하셔서 그 무겁던 죄의 사슬을 끊으시는 것을 경험합니다. 그렇습니다. 죄의 어두움이 성령의 빛에 순식간에 사라지는 것과 같이 내 안에 성령의 빛이 비추어지는 순간 죄의 어둠은 사라져버립니다. 주를 향한 위의 고백은 결코 고민하며 지어내는 고백이 아닙니다. 내 안에 있는 원초적인 고백이요. 본능적인 고백입니다. 그리고 주를 향한 기쁨의 고백입니다. 지금까지 겪었던 죄로 인한 죄책과 두려움과 갈등이 나의 노래가 되었습니다. 마치 홍해를 건넌 미리암의 고백과 같이, 하나님의 천사 가브리엘의 소식에 놀라움을 금치 못하던 마리아가 "주의 여종이오니 말씀대로 내게 이루어 지이다"라는 고백이 그녀의 놀람과 두려움을 사라지게 하고, 하나님께 온전한 찬양을 올렸던 것과 같습니다. "악인에게는 슬픔이 많으나, 여호와를 신뢰하는 자에게는 인자하심이 두르리로다"라는 시편기자의 고백의 말씀은 나의 삶의 위로입니다. 주의 인자하심과 긍휼하심이 나

에게 임하심입니다. 주의 자비가 나의 온몸에 내려옴을 느끼는 전율입니다. 아멘!

시38편 1-22절

¹ 여호와여 주의 노하심으로 나를 책망하지 마시고 주의 분노하심으로 나를 징계하지 마소서 ² 주의 화살이 나를 찌르고 주의 손이 나를 심히 누르시나이다 ³ 주의 진노로 말미암아 내 살에 성한 곳이 없사오며 나의 죄로 말미암아 내 뼈에 평안함이 없나이다 ⁴ 내 죄악이 내 머리에 넘쳐서 무거운 짐 같으니 내가 감당할 수 없나이다 ⁵ 내 상처가 썩어 악취가 나오니 내가 우매한 까닭이로소이다 ⁶ 내가 아프고 심히 구부러졌으며 종일토록 슬픔 중에 다니나이다 ⁷ 내 허리에 열기가 가득하고 내 살에 성한 곳이 없나이다 ⁸ 내가 피곤하고 심히 상하였으매 마음이 불안하여 신음하나이다 ⁹ 주여 나의 모든 소원이 주 앞에 있사오며 나의 탄식이 주 앞에 감추이지 아니하나이다 ¹⁰ 내 심장이 뛰고 내 기력이 쇠하여 내 눈의 빛도 나를 떠났나이다 ¹¹ 내가 사랑하는 자와 내 친구들이 내 상처를 멀리하고 내 친척들도 멀리 섰나이다 ¹² 내 생명을 찾는 자가 올무를 놓고 나를 해하려는 자가 괴악한 일을 말하여 종일토록 음모를 꾸미오나 ¹³ 나는 못 듣는 자 같이 듣지 아니하고 말 못하는 자 같이 입을 열지 아니하오니 ¹⁴ 나는 듣지 못하는 자 같아서 내 입에는 반박할 말이 없나이다 ¹⁵ 여호와여 내가 주를 바랐사오니 내 주 하나님이 내게 응답하시리이다 ¹⁶ 내가 말하기를 두렵건대 그들이 나 때문에 기뻐하며 내가 실족할 때에 나를 향하여 스스로 교만할까 하였나이다 ¹⁷ 내가 넘어지게 되었고 나의 근심이 항상 내 앞에 있사오니 ¹⁸ 내 죄악을 아뢰고 내 죄를 슬퍼함이니이다 ¹⁹ 내 원수가 활발하며 강하고 부당하게 나를 미워하는 자가 많으며 ²⁰ 또 악으로 선을 대신하는 자들이 내가 선을 따른다는 것 때문에 나를 대적하나이다 ²¹ 여호와여 나를 버리지 마소서 나의 하나님이여 나를 멀리하지 마소서 ²² 속히 나를 도우소서 주 나의 구원이시여

본문에서 다윗은 자신의 뿌리 깊은 죄성과 일상의 삶의 죄에서 벗어나지 못하는 자신을 자책하고 슬퍼하고 있습니다. 하나님 앞에서 거룩하고 살려고 하는 사람이 죄 앞에서 맥없이 무너지는 자신의 모습에 기뻐하고 환호하는 사탄의 모습을 보는 것은 너무나 비참하고 가슴 아픈 일입니다. 뿐만 아니라 다윗은 본문에서 자신이 지은 죄 때문에 자신이 당하는 고통을 조목 조목 기록하고 있습니다. 심지어는 하나님으로부터 겪는 고통마저도 토로하고 있습니다. 이는 마치 하나님께서 다윗의 죄로 인해 다윗을 벌하시는 것처럼 보이지만 그것은 죄로 얼룩진 자신의 모습을 거룩하신 하나님 앞이 비춰보니 자신의 모습이 정수리부터 발끝까지 너무나 추악하고 더럽다는 것을 알게 된 것 입니다.

누구에게나 이러한 자신의 모습을 확인한다는 것은 고통스럽고 힘든 일 입니다. 하지만 우리에게는 이러한 과정이 필요합니다. 성령의 빛 안에서 나의 있는 그대로의 모습을 보는 것은 괴로운 일이지만 그 과정을 통해서 나의 실체를 확인하는 것은 필요한 일입니다. 이러한 나의 모습을 과연 누가 좋아할 것인가? 이런 모습으로 하나님 앞에 나아가는 일이 가당하기라도 한 일인가? 이런 나의 모습을 하나님께서 받으시고 사랑하셨구나 하는 분명하고도 매우 구체적인 내용을 알게 되는 것입니다. 자신의 추한 모습을 보기를 즐겨 하는 사람은 없습니다. 누구나 좋은 모습을 보고 싶고, 보이고 싶은 것이 인간의 마음입니다. 그러한 하나님께서는 우리의 상한 마음을 보기를 즐겨 하십니다. 그것은 우리의 상한 마음이 하나님께 나아오는 원동력이며 조건이기 때문입니다. 인간이 하나님께 보일 수 있는 것은 이것이 전부 입니다. 그만큼 우리는 전적으로 부패하고, 부정하고, 부도덕합니다.

우리는 이렇게 반문 할 수 있습니다. 하나님의 자녀가 죄 때문에 이렇게 고통스러워하는 것이 합당한가? 더구나 다윗과 같은 인물이 그렇다면 우리는 어떻게 해야 하나 하고 좌절 할 수 밖에 없습니다. 그렇습니다. 우리는 우리 안에서 죄의 능력에 철저하게 좌절하고 무기력해져야 합니다. 심지어는 하나님께서도 그 죄악의 순간 나를 외면하시는 처절한 버려짐의 고통을 우리는 경험해야 합니다. 그러한 경험이 그 죄가 나의 욕심과 죄성에서 비롯된 것이라는 사실을 분명하게 합니다. 그 사실을 인식 할 때 우리는 비로소 나 자신의 무능력과 무기력을 처절하게 인식하고 하나님의 긍휼을 바라보고, 그의 앞으로 나아가려는 시도를 하게 됩니다. 이것이 나를 온전하신 하나님의 자비와 은혜의 영역으로 인도합니다. 그래야 죄의 순간에 내가 피할 곳이 하나님 밖에 없다는 사실을 인식하게 됩니다. 그렇기 때문에 죄에 대한 처절한 자기 직면이 우리에게 요구됩니다. 많은 성도들이 자신의 죄에 직면하는 것을 피합니다. 그렇습니다. 자신의 죄에 직면한다는 것은 자신의 죄의 모습을 바라보는 것입니다. 자신의 죄의 실체를 확인하는 것은 가장 추악한 자신의 모습을 보는 것이며, 가장 나약한 자신을 인정하는 것이기 때문입니다. 누구든지 그 자리만은 피하고 싶고, 싫은 것입니다. 그러나 이러한 과정이 나를 향한 아니 나의 죄를 향한 하나님의 용서가 얼마나 값진 것인가를 뼈저리게 느끼게 합니다. 이 은혜 안에 나의 공로 같은 것은 추호도 없습니다. 나의 죄를 용서하시는 하나님의 긍휼과 자비 안에 나로 말미암아 일어난 일은 전혀 없습니다. 전적으로 하나님의 영역이며 하나님의 자비로운 은혜의 베푸심입니다.

[15] 여호와여 내가 주를 바랐사오니 내 주 하나님이 내게 응답하시리이다 [16] 내가 말하기를 두렵건대 그들이 나 때문에 기뻐하며 내가 실족할 때에 나를 향하여 스스로 교만할까 하였나이다 [17] 내가 넘어지게 되었고 나의 근심이 항상 내 앞에 있사오니 [18] 내 죄악을 아뢰고 내 죄를 슬퍼함이니이다 [19] 내 원수가 활발하며 강하고 부당하게 나를 미워하는 자가 많으며 [20] 또 악으로 선을 대신하는 자들이 내가 선을 따른다는 것 때문에 나를 대적하나이다 [21] 여호와여 나를 버리지 마소서 나의 하나님이여 나를 멀리하지 마소서 [22] 속히 나를 도우소서 주 나의 구원이시여

사실 이러한 고백을 할 수 있다는 것은 너무나 감사한 일입니다. 우리가 죄 가운데 있을 때에는 결코 이러한 고백을 할 수 없습니다. 자신의 상태가 가장 좋은 상태라고 착각합니다. 지금 내가 생각하고 있는 일 외에 다른 것은 생각나지 않습니다. 지금 이 일이 잘 되어야 모든 것이 잘 될 것이라고 생각합니다. 죄의 늪으로 빠져들고 있는 것 입니다. 허우적거려야 살아날 수 있다고 생각합니다.

그러나 허우적거릴수록 더 깊은 죄의 늪으로 빠져듭니다. 세상은 그렇게 성도들을 유혹합니다. 죄악 가운데 있을 때는 움직임이 많습니다. 이것도 하고, 저것도 해야 할 것 같은 생각이 듭니다. 생각이 많아집니다. 그래서 마치 늪에 빠진 사람이 움직이면 움직일수록 점점 늪에 깊이 빠져가는 것과 같이 죄악도 그렇습니다. 우리를 속이는 자는 우리로 하여금 지속적으로 무엇인가를 하기를 요구합니다. 그래야 나를 보는 시각을 외면할 수 있기 때문입니다. 우리가 움직일 때는 결코 하나님을 보지 못합니다. 자신이 움직이는 것의 결과 만을 바라봅니다.

왜 사탄은 우리를 지속적으로 움직이게 만듭니까? 왜냐하면 우리가 하나님께 돌아갈 수 있는 원동력은 지금 나를 움직이는 그 행동을 멈추는 것 입니다. 그리고 자신을 돌아보는 것 입니다. 멈추면 보입니다. 자신이 어디쯤 와있다는 것을 알 수 있습니다. 그런 다음 자신이 아닌 하나님을 바라봐야 합니다. 나의 시선이 하나님께 있을 때, 하나님을 통해서 나의 모습을 온전하게 바라볼 수 있기 때문입니다. 그때야 다윗이 했던 고백을 할 수 있습니다. 왜냐하면 하나님의 성령의 빛이 나를 조명하기 때문입니다. 이때야 비로소 하나님과 나, 그리고 죄 가운데 있는 나의 상황을 볼 수 있습니다. 그 자리에 서서 가만히 자신의 행동을 중지하고, 눈을 들어 하나님의 바라보며, 그의 음성을 듣는 것은 죄를 등지고 하나님께로 나아오는 첫 발걸음입니다. 우리가 처음 하나님을 만났을 때도 그랬습니다. 잘 알지 못하지만 아쉬움을 두고 나의 시선을 하나님께 돌리던 그 순간이 있었습니다. 그 용기가 나를 하나님과 직면하게 했습니다. 나의 죄와 직면하게 했습니다. 예전에 한번도 경험하지 못했던 나의 모습을 보는 경험을 했습니다. 마치 눈에서 비늘이 떨어지는 것과 같은 새로운 경험이 나에게 있었습니다. 그때처럼 지금 우리는 다시 고백해야 합니다. "주여 나를 도우소서. 주 나의 구원이시여!" 아멘!

시44편

¹ 하나님이여 주께서 우리 조상들의 날 곧 옛날에 행하신 일을 그들이 우리에게 일러 주매 우리가 우리 귀로 들었나이다 ² 주께서 주의 손으로 뭇 백성을 내쫓으시고 우리 조상들을 이 땅에 뿌리 박게 하시며 주께서 다른 민족들은 고달프게 하시고 우리 조상들은 번성하게 하셨나이다 ³ 그들이 자기 칼로 땅을 얻어 차지함이 아니요 그들의 팔이 그들을 구원함도 아니라 오직 주의 오른손과 주의 팔과 주의 얼굴의 빛으로 하셨으니 주께서 그들을 기뻐하신 까닭이니이다 ⁴ 하나님이여 주는 나의 왕이시니 야곱에게 구원을 베푸소서 ⁵ 우리가 주를 의지하여 우리 대적을 누르고 우리를 치러 일어나는 자를 주의 이름으로 밟으리이다 ⁶ 나는 내 활을 의지하지 아니할 것이라 내 칼이 나를 구원하지 못하리이다 ⁷ 오직 주께서 우리를 우리 원수들에게서 구원하시고 우리를 미워하는 자로 수치를 당하게 하셨나이다 우리가 종일 하나님을 자랑하였나이다 우리는 하나님의 이름에 영원히 감사하리이다 (셀라) ⁹ 그러나 이제는 주께서 우리를 버려 욕을 당하게 하시고 우리 군대와 함께 나아가지 아니하시나이다 ¹⁰ 주께서 우리를 대적들에게서 돌아서게 하시니 우리를 미워하는 자가 자기를 위하여 탈취하였나이다 ¹¹ 주께서 우리를 잡아먹힐 양처럼 그들에게 넘겨 주시고 여러 민족 중에 우리를 흩으셨나이다 ¹² 주께서 주의 백성을 헐값으로 파심이여 그들을 판 값으로 이익을 얻지 못하셨나이다 ¹³ 주께서 우리로 하여금 이웃에게 욕을 당하게 하시니 그들이 우리를 둘러싸고 조소하고 조롱하나이다 ¹⁴주께서 우리를 뭇 백성 중에 이야기 거리가 되게 하시며 민족 중에서 머리 흔듦을 당하게 하셨나이다 ¹⁵ 나의 능욕이 종일 내 앞에 있으며 수치가 내 얼굴을 덮었으니 ¹⁶ 나를 비방하고 욕하는 소리 때문이요 나의 원수와 나의 복수자 때문이니이다 ¹⁷ 이 모든 일이 우리에게 임하였으나 우리가 주를 잊지 아니하며 주

의 언약을 어기지 아니하였나이다 ¹⁸ 우리의 마음은 위축되지 아니하고 우리 걸음도 주의 길을 떠나지 아니하였으나 ¹⁹ 주께서 우리를 승냥이의 처소에 밀어 넣으시고 우리를 사망의 그늘로 덮으셨나이다 ²⁰ 우리가 우리 하나님의 이름을 잊어버렸거나 우리 손을 이방 신에게 향하여 폈더면 ²¹ 하나님이 이를 알아내지 아니하셨으리이까 무릇 주는 마음의 비밀을 아시나이다 ²² 우리가 종일 주를 위하여 죽임을 당하게 되며 도살할 양 같이 여김을 받았나이다 ²³ 주여 깨소서 어찌하여 주무시나이까 일어나시고 우리를 영원히 버리지 마소서 ²⁴ 어찌하여 주의 얼굴을 가리시고 우리의 고난과 압제를 잊으시나이까 ²⁵ 우리 영혼은 진토 속에 파묻히고 우리 몸은 땅에 붙었나이다 ²⁶ 일어나 우리를 도우소서 주의 인자하심으로 말미암아 우리를 구원하소서

위의 본문은 고라 자손이 자신의 조상들의 죄악을 들으며 하나님 앞에 회개하며 나아오는 내용이다. 본문의 제목이 "고라 자손의 마스길"이라고 했습니다. "마스길"이라는 말은 교훈이라는 의미입니다. 출애굽의 과정에서 이스라엘 백성들은 가데스바네아에서 하나님을 완전히 실망시켰습니다. 그리고 그 형벌로 가나안을 정탐한 40일을 하루에 일년으로 40년을 광야에서 방황했습니다. 이 여정은 죽음의 여정이었습니다. 그 날을 기준으로 20세이상 이스라엘 백성은 모두 죽어야 그 후손들이 새 땅에 들어 갈 수 있었던 것입니다. 그 참혹한 죽음의 여정이 끝나갈 즈음에 고라의 반역이 일어났습니다. 레위자손 고라의 반역은 고라와 르우벤 지파와 리더 250명이 함께 하나님께서 세우신 리더십인 모세에 대한 반역에 참여했습니다. 고라는 레위 지파의 고핫 자손으로 지성소의 지성물을 운반하는 책임을 맡고 있었습니다. 그러나 제사는 집전할 수 없었습니다. 르우벤 또한 자신의 지파의 위치에 대한 불만이 있었을 것입니다. 고라의 반역에 르우벤 지파의 250명이 동참했다는 것은 사전에 매우 치밀하게 논의가 되었고, 고라가 상당한 영향력을 가지고 있었다는 것을 반증합니다. 이 사건에 대하여 하나님께서는 자신이 직

접 이 문제에 개입하셨습니다. 그리고 그들을 땅에 묻으셨습니다. '땅이 그 입을 벌려서 그 무리와 고라를 삼키매 그들의 죽었고 당시에 불이 이백오십 명을 삼켜 징표가 되게 하였으나'(민26장10-11절). 비극은 여기서 끝난 것이 아니었습니다. 이 글을 쓰고 있는 고라의 자손들은 이 반역에 참여하지 않았습니다. 아비의 명과 하나님의 계명 사이에서 극한 갈등을 겪었습니다. 그러한 갈등을 겪은 당사자들이 그 당시를 회고하며 이 글을 "마스길" 즉 교훈을 기록하고 있는 것입니다. 아프고도 슬픈 역사입니다.

8 우리가 종일 하나님을 자랑하였나이다 우리는 하나님의 이름에 영원히 감사하리이다 (셀라) 9 그러나 이제는 주께서 우리를 버려 욕을 당하게 하시고 우리 군대와 함께 나아가지 아니하시나이다 12 주께서 주의 백성을 헐값으로 파심이여 그들을 판 값으로 이익을 얻지 못하셨나이다 22 우리가 종일 주를 위하여 죽임을 당하게 되며 도살할 양 같이 여김을 받았나이다 23 주여 깨소서 어찌하여 주무시나이까 일어나시고 우리를 영원히 버리지 마소서

위의 본문은 고라 자손들이 겪었던 심리적인 갈등을 설명하고 있다. 깊은 곤경에 빠진 자신들의 과거를 회상하며 아름다웠던 하나님과의 시간을 추억합니다. 말로 다할 수 없는 고통 가운데서 누군가와 함께했던 시간을 추억하며 그 시간에 감사하며 행복했었다고 고백한다는 것은 축복입니다. 그렇게 고백할 수 있는 그 마음이 축복입니다. 그것은 인간의 본성으로는 불가능한 일이기 때문입니다.

인간은 그 행복했던 시간을 소중하게 이어가는 지혜가 부족합니다. 행복한 조건보다 불행한 조건을, 감사한 상황보다 부족한 삶의 내용들을 자꾸 끄집어 냅니다. 그리고 불평합니다. 불평은 좀 벌레와 같습니다. 스물 스물 부지불식간에 우리를 덮어 버리는 어둠과 같습니다. 삶에서 녹을 자꾸만 만들어 냅니다. 시간이 지나서 그 시간을 돌아보면 깜

짝 놀랍니다. 자신이 생각하고 지내왔던 시간과 전혀 다른 모습의 시간
이 그 자리를 차지하고 있기 때문입니다. 한번도 보지 못하고 생각지 못
했던 지난 시간의 모습입니다. 그 시간을 이해하지 못하고, 누리지 못
한 자신을 책망합니다. 그러나 그러한 삶의 모습은 언제나 반복됩니다.
지금 전문의 내용이 그렇습니다. 고라 자손들도 동일하게 지금 고난 가
운데서 과거를 추억하며 그 시간의 의미를 회상합니다.

그러나 현실은 현실입니다. 과거의 시간에 의미를 아무리 부여해도
현실은 변하지 않습니다. 더 모진 마음으로 자신의 상황에 대한 책임을
누군가에게 전가합니다. 그래야 과거의 자신의 행동에 대한 정당성을
부여할 수 있기 때문입니다. 그렇게 한다고 해서 현실이 변화되는 것은
아닙니다. 그러나 어리석은 인간은 그것에 집착합니다. 이스라엘은 지
금 자신의 모습이 전적으로 하나님 책임이라고 원망합니다.

> ⁹ 그러나 이제는 주께서 우리를 버려 욕을 당하게 하시고 우리 군대와 함께 나아가지
> 아니하시나이다
>
> ¹² 주께서 주의 백성을 헐값으로 파심이여 그들을 판 값으로 이익을 얻지 못하셨나이다

그들의 말은 하나님의 행동을 참으로 어리석게 표현합니다. 그 말에
는 여전히 자신의 잘못에 대하여 회개하지 않는 교만함이 자리하고 있
습니다. 교만은 자신을 눈 멀게 합니다. 교만은 하나님과 사람과의 관
계를 파괴합니다. 교만은 이기적인 마음의 결과입니다. 이러한 태도는
결코 문제를 해결 할 수 없습니다. 또한 그들의 모습에는 자신의 잘못
을 전가하는 비겁함이 있습니다. 이것은 원래 우리의 모습입니다. 새삼
새로울 것도 없는 이 모습에 마음이 아픕니다. 왜냐하면 그것이 나의
모습이기 때문입니다. 그리고 나와 동일한 모습의 사람을 바라본다는
것은 그 모습을 시인하는 이상의 고통입니다. 현실이 그러함에도 불구

하고 그것을 깨닫지 못하는 어리석음을 봅니다. 세상에 대하여 지혜로운 자 같으나 하나님에 대하여 너무나 어리석은 본질적인 나의 모습을 봅니다.

결국 이스라엘은 하나님 앞에 굴복합니다. 자신의 처지를 정확하게 인정합니다. 그리고 하나님의 도우심을 구합니다. 우리가 하나님 앞이 굴복 할 때 하나님을 보게 되고 우리의 죄 된 모습을 정확하게 보게 됩니다. 하나님 앞에 굴복함은 성령의 빛으로 나를 비추는 것입니다. 하나님의 눈으로 나를 보는 것 입니다. 지금까지 나를 바라보았던 세상의 잣대를 버리고 하나님의 잣대로 나를 재단하는 것입니다. 그래야 올바로 나를 보게 됩니다. 진정한 나의 모습을 확인하게 됩니다. 벌거벗은 나의 실체를 확인하게 됩니다. 그래야 하나님께서 누구신가를 알게 됩니다. 그래야 하나님 앞에 진솔한 모습으로 나아가게 됩니다.

> 24 어찌하여 주의 얼굴을 가리시고 우리의 고난과 압제를 잊으시나이까 25 우리 영혼은 진토 속에 파묻히고 우리 몸은 땅에 붙었나이다 26 일어나 우리를 도우소서 주의 인자하심으로 말미암아 우리를 구원하소서

그래야 이러한 기도를 하나님께 부르짖게 됩니다. 고통스러운 기도이지만 이 기도는 오히려 축복입니다. 이 기도가 하나님과 나의 끊어졌던 영의 선을 잇게 합니다. 이 간절함이 하나님을 touch할 수 있는 원동력이 됩니다.

우리는 압니다. 사람과의 관계에서 자신이 낮아질 때 느끼는 비참함을, 자신의 존재가 한없이 가벼워져서 누구도 인정하지 않음을, 의도하지 않았던 비굴함이 나의 행동과 얼굴에 나타나고 있음을 온 몸으로 느낍니다. 그리고 결심합니다. 다시는 이러한 수모를 겪지 않겠다고…

그러나 하나님 앞에서 우리는 낮아져야 합니다. 그때 하나님께서 우리를 높이십니다. 우리가 낮아진다고 하나님께서 우리를 낮게, 천하게,

비굴하게 보지 않으십니다. 우리가 스스로 자신을 낮출 때 비로소 깨닫게 됩니다. 하나님께서 나를 얼마나 존귀하게 여기시는 것을…

위의 고백은 나의 모습을 되찾는 기도입니다. 나의 위치를 확인하는 기도입니다. 하나님 앞에 낮아짐이 나의 원래의 모습이며, 내가 찾는 축복의 자리입니다. "도우소서" "구원하소서"라고 외치는 것이 나의 기쁨입니다. 도움을 받을 일도, 구원을 받을 일도 없다고 생각하는 인생들의 불행을 우리가 알아야 합니다. 하나님! 이 아침에 어디가 우리의 자리이며, 무엇이 우리의 기도인지를 알게 하소서. 아멘!

시49편

1 뭇 백성들아 이를 들으라 세상의 거민들아 모두 귀를 기울이라 **2** 귀천 빈부를 막론하고 다 들을지어다 **3** 내 입은 지혜를 말하겠고 내 마음은 명철을 작은 소리로 읊조리리로다 **4** 내가 비유에 내 귀를 기울이고 수금으로 나의 오묘한 말을 풀리로다 **5** 죄악이 나를 따라다니며 나를 에워싸는 환난의 날을 내가 어찌 두려워하랴 **6** 자기의 재물을 의지하고 부유함을 자랑하는 자는 **7** 아무도 자기의 형제를 구원하지 못하며 그를 위한 속전을 하나님께 바치지도 못할 것은 **8** 그들의 생명을 속량하는 값이 너무 엄청나서 영원히 마련하지 못할 것임이니라 **9** 그가 영원히 살아서 죽음을 보지 않을 것인가 **10** 그러나 그는 지혜 있는 자도 죽고 어리석고 무지한 자도 함께 망하며 그들의 재물은 남에게 남겨 두고 떠나는 것을 보게 되리로다 **11** 그러나 그들의 속 생각에 그들의 집은 영원히 있고 그들의 거처는 대대에 이르리라 하여 그들의 토지를 자기 이름으로 부르도다 **12** 사람은 존귀하나 장구하지 못함이여 멸망하는 짐승 같도다 **13** 이것이 바로 어리석은 자들의 길이며 그들의 말을 기뻐하는 자들의 종말이로다 (셀라) **14** 그들은 양 같이 스올에 두기로 작정되었으니 사망이 그들의 목자일 것이라 정직한 자들이 아침에 그들을 다스리리니 그들의 아름다움은 소멸하고 스올이 그들의 거처가 되리라 **15** 그러나 하나님은 나를 영접하시리니 이러므로 내 영혼을 스올의 권세에서 건져내시리로다 (셀라) **16** 사람이 치부하여 그의 집의 영광이 더할 때에 너는 두려워하지 말지어다 **17** 그가 죽으매 가져가는 것이 없고 그의 영광이 그를 따라 내려가지 못함이로다 **18** 그가 비록 생시에 자기를 축하하며 스스로 좋게 함으로 사람들에게 칭찬을 받을지라도 **19** 그들은 그들의 역대 조상들에게로 돌아가리니 영원히 빛을 보지 못하리로다 **20** 존귀하나 깨닫지 못하는 사람은 멸망하는 짐승 같도다

본문은 하나님을 알지 못하는 인생의 모습을 그리고 있다. 읽을수록 마음에 소름치는 전율이 스쳐갑니다. 내가 하나님을 몰랐다면 내가 살려고 했던 인생의 모습이 바로 이 모습이 아니었던가. 그들이 외면했던 지혜의 소리의 결과가 얼마나 참담한가를 생각해 봅니다. 세상에는 재물을 의지하고, 부유함을 자랑하기를 원하는 사람들이 얼마나 많습니까? 온갖 사악한 지식과 꾀를 동원해서라도 남들보다 잘 살면 그만이고, 남들보다 더 높은 권세를 누리면 장땡이라는 생각이 온세상을 지배하고 있습니다. 그들은 추호도 자신의 판단에 잘못이 있다는 사실을 인정하지 않습니다. 아니 오히려 너무도 당당하고, 그것만이 자신이 살아가는 이유라고 서슴없이 말합니다. 그리고 그렇지 않다고 말하는 우리에 대하여 우리 자신의 무능에 대한 변명이라고 강변합니다. 우리는 그들의 철통 같은 논리를 뚫을 힘이 없습니다. 그래서 그들은 우리에게 더 당당한지 모릅니다. 옳음을 증명할 수 없는 나약함이 우리의 모습입니다. 그러나 하나님께서는 그들을 향하여 비웃으십니다. 너희의 모든 재산과 지식과 권력을 다 동원해도 무덤에 있는 사람을 단 1초라도 일으킬 수 있는가라고 반문하십니다. 우리는 감히 그런 말을 할 수 없습니다. 그러나 천지의 주관자이신 하나님께서는 그들을 향해 간담 서늘한 한 말씀을 대 놓고 하십니다. 세상을 향해서 움추렸던 우리의 마음이 풀리는 것을 느낍니다. 그렇지 하나님의 말씀만이 세상을 향한 무기임을 새삼 느낍니다.

[1] 뭇 백성들아 이를 들으라 세상의 거민들아 모두 귀를 기울이라 [2] 귀천 빈부를 막론하고 다 들을지어다 [3] 내 입은 지혜를 말하겠고 내 마음은 명철을 작은 소리로 읊조리리로다 [4] 내가 비유에 내 귀를 기울이고 수금으로 나의 오묘한 말을 풀리로다

선거철이 되면 수많은 사람들이 합법적으로 확성기에 대고 자신의 소리에 귀를 기울여 달라고 합니다. 그리고 숨 넘어가듯이 소리를 지릅

니다. 하지만 무슨 소리인지 알아들을 수도 없고, 그 소리에 귀 기울여 듣는 사람은 많지 않습니다. 다만 시끄러운 소리가 울릴 뿐입니다. 슬픈 세대입니다. 남의 소리에 귀를 기울이지 않고 자신이 하고 싶은 말만 소리 높여 지르고 있는 지금의 모습은 이 세대를 대변합니다. 이 세대는 자신이 말하는 것은 중요하게 생각하지만 다른 사람의 말을 듣는 것에는 무관심합니다. 사실 말하는 것과 듣는 것은 하나입니다. 소통을 "communication"이라 합니다. 이 말의 어원은 라틴어로 "communicare"라고 하는데, 이는 impart, share, 혹은 make common입니다. 그리고 앞에 "com"이 있으니 서로 같이 공유하고, 생각을 같게 하는 것이라고 말해주고 있습니다. 그러나 현대사회는 자신의 말은 하되 남의 말은 듣지 않습니다. 자신의 부족함을 느끼는 사람은 다른 사람의 말을 듣습니다. 그러나 현대인들은 자신이 너무 똑똑하고 현명하다고 생각하고 자신감에 차있습니다. 그 자신감의 원천이 어디에 있는지 알 수 없습니다. 하지만 그들은 자신이 있다고 말합니다. 이러한 사람들을 향해서 하나님께서 말씀하십니다. 세상의 사람들아, 뭇 거민들아 내 말을 들으라. 이 말은 우뢰같고 거역할 수 없는 위엄을 가지고 있습니다.

우리 사회는 언제부터인가 자신의 생각을 기죽지 않고 당당하게 말하는 것에 가치를 두기 시작했습니다. 다른 사람의 말만 듣고 자기 말은 하지 않다 보니, 자신의 능력을 인정받지 못하고, 항상 손해를 본다는 생각을 갖게 된 것 입니다. 그래서 학교에서도 자기의 생각을 다른 사람에게 효과적으로 말하는 것에 집중합니다. 요즈음과 같이 취직이 잘 되지 않는 시기는 어떻게 하든지 한 마디라도 더 해서 자신의 능력을 더 알리려고 무진 노력을 합니다. 그 덕에 수 많은 웅변학원, speech학원, 그리고 PT학원이 먹고 살고 있습니다. 그런데 문제는 사람들이 자기의 말은 잘하게 되었는데, 남의 얘기를 듣지 않습니다. 자신이 발표 할 때는 열심히 하지만 다른 사람이 발표할 때는 듣지 않습니다. 관심이 없습니다. 무엇인가 기형적인 상황이 되었습니다. 그렇습니다. 올바른 가치체계가 없이 현상에 몰두하면 언제나 이런 결과를 얻게 됩니다.

> [6] 자기의 재물을 의지하고 부유함을 자랑하는 자는 [7] 아무도 자기의 형제를 구원하지 못하며 그를 위한 속전을 하나님께 바치지도 못할 것은 [8] 그들의 생명을 속량하는 값이 너무 엄청나서 영원히 마련하지 못할 것임이니라 [9] 그가 영원히 살아서 죽음을 보지 않을 것인가 [10] 그러나 그는 지혜 있는 자도 죽고 어리석고 무지한 자도 함께 망하며 그들의 재물은 남에게 남겨 두고 떠나는 것을 보게 되리로다

자신의 재물 모으는 능력을 과신했던 사람들의 결말은 참으로 비참합니다. 그들이 어느 날 맞게 될 자신의 생명을 속량해야 할 시간에, 그들은 자신이 평생 모았던 재물이, 자랑스럽던 자신의 부유함이, 자기 생명의 값을 지불하기에는 턱없이 부족하다는 것을 깨달았을 것입니다. 아니 아무런 가치가 없다는 것을 알게 됩니다. 그때 그들이 느꼈을 황당함은 어떤 것일까? 심지어 그들은 자신들이 피땀 흘려 모은 재산을 사용해 보지도 못하고, 자신의 죽음에 대한 어떤 방패도 되지 못하는 것을 안 순간 그들이 겪을 좌절과 후회는 상상하기가 어려울 것 입니다. 그때 "사망이 그들의 목자"라고 선언하시는 하나님의 소리가 그 시간 그들에게 선명하게 들려올 것입니다. 아마 그들은 그 소리가 무슨 의미인지 잘 이해하지 못할 수 있습니다. 그러나 우리는 그 반대편에 있기에 그 소리를 더욱 선명히 들을 것입니다. 가슴을 쓸어 내리는 그 떨림이 우리의 온 신경을 한곳으로 모을 것입니다. 그리고 그 분의 소리를 가슴에 담아 귀 기울여 다음의 음성을 들을 것입니다. 그분께서 그들에게 말씀하십니다. 왜 나의 소리에 귀 기울이지 않았느냐고 책망하십니다.

> [15] 그러나 하나님은 나를 영접하시리니 이러므로 내 영혼을 스올의 권세에서 건져내시리로다 (셀라) [6] 사람이 치부하여 그의 집의 영광이 더할 때에 너는 두려워하지 말지어다 [17] 그가 죽으매 가져가는 것이 없고 그의 영광이 그를 따라 내려가지 못함이로다 [18]

그가 비록 생시에 자기를 축하하며 스스로 좋게 함으로 사람들에게 칭찬을 받을지라도 [19] 그들은 그들의 역대 조상들에게로 돌아가리니 영원히 빛을 보지 못하리로다 [20] 존귀하나 깨닫지 못하는 사람은 멸망하는 짐승 같도다

그 소리에 화들짝 놀라 나의 모습을 봅니다. 어느 날 무심코 듣고 반응했던 그 짧은 시간의 끌림을 그분은 기억하셨고, 나의 생을 스올의 저편으로 옮기셨습니다. 그리고 나를 영접하셨습니다. "존귀하나 깨닫지 못하는 사람은 멸망하는 짐승 같도다." 이 소리를 듣는 순간 가슴이 딱 막히며 숨이 멎는 듯한 고통을 느꼈습니다. 그리고 숨을 모으고 가느다란 숨을 최대한 천천히 쉬어내는데, 눈물이 왈칵 쏟아졌습니다. 아마 안도의 눈물일 것입니다. 멸망 할 짐승과 같은 나를 그의 소리에 미세한 반응을 했다는 말도 안 되는 이유로 사망의 구렁에서 나를 구해주셨습니다. 나라는 존재에 대한 새로운 의미는 이때의 몫이 아닌가 생각됩니다. 통상적인 감사의 마음과 표현은 너무 값싼 감정의 반응입니다. 아무 의미없이 감사하는 것과 사랑한다고 말하는 것을 그치려고 합니다. 차라리 그냥 그를 가만히 응시함이 더 나은 선택 같습니다. 왜냐하면 그 분이 나를 바라보고 계십니다. 그의 따스한 눈길을 느끼고 싶습니다. 아무 대가없이 나를 사랑하시는 그분의 은혜를 그냥 받으려고 합니다. 어떤 의미를 담기도 어색하고 부족한 상태에서 그냥 감사를 드리려고 합니다. 감사합니다. 스올의 저편에서 안도의 숨을 내쉬며... 아멘!

시50편

¹ 전능하신 이 여호와 하나님께서 말씀하사 해 돋는 데서부터 지는 데까지 세상을 부르셨도다 ² 온전히 아름다운 시온에서 하나님이 빛을 비추셨도다 ³ 우리 하나님이 오사 잠잠하지 아니하시니 그 앞에는 삼키는 불이 있고 그 사방에는 광풍이 불리로다 ⁴ 하나님이 자기의 백성을 판결하시려고 위 하늘과 아래 땅에 선포하여 ⁵ 이르시되 나의 성도들을 내 앞에 모으라 그들은 제사로 나와 언약한 이들이니라 하시도다 ⁶ 하늘이 그의 공의를 선포하리니 하나님 그는 심판장이심이로다 (셀라) ⁷ 내 백성아 들을지어다 내가 말하리라 이스라엘아 내가 네게 증언하리라 나는 하나님 곧 네 하나님이로다 ⁸ 나는 네 제물 때문에 너를 책망하지는 아니하리니 네 번제가 항상 내 앞에 있음이로다 ⁹ 내가 네 집에서 수소나 네 우리에서 숫염소를 가져가지 아니하리니 ¹⁰ 이는 삼림의 짐승들과 뭇 산의 가축이 다 내 것이며 ¹¹ 산의 모든 새들도 내가 아는 것이며 들의 짐승도 내 것임이로다 ¹² 내가 가령 주려도 네게 이르지 아니할 것은 세계와 거기에 충만한 것이 내 것임이로다 ¹³ 내가 수소의 고기를 먹으며 염소의 피를 마시겠느냐 ¹⁴ 감사로 하나님께 제사를 드리며 지존하신 이에게 네 서원을 갚으며 ¹⁵ 환난 날에 나를 부르라 내가 너를 건지리니 네가 나를 영화롭게 하리로다 ¹⁶ 악인에게는 하나님이 이르시되 네가 어찌하여 내 율례를 전하며 내 언약을 네 입에 두느냐 ¹⁷ 네가 교훈을 미워하고 내 말을 네 뒤로 던지며 ¹⁸ 도둑을 본즉 그와 연합하고 간음하는 자들과 동료가 되며 ¹⁹ 네 입을 악에게 내어 주고 네 혀로 거짓을 꾸미며 ²⁰ 앉아서 네 형제를 공박하며 네 어머니의 아들을 비방하는도다 ²¹ 네가 이 일을 행하여도 내가 잠잠하였더니 네가 나를 너와 같은 줄로 생각하였도다 그러나 내가 너를 책망하여 네 죄를 네 눈 앞에 낱낱이 드러내리라 하시는도다 ²² 하나님을 잊어버린 너희여 이제 이를 생각하라 그렇지 아니하면 내가 너희를 찢으리니 건질 자 없으리라 ²³ 감사로 제사를 드리는 자가 나를 영화롭게 하나니 그의 행위를 옳게 하는 자에게 내가 하나님의 구원을 보이리라

오늘 본문은 재판장이신 하나님을 묘사하고 있습니다. 온 천지가 심판자이신 하나님 앞에 섭니다. 우리는 "해 돋는 데서부터 해 지는데 까지"라고 유쾌하게 찬양을 하지만 실상 내용은 엄정함 그 자체입니다. 자비로우신 우리 하나님께서 재판장으로서 좌정하셔서 온 천지 만물을 심판하시는 광경입니다. 재판장의 역할은 선악을 구분하여 잘 잘못을 따지는 일에 있습니다. 하나님께서 우리가 행한 선악을 판결한다는 것은 이미 그 내용에 대한 규정을 정하시고 알려주셨다는 것입니다. 뿐만 아니라 재판장께서 계시다는 것은 우리 모두는 우리의 삶에 의해서 재판대에 선다는 것 입니다. 모든 일에는 결산이 있습니다. 우리의 인생에도 결산이 있습니다. 이 결산이 중요한 것은 두번의 기회가 없기 때문입니다. 다른 일에는 지난번의 일을 결산한 후에 개선해서 다시 시작할 수 있습니다. 그러나 인생은 그렇지 않습니다. 단 한번의 기회가 우리에게 있을 뿐입니다. 하나님의 심판!

¹ 전능하신 이 여호와 하나님께서 말씀하사 해 돋는 데서부터 지는 데까지 세상을 부르셨도다 ² 온전히 아름다운 시온에서 하나님이 빛을 비추셨도다 ³ 우리 하나님이 오사 잠잠하지 아니하시니 그 앞에는 삼키는 불이 있고 그 사방에는 광풍이 불리로다 ⁴ 하나님이 자기의 백성을 판결하시려고 위 하늘과 아래 땅에 선포하여 ⁵ 이르시되 나의 성도들을 내 앞에 모으라 그들은 제사로 나와 언약한 이들이니라 하시도다

5절에 하나님과 이스라엘 백성들과 사이에 약속된 것은 제사입니다. 이스라엘은 제사에 관한 한 책망을 받을 일이 없습니다. 그들은 어떤 일이 있어도 제사를 거르는 일은 없었습니다. 그것이 그들이 하나님 앞에 내세우는 의였기 때문입니다. 그런데 하나님께서 그들에게 자신이 재판장으로서 임하심을 말씀하십니다. 이는 그들에게 무엇인가 판결하실 일이 있으시다는 것을 의미합니다. 외형적으로 그들은 그들의 삶과 종교적 행위인 제사에 관한 한 흠이 없습니다. 자신들도 그렇게 자부하고

있습니다. 더 나아가 혹시 자신들의 제물이 부족할 것에 대하여 염려하였습니다.

그러나 하나님께서는 8절에 제물에 대하여는 만족하신다고 선언하십니다. 하나님께서 제사의 고기를 드시지도 않고, 염소의 피를 마시지도 않으시는데, 이 많은 제물과 짐승의 피가 자신에게 무슨 의미가 있겠느냐고 하십니다. 그럼 무엇이 문제입니까? 그들의 이중성입니다. 그들은 형식에는 강했지만 내용에는 약했습니다. 남에게 보이는 일에는 뛰어난 감각을 가지고 있었지만, 그 일에 진심을 담는 일에는 아마추어였습니다. 제사라는 행위는 언제나 먼저 해결해야 할 선결문제가 있습니다. 그것은 성결입니다. 성막의 구조를 보면 우리는 그것을 이해할 수 있습니다. 제사장이 성막에 들어가기 전에 반드시 거쳐야 하는 순서는 물두멍입니다. 그 곳에서 자신의 성결의 문제를 해결해야 합니다. 이 원칙은 제사를 드리는 이스라엘 백성에게도 동일하게 적용됩니다. 아무런 생각 없이 그냥 제물을 가지고 와서 제사를 드리는 것이 아니라는 것 입니다. 제사의 행위 자체가 하나님께서 원하시는 제사의 의미가 아닌 것 입니다. 성결에서 먼저 행해야 하는 것은 자신의 모습을 먼저 살피는 것 입니다.

마태복음에서 예수님께서 너희가 제물을 제단에 드리다가 형제와 불화한 일이 생각나거든 제물을 제단에 두고 먼저 가서 그 형제와 화목하고 와서 제사를 드리라고 하셨습니다(마5:22-23). 예수님께서는 바리새인들의 문제를 이렇게 지적하셨습니다. 이스라엘은 자신의 삶과 상관없이 괜찮은 제물로 제사를 드리면 된다고 생각했습니다. 이에 대하여 하나님께서는 "네가 이 일을 행하여도 내가 잠잠하였더니 네가 나를 너와 같은 줄로 생각하였도다 그러나 내가 너를 책망하여 네 죄를 네 눈앞에 낱낱이 드러내리라 하시는도다(21)"라고 질책하십니다. 그리스도인들이 짓는 죄에서 가장 큰 죄가 하나님을 만홀히 여기는 죄입니다. 하나님을 하나님 답게 인정하지 않는 것입니다. 하나님께서는 자신이 이스라엘에게 이렇게 대접을 받아야 할 이유가 없다고 말씀하십니다. 이 스라엘은 이렇게 큰 죄를 상시적으로 지으면서도 자신들이 제사를 드리기 때문에 전혀 문제가 없다고 생각합니다. 제사의 정신은 수직과 수평의 관계가 균형을 이루어야 합니다. 하나님께 제사를 드리려면 먼저 형제와 화목해야 합니다. 이것이 선결의 문제입니다. 또한 제사의 내용도 하나님께서 원하시는 수준에 맞아야 합니다. 그러나 이스라엘은 그러한 하나님의 마음을 전혀 이해하지 못했습니다. 단지 제사라는 형식에 매어 있었습니다.

우리는 어떻습니까? 우리의 죄된 모습에 대한 진정한 회개 없이 습관적으로 하나님께 예배 드리는 행위로 만족해하고 있지는 않은 지 자신을 돌아볼 필요가 있습니다. 습관적으로 드리는 많은 예배가 우리를 하나님으로부터 멀어지게 합니다. 시139편23-24절에서 "하나님이여 나를 살피사 내 행위를 아시며 나를 시험하사 내 뜻을 아옵소서. 내게 무슨 악한 행위가 있나 보시고 나를 영원한 길로 인도하소서." 시편 저자는 자신의 행위가 아닌 마음의 동기를 살필 수 있게 해달라고 고백합니다. 더 적극적으로 자신을 시험해서 확인해 달라고 요청합니다. 이는 자신이 하나님 앞에서 얼마나 선하지 자신이 있기 때문이 아닙니다. 하나님 앞에서 살아가는 자신의 모습에 자신이 없기 때문입니다. 두렵기 때문입니다. 자신의 가치관이나 기준으로 자신을 판단할 수 없기 때문에 하나님의 판단을 요청하고 기다리는 것입니다. 이것은 참으로 겸손한 태도입니다.

그렇습니다. 우리는 자주 예배를 드립니다. 그렇기 때문에 그 예배가 형식에 치우치고, 준비 없이 예배에 참여할 수 있습니다. 예배에 참석했다는 것이 우리의 의무를 다한 것으로 생각될 수 있습니다. 예배에 참석한 것이 우리의 의가 될 수 없습니다. 특히 철야기도회나 새벽기도는 더욱 그렇습니다. 많은 경우 새벽기도 예배의 참석이 마치 신앙의 깊이를 나타내는 척도가 되기도 합니다. 그러나 그것은 명백하게 잘못된 것입니다. 우리가 어떤 예배를, 얼마나 자주 참석하느냐가 아니라 우리가 하나님께 드리는 예배의 내면을 살필 필요가 있습니다. 어떻게 예배를 드리고 있는가를 확인해야 합니다. 예수님께서 요구하시는 신령과 진정으로 드리는 예배를 나는 추구하고 있는가? 정말 하나님을 기대하고, 말씀을 사모하고, 찬양을 기뻐함으로, 더 큰 것으로 드리지 못해 안타까운 마음으로 예배에 참석하는가?

23 감사로 제사를 드리는 자가 나를 영화롭게 하나니 그의 행위를 옳게 하는 자에게 내가 하나님의 구원을 보이리라

본문은 하나님을 만홀히 여기는 나의 숨은 태도를 하나님의 눈으로 확인하기를 원합니다. 그리고 나의 마음에 예배를 드릴 수 있음에 감사하는 마음을 요구합니다. 예배에 앞서 자신을 돌아보며 성결한 마음을 갖추기를 요청합니다. 형식을 떠나 내용에 충실하고, 재물의 많고 적음에 상관없이 힘써 드리는 태도를 기뻐하십니다. 우리의 예배가 감사가 되어야 함은 나의 삶이 감사임을 고백하는 것입니다. 감사는 내가 가지고 있는 모든 것, 나의 존재조차도 원인이 내가 아닌 하나님께로부터 온다는 사실을 인정하는 것입니다. 내가 감사할 수 있는 모든 내용, 조건들이 나를 통해서 이루어지는 것이 없으며, 그 모든 것이 하나님을 통해서 허락되어 짐을 인정하는 것입니다.

그것은 마치 우리의 기도가 하나님 앞에서 나의 무능을 고백하는 것과 같은 것입니다. 감사로 그 문에 들어가는 기쁨을 예배를 통해서 경험하기를 원합니다. 그것이 진정으로 하나님께서 기뻐하시는 예배입니다. 우리의 예배에서 이러한 감사와 기쁨이 회복되시기를 축원합니다. 아멘!

시 56편

¹ 하나님이여 내게 은혜를 베푸소서 사람이 나를 삼키려고 종일 치며 압제하나이다 ² 내 원수가 종일 나를 삼키려 하며 나를 교만하게 치는 자들이 많사오니 ³ 내가 두려워하는 날에는 내가 주를 의지하리이다 ⁴ 내가 하나님을 의지하고 그 말씀을 찬송하올지라 내가 하나님을 의지하였은즉 두려워하지 아니하리니 혈육을 가진 사람이 내게 어찌하리이까 ⁵ 그들이 종일 내 말을 곡해하며 나를 치는 그들의 모든 생각은 사악이라 ⁶ 그들이 내 생명을 엿보았던 것과 같이 또 모여 숨어 내 발자취를 지켜보나이다 ⁷ 그들이 악을 행하고야 안전하오리이까 하나님이여 분노하사 뭇 백성을 낮추소서 ⁸ 나의 유리함을 주께서 계수하셨사오니 나의 눈물을 주의 병에 담으소서 이것이 주의 책에 기록되지 아니하였나이까 ⁹ 내가 아뢰는 날에 내 원수들이 물러가리니 이것으로 하나님이 내 편이심을 내가 아나이다 ¹⁰ 내가 하나님을 의지하여 그의 말씀을 찬송하며 여호와를 의지하여 그의 말씀을 찬송하리이다 ¹¹ 내가 하나님을 의지하였은즉 두려워하지 아니하리니 사람이 내게 어찌하리이까 ¹² 하나님이여 내가 주께 서원함이 있사온즉 내가 감사제를 주께 드리리니 ¹³ 주께서 내 생명을 사망에서 건지셨음이라 주께서 나로 하나님 앞, 생명의 빛에 다니게 하시려고 실족하지 아니하게 하지 아니하셨나이까

인생이 참으로 얄궂게 풀릴 때가 있습니다. 옛날 속담에 "원수를 외나무 다리에서 만난다"는 것과 같은 그런 상황입니다. 다윗은 자신이 죽인 블레셋의 영웅 골리앗의 고향인 가드로 사울을 피해 도망갔습니다. 그야말로 위기 일발인 상황입니다. 그 위기의 상황에서 하나님께서

가드왕 아기스의 생각을 잠시 흐리게 하셔서 재빨리 광야의 아둘람 굴로 도망합니다. 가슴을 쓸어 내린 순간이었습니다.

우리의 삶에 이런 순간은 너무 많습니다. 나의 생각이나 의지 그리고 동기와 상관없이 오해를 받을 때, 몇 번이고 어려운 고비를 넘기면서 내 주위에 아무도 없는 황량함을 느낄 때, 누구도 나의 편이 되어주지 않은 것을 경험 할 때, 외로움이 마치 무엇인가 발등에서부터 나의 몸을 타고 스멀 스멀 올라 오는 것과 같은 느낌을 갖게 할 때입니다.

나의 외치는 소리가 공허하게 메아리 쳐서 나의 귓전으로 되 돌아올 때, 악을 행하는 것이 자랑인 자들이 나를 대적할 때, 나는 도망자와 같이 무장해제된 상태입니다. 내가 가지고 있는 것들 중에서 그들을 대적할 만한 무기는 하나도 없습니다. 절망감을 안고 숨 숙인 채 한마디 한마디 거친 숨과 함께 내뱉는 나의 신음을 들으시는 주님이 나에게는 오직 소망입니다.

시간이 지나감을 아득하게 느낄 때, 나의 생명 끝까지 따라올 것 같았던 원수의 모습이 내 시야에 사라짐을 확인하고서야 안도의 뜨거운 물이 내 눈에 흘러 나는 것을 느낍니다. 당신이 내 안에서 또 한번의 흔적을 남기는 순간입니다. 이때 나의 두려움은 기억 넘어 아득한 추억이 됩니다. 내가 나의 모습을 알기에 감사의 고백은 차라리 사치입니다.

9 내가 아뢰는 날에 내 원수들이 물러가리니 이것으로 하나님이 내 편이심을 내가 아나이다 10 내가 하나님을 의지하여 그의 말씀을 찬송하며 여호와를 의지하여 그의 말씀을 찬송하리이다 11 내가 하나님을 의지하였은즉 두려워하지 아니하리니 사람이 내게 어찌하리이까 12 하나님이여 내가 주께 서원함이 있사온즉 내가 감사제를 주께 드리리니 13 주께서 내 생명을 사망에서 건지셨음이라 주께서 나로 하나님 앞, 생명의 빛에 다니게 하시려고 실족하지 아니하게 하지 아니하셨나이다.

기도는 두려운 날에 나를 지켜주는 가장 큰 무기입니다. "아뢰는 날에 내 원수들이 물러 가리니"의 의미를 생각해 봅니다. 이 고백은 묵상에서 나온 내용이 아니라 기도의 실행에서 나온 간증입니다.

오랜 전 음식을 잘못 먹었는지 급체가 되었던 적이 있습니다. 약국에서 소화제를 사서 먹었는데도 두통과 복통은 사라지지 않았습니다. 급기야는 가까운 병원에 가서 상황을 설명하니 의사가 주사를 한 대 놔주었습니다. 그런데 말입니다. 약국에서 약을 먹어도 지속되던 복통이 주사 바늘이 내 몸안으로 들어가는 순간 사라지는 것을 느꼈습니다. 희한한 일이었습니다. 당시에는 어떻게 그런 일이 일어날 수 있을까? 약국과 병원의 차이인가? 약과 주사의 차이인가? 이런 저런 생각을 하게 되었습니다. 복통이 사라졌으니 더 이상 생각해야 할 일이 없어졌지요.

오늘 이 말씀을 묵상하면서 그렇구나, 내가 나의 문제를 내려 놓고 하나님을 향해서 무릎을 꿇는 그 순간 나의 문제가 해결되는 것을 나는 왜 몰랐을까 라는 자책이 들었습니다. 기도가 만병통치라는 의미는 아닙니다. 누군가처럼 기도가 "즉문즉답"이라는 것도 아닙니다. 중요한 것은 내가 나의 문제를 하나님께 맡기는 태도를 의미합니다. 그리고 그 기도에 응답하실 것을 믿고 감사의 찬송을 하였다 라고 저자는 기록하고 있습니다. 하나님께서는 이러한 우리의 믿음의 마음을 좋아하십니다. 이는 기도의 요청과 응답으로 들어 주심의 의미보다는 그렇게 요청하는 권리를 가진 자와 그 요청을 들어 주시기를 즐겨 하시는 자와의 관계를 설명하고 있습니다.

이 관계는 일회성이나 상황에 따라서 들어주고, 들어주지 않고 하는 비즈니스의 관계가 아니라 무조건 들어 주시는 혈연의 관계를 나타내고 있습니다. 우리는 기도 할 때 자주 우리가 요청하는 우리 신분의 정당성을 망각합니다. 기도의 첫 시작은 이 요청할 수 있는 신분의 정당성에 있습니다. 그 분이 충분히 나의 요청을 들어 주실 수 있고 들어 주시기를 원하시는 나의 아버지인 것을 내가 알고 있다면 내가 왜 다른 곳에 가서 나의 필요를 구하겠습니까? 이러한 상황은 결코 일어나지 않는,

아니 일어나서는 안되는 상황입니다. 그러나 이런 일이 아이러니하게 나의 삶에서 일어납니다.

　이 아침에 내가 할 일은 나를 야곱아, 이스라엘아, 라고 부르시는 이의 음성을 기억하는 것 입니다. 그것은 학습이 아닌 본능입니다. 어린 아이가 엄마의 가슴을 파고드는 것을 어디서 배웠겠습니까? 본능적인 생존의 몸짓입니다. 그렇습니다. 나의 기도는 생존을 위한 본능입니다. 그것이 자연스럽습니다. 학습은 세상을 살아가기 위함입니다. 하지만 기도는 나의 영혼의 생존을 위함입니다. 내 생명을 사망에서 건지신 이를 내가 어떻게 잊겠습니까? 나의 엎드림은 그에 대한 감사의 제사입니다. 아멘!

시58편

¹ 통치자들아 너희가 정의를 말해야 하거늘 어찌 잠잠하냐 인자들아 너희가 올바르게 판결해야 하거늘 어찌 잠잠하냐 ² 아직도 너희가 중심에 악을 행하며 땅에서 너희 손으로 폭력을 달아 주는도다 ³ 악인은 모태에서부터 멀어졌음이여 나면서부터 곁길로 나아가 거짓을 말하는도다 ⁴ 그들의 독은 뱀의 독 같으며 그들은 귀를 막은 귀머거리 독사 같으니 ⁵ 술사의 홀리는 소리도 듣지 않고 능숙한 술객의 요술도 따르지 아니하는 독사로다 ⁶ 하나님이여 그들의 입에서 이를 꺾으소서 여호와여 젊은 사자의 어금니를 꺾어 내시며 ⁷ 그들이 급히 흐르는 물 같이 사라지게 하시며 겨누는 화살이 꺾임 같게 하시며 ⁸ 소멸하여 가는 달팽이 같게 하시며 만삭 되지 못하여 출생한 아이가 햇빛을 보지 못함 같게 하소서 ⁹ 가시나무 불이 가마를 뜨겁게 하기 전에 생나무든지 불 붙는 나무든지 강한 바람으로 휩쓸려가게 하소서 ¹⁰ 의인이 악인의 보복 당함을 보고 기뻐함이여 그의 발을 악인의 피에 씻으리로다 ¹¹ 그 때에 사람의 말이 진실로 갚음이 있고 진실로 땅에서 심판하시는 하나님이 계시다 하리로다

본문은 세상을 향해서 좌절을 경험한 사람의 고백입니다.
우리는 세상에서 좌절을 느낄 때가 언제입니까?
정의를 행해야 할 권력이 정의롭지 않을 때,
공정한 판결을 해야 할 법이 공정하지 않을 때,
평등의 사회적인 약속과 신념이 무너져 차별을 자행할 때,
자비와 긍휼을 베풀어야 할 지도자들이 누구보다 이기적일 때입니다.

교회에 대해서도 수많은 좌절을 경험합니다.

종교란 이름으로 독선을 행하고 종교적 폭력을 휘두를 때, 믿었던 목회자들의 추악한 죄악들이 드러날 때, 이것은 우리의 마지막 기대가 무너지는 때입니다.

세상에 대한 기대, 법에 대한 기대, 사람에 대한 기대, 교회에 대한 모든 기대가 한번에 무너지는 것을 경험하는 것은 참으로 가슴 아픈 고통입니다. 희망이 사라진 자리에 절망의 벼랑이 자리하고 있음을 느낍니다.

> 4 그들의 독은 뱀의 독 같으며 그들은 귀를 막은 귀머거리 독사 같으니 5 술사의 홀리는 소리도 듣지 않고 능숙한 술객의 요술도 따르지 아니하는 독사로다

특히 오늘의 본문에서는 정치하는 사람들의 이중성에 대하여 독한 말로 비판하고 있습니다. 그들은 자신이 속한 지역에서 표를 얻어야 하며, 그 주민들을 대표해서 일을 열심히 하겠다고 약속한 사람들입니다. 그러나 그들은 그 자리에 가면 더 이상 자신을 그 자리에 있게 한 사람들을 기억하지 않습니다. 뿐만 아니라 이들은 몹시 다루기가 어려운 사람들입니다. 상식에 훈련되지 않은 사람들입니다. 누구의 통제도 받지 않습니다. 술사의 피리 소리를 듣지 못하는 귀머거리 독사가 어찌 술사가 부는 피리의 곡조에 따라 춤을 추겠습니까? 술사의 기대를 따라 행동하지 않습니다. 더 이상 그 술사가 자신의 주인이 아닙니다. 주인이 없는 종과 같습니다. 얼마나 위험한 존재입니까? 그러한 존재들이 사람들 위에 군림하고 있으며, 사람들을 다스리고 있습니다. 이는 세상의 위험성입니다. 이러한 세상에서 더 이상 무엇을 기대할 수 있겠습니까? 하지만 사람들은 이러한 위험에 대한 불감증을 가지고 있으면서 너무도 태연하게 살아가고 있습니다.

세상의 마지막 기대는 하나님입니다. 그는 자비와 긍휼이시며, 공의

와 정의를 실행하시는 분이시기 때문입니다. 세상에서 악행을 일삼는 악인들조차도 자신이 불의를 경험 할 때는 하나님을 찾습니다. 악인들조차도 그들의 마지막 희망은 하나님인 것입니다. 그러나, 세상의 누구도 하나님의 살아계심을 삶으로 증명하거나 나타내지 않는다면 도대체 누가 하나님의 살아 계심을 느낄 수 있겠습니까? 그때는 사람들이 하나님에 대해 기대를 포기하고, 급기야는 하나님의 존재에 대해 깊은 회의를 가질 수밖에 없습니다.

본문의 저자인 다윗도 동일한 감정을 느꼈을 것입니다. 그가 하나님의 존재를 부인하지는 않았겠지만 악인들이 난무하는 세상을 징벌하지 않으시고, 세상의 불의를 묵과하시는 하나님의 뜻을 이해하기는 어려웠을 것입니다. 이 세상의 모습으로는 도저히 하나님께서 살아계셔서 이 땅을 통치하고 계신다는 사실을 인정하기가 어려웠을 것입니다. 다윗은 급한 마음으로 하나님을 향해 부르짖습니다.

> 6 하나님이여 그들의 입에서 이를 꺾으소서 여호와여 젊은 사자의 어금니를 꺾어 내시며 7 그들이 급히 흐르는 물 같이 사라지게 하시며 겨누는 화살이 꺾임 같게 하시며 8 소멸하여 가는 달팽이 같게 하시며 만삭 되지 못하여 출생한 아이가 햇빛을 보지 못함 같게 하소서 9 가시나무 불이 가마를 뜨겁게 하기 전에 생나무든지 불 붙는 나무든지 강한 바람으로 휩쓸려가게 하소서

하나님! 하나님! 당신의 살아계심을 나타내시옵소서. 당신의 살아계심이 이 땅의 유일한 소망이며, 희망입니다. 다윗의 기도는 그러한 절박한 심정을 가진 자의 외침입니다. 자신이 가지고 있는 세상의 모든 이치 중에 소멸되어 사라져가는 모습을 묘사하며, 그 중 어떤 것이든 악인의 마지막 모습이 되게 하소서. 악이 사라져 가는 모습이 되게 하소서라고 절규하고 있습니다. .

우리가 살고 있는 지금, 이 세상도 다윗이 살던 세상과 다름이 없는

세상입니다. 여전히 악이 세상을 지배하고 있고, 세상의 악에 대한 하나님의 공의는 더디게 나타나고 있습니다. 가끔은 정말 하나님께서 살아 계셔서 이 땅을 통치하심이 맞는가에 대한 원초적인 회의에 사로 잡힐 때도 있습니다. 그러나 누군가 저에게 이 땅의 악을 징벌하기 위하여 다윗과 같이 간절함으로 기도한 적이 있는지 묻는다면, 선뜻 그렇다고 대답하지 못합니다. 왜 그런가를 생각해 봅니다. 그것은 아마 그 악이 나에게 미치지 않는 한 나는 안전하다고 생각하고 있음이 분명합니다. 하나님께서 이 땅을 통치하신다고 두 번의 의심도 없이 믿고 있지만, 하나님의 통치가 이 땅에 나타나심에 대한 기대는 세상 사람들의 생각과 별반 다름이 없다는 것을 확인하게 됩니다. 부끄럽지만 이것은 너무나 이기적인 나의 실존적인 모습입니다. 내가 세상의 악을 겪을 때 갖는 감정과 그렇지 않을 때 갖는 감정이 너무나 다른 이중적인 모습을 봅니다. 나에게는 그 악이 나의 삶에 스쳐 지나는 그림자처럼 다가왔을 때, 나는 하나님에게 그 악을 제거해 주시기를 기도할 자격이 없어 보입니다.

이러한 나의 모습을 보편화 시키는 것은 아니지만, 우리는 근본적으로 세상을 위한 애통함이 없음을 인정해야 합니다. 내 문제가 아니면, 나에게 그 일이 닥치지 않으면 그런 일은 이 땅에 없는 것이며, 나는 그런 일을 들어 본 바도 없는 것입니다. 이렇게 철저한 이중성으로 무장한 인간이 "나"입니다. 다른 사람의 무자비함과 무정함과 이율배반적인 행동을 손가락질했던 역겨웠던 그 모습이 바로 나의 모습인데, 이런 나에게 이와 같은 승전가가 있겠습니까?

> [10] 의인이 악인의 보복 당함을 보고 기뻐함이여 그의 발을 악인의 피에 씻으리로다 [11] 그 때에 사람의 말이 진실로 갚음이 있고 진실로 땅에서 심판하시는 하나님이 계시다 하리로다

나의 실제의 모습을 생각하면, 다윗이 부른 이런 찬양과 승전가는 도

저히 귀에 담을 수 없는 사치임에 분명합니다. 죄악이 넘치는 세상을 향해서 단 한번의 눈물의 하소연으로 제사를 드리지 못한 무정한 나에게 이런 기쁨의 노래는 민망함 그 자체입니다. 그러나 하나님께서는 이런 우리의 민망함과 부끄러움을 개의치 않으시고, 그 찬양의 대열에 승전의 축전에 우리를 초대하십니다. 그리고 맘껏 승전의 노래를 부르게 하십니다. 마치 내가 그 주인공인 것 같이 너무나 당당하게 참여하게 하십니다. 심지어 혹시 내가 어색해 할까. 나의 뒤에서 나를 주목하고 계십니다. 그 때에 비로소 나는 하나님의 살아계심과 심판이 추상이 아닌 단순한 묘사가 아닌 실제의 사건임을 분명하게 깨닫게 됩니다. 이 땅에서 악의 모습이 어떨지라도 하나님께서는 그 악을 징벌하시고, 그 악으로 고통 받는 우리를 기꺼이 건져내시는 하나님이십니다. 진정한 우리의 소망은 그것입니다. 살아 계신 하나님을 찬송합니다. 아멘!

시61편

다윗의 시

1 하나님이여 나의 부르짖음을 들으시며 내 기도에 유의하소서 **2** 내 마음이 약해 질 때에 땅 끝에서부터 주께 부르짖으오리니 나보다 높은 바위에 나를 인도하소서 **3** 주는 나의 피난처시요 원수를 피하는 견고한 망대이심이니이다 **4** 내가 영원히 주의 장막에 머물며 내가 주의 날개 아래로 피하리이다 (셀라) **5** 주 하나님이여 주께서 나의 서원을 들으시고 주의 이름을 경외하는 자가 얻을 기업을 내게 주셨나이다 **6** 주께서 왕에게 장수하게 하사 그의 나이가 여러 대에 미치게 하시리 이다 **7** 그가 영원히 하나님 앞에서 거주하리니 인자와 진리를 예비하사 그를 보호하소서 **8** 그리하시면 내가 주의 이름을 영원히 찬양하며 매일 나의 서원을 이행하리이다.

1 하나님이여 나의 부르짖음을 들으시며 내 기도에 유의하소서

저자인 다윗은 자신의 기도에 간절함을 나타내고 있습니다. 시편이 시라는 문학적인 특성을 가지고 있기 때문에 운율을 살려서 기록한 것이 분명합니다. 그럼에도 불구하고 다윗이 하나님께 드리는 기도는 조금은 다르게 들립니다. 다윗이어서 그런가요? 다시 해석해 보면 "하나님 저의 기도를 그냥 듣지 마시고 저의 마음의 부르짖음에 귀 기울여 주시옵소서"라고 해석하는 것이 조금 나아 보입니다. 물론 하나님께서 다윗의 기도뿐만 아니라 우리의 기도에 분명 귀를 기울이셔서 듣고 계십

니다. 하지만 기도하는 자의 입장에서는 어떻게 하든 애절한 자신의 마음을 표현하고 있는 것입니다. 시편의 대부분의 기도가 그렇지만 이런 기도는 간절함을 더해 줍니다.

　기도에서 간절함이 없으면 어떻게 될까를 많이 생각해 봅니다. 기도는 "간절함"이 생명이고, 기도한다는 그 자체가 간절함의 발로라는 생각이 듭니다. 그냥 생각나는 것을 가지고 하나님께 나아가는 것이 아니라 생각하고 생각했는데, 이 말을 들으실 분은 하나님뿐이시다. 혹은 이 기도에 응답하실 분은 단 한 분 밖에 없다는 기대가 간절함의 기도로 나타난다는 생각이 듭니다. 다른 사람이 나의 말을 들어서 그렇게 실행해 준다면 굳이 기도가 필요하지 않을 것입니다.

　그래서 새벽기도나 기도원에서 부르짖는 기도가 개인뿐만 아니라 이 땅의 교회와 국가를 살려왔다고 생각합니다. 물론 주님께서 그의 섭리로 이 땅의 교회와 나라를 인도해 오셨다는 것을 분명하게 인정하면서 말입니다. 새벽기도에 오시는 분들은 날마다 사명감을 가지고 오는 사람도 있고, 자신에게 닥친 급한 불을 끄시려고 작정 기도를 하기 위해 오는 사람도 있습니다. 어떤 경우든지 그들의 간절함의 기도를 들으시고 해결해 주실 분이 하나님이심은 분명한 것입니다. 삶이든 신앙이든 공부든 간절함이 있다는 것은 내가 나에게 일어나는 모든 것을 잘 관리할 수 있다는 의미입니다. 간절함은 자신의 한계를 인정하고, 누군가의 도움이 절실히 필요한 심리상태를 표현하는 것입니다.

　다윗이 본문에서 "하나님! 나의 기도를 그냥 듣지 마시고 제발 경청해 주세요"라고 기도하는 이유는 이스라엘의 왕인 그에게도 해결하지 못하는 무엇인가 있기 때문입니다. 왕이 해결할 수 없는 문제는 무엇입니까? 당시의 절대군주인 다윗도 해결하지 못한 문제로 인해 고민하고, 마음 아파하고 하나님께 그 문제를 들고 나아가는데, 우리는 너무 안일한 것이 아닌가 생각됩니다. 교회를 지탱하던 새벽기도의 자리는 점점 줄어들고, 그 자리를 아무런 의미도 없는 형식적인 특새가 대신하고 있습니다. 이 특새가 새벽기도의 간절함을 행사로 이벤트로 전락시켜 버렸습니다. "새벽의 축제"가 사람들에게는 달콤한 단어일수는 있어도 성도의 간절하고도 가슴 절절한 기도를 듣기 원하시는 하나님께는 의미없이 울리는 꽹과리 소리로 들릴까 두렵습니다. 언제 하나님께서 새벽기도에 출석하는 인원으로 교회를 판단하셨습니까? 그런 면에서 지금의 기도원도 비슷한 상황입니다. 간절함을 외면한 공허한 메시지만이 메아리와 같이 되풀이 되고 있습니다. 한국교회가 기도의 간절함을 회복하고 신음하는 그때 하나님께서 이 땅의 교회의 회복을 허락하시는 때라는 생각이 듭니다.

> ² 내 마음이 약해 질 때에 땅 끝에서부터 주께 부르짖으오리니 나보다 높은 바위에 나를 인도하소서 ³ 주는 나의 피난처시요 원수를 피하는 견고한 망대이심이니이다 ⁴ 내가 영원히 주의 장막에 머물며 내가 주의 날개 아래로 피하리이다 (셀라)

다윗은 자신의 간절함을 낮은 마음으로 표현합니다. 하나님 앞에서 철저하게 자신을 낮추는 모습을 봅니다. 이것은 위선이 아닌 진심이어야 합니다. 다윗의 고백에서 그런 진심이 느껴집니다. "나의 심장의 박동이 희미해져 갈 때, 땅끝에서 주를 부르는 나의 소리를 들으시고 나보다 조금 높은 바위 위로 나를 올려주십시오." 왜요? 내가 조금이라도 높은 곳에서 주님을 바라보기를 원합니다. 내 인생의 가장 나약한 순간에 나의 오직 소원은 주님을 먼 곳에서라도 조금 더 잘 보이는 곳에서 뵙기를 원합니다. 이것이 다윗의 자신을 낮춘 고백입니다. 생명이 꺼져가는 끝자락에 자신의 인생의 마지막 기억을 찰나의 순간이라도 가질 수 있다면, 무엇을 원하겠는가? 아마 그 순간에 갖는 기억이 자신의 인생에서 가장 소중한 사람이 아닐까? 다윗은 그 순간에 조금이라도 높은 곳에서 주님을 볼 수 있는 장소를 선택한 것입니다.

최근에 우리나라 기독교역사에서 가장 존경을 받는 순교자 두 분의 기념관을 다녀왔습니다. 한 분은 주기철목사님이고, 다른 한 분은 손양원목사님 입니다. 마침 그 두 분의 기념관이 거리가 멀지 않은 곳에 위치하고 있어서 한번에 두 곳을 다 볼 수 있었습니다. 두 분의 생애에 대하여 사전지식이 어느 정도 있었지만 그곳을 방문하고 나오면서 두 분의 마음에 가지고 계셨던 예수사랑의 마음이 잘 가늠되지 않았습니다. 나와는 너무 먼 거리에 있는 것만 같았습니다. 같은 예수를 믿는데, 이렇게 다른 마음일까? 아무리 생각해도 그분들의 마음이 믿어지지 않는 것이 아니라 나의 마음이 이렇게 나약할 수 있는가를 다시 생각해 보게 됩니다. 다윗의 고백이 그렇습니다. 비현실적인 고백과 같이 느껴집니다. 그냥 한마디로 "나는 그렇게 못할 것 같아"라고 빨리 포기하는 것이 나을 것 같은 생각이 들어서 슬픕니다. 나의 상투적인 고백은 마치 성전에서 세리를 앞에 두고 비교하는 바리새인의 고백 같아서 부끄럽습니다.

> 5 주 하나님이여 주께서 나의 서원을 들으시고 주의 이름을 경외하는 자가 얻을 기업을 내게 주셨나이다 6 주께서 왕에게 장수하게 하사 그의 나이가 여러 대에 미치게 하시리 이다 7 그가 영원히 하나님 앞에서 거주하리니 인자와 진리를 예비하사 그를 보호하소서 8 그리하시면 내가 주의 이름을 영원히 찬양하며 매일 나의 서원을 이행하리이다.

다윗은 왕권에 관한 기도를 하고 있습니다. 어쩌면 자신의 연약함을 고백하며, 왕권에 대한 하나님의 자비와 긍휼을 구하고 있습니다. 이 고백이 다윗 자신에 대한 것인지, 자신 후대의 왕에 대한 고백인지는 알 수 없지만 하나님께 온전하게 자신과 왕권을 의탁하고 있습니다. 5-8절은 수미상관으로 이루어지고 있습니다. 5절에서 "나의 서원을 들으시고" 8절에서는 "매일 나의 서원을 이행하리이다"로 기도를 끝내고 있습니다. 그렇다면 5절의 시작과 8절의 끝나는 부분 이전에 다윗이 하나님께 구하는 기도의 내용이 되며, 서원을 실행하는 이유가 됩니다. 그 내용은 한가지로 모아집니다. 왕권은 전적으로 하나님의 섭리 아래 있다는 고백입니다. 세상에서 가장 힘든 것이 자신이 가진 권력을 내려 놓는 것이라고 합니다. 다윗은 자신이 가진 왕권의 원천이 어디인지를 정확하게 이해했습니다. 그리고 그의 섭리에 의해서 다스려 지기를 원했습니다. 이것이 청지기적 태도가 아니겠습니까? 하나님의 백성으로 칭했던 이스라엘과 유대의 왕들 중에서 그 누구도 다윗과 같은 서원을 하고 그 서원대로 자신의 의무를 충실하게 이행한 왕이 없었습니다. 그렇다고 좋은 왕이 없었다는 것은 아닙니다. 자신이 가지고 있는 왕권을 하나님의 것으로 인정한다는 것은 자신은 왕이 아니고 진정한 왕이신 하나님의 심부름꾼인 것을 고백하는 것입니다. 수많은 권력자들이 선거 때만 되면 "나는 국민의 종입니다."라고 고백합니다. 하지만 선거가 끝나면 그들은 국민의 왕으로 군림합니다. 우리가 그것을 알기에 절대권력자인 다윗의 고백을 쉽게 받아들이기 어려운 것입니다. 우리가 결코 할 수 없기 때문입니다. 우리는 하나님 앞에 겸손한 왕을 기대합니다. 아니 겸손한 사역자를 기대합니다. 자신이 하나님의 종인 것을 서원하고 그 서원을 날마다 이행하는 사역자를 찾고 있습니다. 사역자는 많은데, 그런 마음을 가진 사역자는 보기가 어렵습니다. 최소한 처음 사역자가 될 때 서원했던 만큼만이라도 이행하는 사역자를 보내주시옵소서. 하나님, 그런 종 된 마음을 가진 사역자를 주시옵소서. 아멘!

시 62편 1-12절

다윗의 시

¹ 나의 영혼이 잠잠히 하나님만 바람이여 나의 구원이 그에게서 나오는도다 ² 오직 그만이 나의 반석이시요 나의 구원이시요 나의 요새이시니 내가 크게 흔들리지 아니하리로다 ³ 넘어지는 담과 흔들리는 울타리 같이 사람을 죽이려고 너희가 일제히 공격하기를 언제까지 하려느냐 ⁴ 그들이 그를 그의 높은 자리에서 떨어뜨리기만 꾀하고 거짓을 즐겨 하니 입으로는 축복이요 속으로는 저주로다 (셀라) ⁵ 나의 영혼아 잠잠히 하나님만 바라라 무릇 나의 소망이 그로부터 나오는도다 ⁶ 오직 그만이 나의 반석이시요 나의 구원이시요 나의 요새이시니 내가 흔들리지 아니하리로다 ⁷ 나의 구원과 영광이 하나님께 있음이여 내 힘의 반석과 피난처도 하나님께 있도다 ⁸ 백성들아 시시로 그를 의지하고 그의 앞에 마음을 토하라 하나님은 우리의 피난처시로다 (셀라) ⁹ 아, 슬프도다 사람은 입김이며 인생도 속임수이니 저울에 달면 그들은 입김보다 가벼우리로다 ¹⁰ 포악을 의지하지 말며 탈취한 것으로 허망하여지지 말며 재물이 늘어도 거기에 마음을 두지 말지어다 ¹¹ 하나님이 한두 번 하신 말씀을 내가 들었나니 권능은 하나님께 속하였다 하셨도다 ¹² 주여 인자함은 주께 속하오니 주께서 각 사람이 행한 대로 갚으심이니이다

오늘 본문은 우리에게 익숙한 찬양입니다. 이 찬양은 우리를 집중하게 만듭니다. 구원자이신 하나님, 나, 그리고 거짓을 꾀하는 악인을 생각해 봅니다. 많은 생각이 듭니다. 하나님에 대한 깊은 신뢰와 악인의

말할수록 없는 비열함, 너무나 가벼운 인간 아니 나의 존재감 그리고 인간 행위의 무가치함입니다.

현재 우리가 처한 상황을 생각하니, 한 단어, 단어가 더욱 절절하게 마음에 다가옵니다. 참으로 견고해 보이던 담이 어느 날 밑동 썩은 나무처럼 맥없이 쓰러지는 것을 볼 때의 허무함, 입으로 할 수 있는 온갖 아첨의 말을 얼굴색 하나 변함없이 저주로 바꿀 때 겪는 당혹감, 너무나 고매한 인격으로 감히 범접할 수 없었던 자의 뒷면에서 상상할 수 없는 악취가 넘쳐나는 것을 볼 때, 사람을 신뢰했던 어리석음에 대한 통한이 손톱 밑의 가시처럼 온 신경을 날카롭게 만들고 있는 것을 느낍니다.

인간을 신뢰함에 대한 대가는 허무의 끝자락을 붙잡고 있는 자신을 발견한 절망감입니다. "아, 슬프도다 사람은 입김이며 인생도 속임수이니 저울에 달면 그들은 입김보다 가벼우리로다." 시편기자의 고백이 한치도 틀림이 없음을 확인하는 것은 차라리 희망입니다. 내가 사람을 의지할 어떤 이유도 발견 할 수 없는 절망이 나를 "나의 영혼이 잠잠히 하나님만 바람이여"하고 고백한 다윗의 심정을 스쳐가는 바람이 닿는 찰나의 시간 만큼이라도 느낄 수 있음은 행복입니다. 그로 인해 나의 삶의 시선을 바꿀 수 있기 때문입니다. 내가 순간이라도 마음을 빼앗겼던 세상의 것들이 나를 실망하게 하지만 그래도 그 자리에서라도 이 땅의 허무를 깨닫고 나의 걸음을 멈출 수 있음은 은혜입니다.

> [11] 하나님이 한두 번 하신 말씀을 내가 들었나니 권능은 하나님께 속하였다 하셨도다
> [12] 주여 인자함은 주께 속하오니 주께서 각 사람이 행한 대로 갚으심이니이다

지나치듯 들린 말씀을 기억합니다. 그 기억이 나에게 임한 하나님의 은혜입니다. 내 마음이 세상의 부요함에 취해 있을 때에는 들리지 않았습니다. 내가 들어야 할 말보다 황홀한 입술의 달콤함에 나의 마음을 빼앗겼기 때문입니다. 세상에 대한 기대는 욕망의 중독입니다. 우리가 가

지고 있는 세상에 대한 욕망은 풍선처럼 부풀려 진 것이 아니라 차곡차곡 켜켜이 쌓여져 안을 들여다 볼 수 없는 단층과 같은 것입니다. 그래서 경건하다고 불리워지는 사람이라고 할지라도 자신이 가지고 있는 세상에 대한 욕망을 잘 이해하지 못합니다. 사람들은 자신의 욕망의 크기를 소박함으로 이해하고 표현합니다. 소시민적 기대로 포장합니다. 그래서 자신의 욕망에 대한 죄의식이 없습니다. 그러나 그것은 자신을 너무 모르기 때문입니다.

에덴의 반역은 그 과일의 맛을 알고 싶은 인간의 소박한(?) 바램이었습니다. 그들은 그렇게 이해했을 것입니다. 그들은 자신들이 하나님과 맺었던 약속의 의미를 미쳐 깨닫지 못했다고 생각했을 것입니다. 그러나 그것은 자신들의 진심을 가린 속임수였습니다. 우리는 자신을 속이는 죄의 실체를 이해하지 못합니다. 내가 나를 속인다는 사실을 믿을 수 없습니다. 하지만 그러한 신념이 타락한 자신에 대한 진정한 이해를 방해합니다. 나를 가장 잘 속이는 자는 다름 아닌 나 자신입니다.

욕망은 무엇인가 빨리 이루고 싶은 마음을 부추기는 바람입니다. 세상 사람들에게 나를 과시하고 싶어하는 유아기적 미성숙함의 발로입니다. 바람 부는 날 떠오른 오색의 애드벌룬이 제멋대로 허공을 떠 나르는 것처럼 불안한 풍경입니다.

세상의 소리에 가득 찬 나의 귓전에 들린 "권능은 하나님께 속하였다"는 음성은 땅이 아닌 하늘의 소리입니다. 하늘의 소리는 나의 귓전에서만 맴돌지 않고, 나의 혈관을 타고 나의 몸의 구석 구석에서 세상에 찌던 나의 생각을 touch했습니다. 흙탕물에 한줄기 신선한 물 줄기가 가해지듯, 나의 혈관에 전혀 다른 피가 조금씩 조금씩 차오름을 느낍니다. 나의 눈이 맑아짐을 느낍니다. 이는 새로운 것이 보이기 때문일 것입니다. 매일 반복되는 일상에서 달리 새로울 것이 무엇이 있겠습니까? 그러나 달리 보임은 눈이 아니라 마음일 것 입니다. 마음으로 읽혀지는 세상이 눈에 들어온 것 입니다. 나의 귀를 사로잡은 짧은 한마디 말에 나의 걸음의 방향이 바뀐 것은 나의 삶의 숙제가 풀린 것 입니다. 내 안에 켜켜이 쌓였던 세상의 욕망들이 흐물흐물 풀리는 것을 봅니다.

그것이 하나님께 속한자에게 임한 그의 능력입니다. 그 능력을 이해할 수 있는 것은 그 능력에 속한 신비입니다. 세상에서 배웠던 지식으로 도저히 풀 수 없고 이해할 수 없는 능력, 그것도 땅에 속해있지 않은 하늘에 속한 것이기 때문에 누구나 경험할 수 없는 것이기에 신비입니다.

이 아침에 주신 하늘의 능력에 속한 신비의 은혜를 가만히 붙잡고 오랫동안 있고 싶습니다. 아멘!

시63편

다윗의 시

¹ 하나님이여 주는 나의 하나님이시라 내가 간절히 주를 찾되 물이 없어 마르고 황폐한 땅에서 내 영혼이 주를 갈망하며 내 육체가 주를 앙모하나이다 ² 내가 주의 권능과 영광을 보기 위하여 이와 같이 성소에서 주를 바라보았나이다 ³ 주의 인자하심이 생명보다 나으므로 내 입술이 주를 찬양할 것이라 ⁴ 이러므로 나의 평생에 주를 송축하며 주의 이름으로 말미암아 나의 손을 들리이다 ⁵ 골수와 기름진 것을 먹음과 같이 나의 영혼이 만족할 것이라 나의 입이 기쁜 입술로 주를 찬송하되 ⁶ 내가 나의 침상에서 주를 기억하며 새벽에 주의 말씀을 작은 소리로 읊조릴 때에 하오리니 ⁷ 주는 나의 도움이 되셨음이라 내가 주의 날개 그늘에서 즐겁게 부르리이다 ⁸ 나의 영혼이 주를 가까이 따르니 주의 오른손이 나를 붙드시거니와 ⁹ 나의 영혼을 찾아 멸하려 하는 그들은 땅 깊은 곳에 들어가며 ¹⁰ 칼의 세력에 넘겨져 승냥이의 먹이가 되리이다 ¹¹ 왕은 하나님을 즐거워하리니 주께 맹세한 자마다 자랑할 것이나 거짓말하는 자의 입은 막히리로다

이 시는 "다윗의 시, 유다 광야에 있을 때에"라는 표제가 붙어있습니다. 그 말의 의미를 다윗의 인생을 성경을 통해서 조금이라도 아는 사람들은 다 알고 있습니다.

원인도 모르고 사울에게 쫓기던 시간들, 자신의 목숨을 하루 동안도 담보 할 수 없었던 불안의 순간들, 시시각각으로 변화하는 상황에서 그

것을 이겨내야 한다는 긴장감, 혼자라도 힘든 상황에 죽기를 각오하고 자신을 따라온 많은 사람들의 신변을 지켜야 하는 책임감, 하나님의 기름 부어 세운 자를 자신의 손으로 해할 수 없다는 하나님에 대한 경외감, 이 모든 것들을 양 어깨에 지고 하루 하루를 버텨야 했던 참혹한 암흑의 시간에 대한 회상이었습니다. 그때 다윗이 바라보았던 단 한 분, 그분은 바로 하나님이었습니다.

> [1] 하나님이여 주는 나의 하나님이시라 내가 간절히 주를 찾되 물이 없어 마르고 황폐한 땅에서 내 영혼이 주를 갈망하며 내 육체가 주를 앙모하나이다

    누구에게나 정도의 차이는 있지만 다윗이 겪었던 것과 같은 어려운 시간이 있습니다. 상황은 나빠져 가는데 해결책은 보이지 않고, 그래도 이 사람은이라고 생각하고 가졌던 마지막 신뢰도 무너진 지 오래입니다. 더 이상 그들을 향해 기대를 갖는 것은 내 안에 있는 불신을 키우는 것이며, 배신으로 인해 생긴 생채기에 소금으로 문질러는 것과 같이 고통을 더 할 뿐입니다.

    더욱 힘들었던 것은 배신에 대한 분노가 쉽게 가라앉지 않는 것입니다. 내가 자기에게 어떻게 했는데, 사람이라면 나에게 이렇게 할 수 있나 라는 생각을 수없이 되뇌었지만, 그것은 현실이었고, 나에게 닥친 혹독한 현실이 점점 무게를 더해 옴을 느낄 때, 생각 할수록 더 커지는 사람에 대한 분노는 정상적인 이성을 불 살라 버린 지 이미 오래되었습니다. 다시는, 다시는 이라고 말을 반복하지만 그 말은 더 이상 그들에게는 의미가 없는 허공의 메아리 였습니다. 그리고 계속해서 겨울날 바짝 마른 논둑에 붙은 불이 거침없이 번져가듯이 감정에 붙은 분노의 불길은 점점 커져만 갑니다.

    Hopeless…… Helpless….

누렇던 논 둑이 까만 재가 되어 더 탈 것 조차 없는 흑암과 같은 논바닥에서 누군가 감추어 두었다가 슬그머니 내 놓은 듯 어른거리듯 비추어진 초록의 생명은 치유될 수 없는 상한 마음에 얹혀진 주권자에 대한 아련한 기억이 있었습니다. 잊혔고 버려진 것 같았던 그 기억을 보다 분명하게 잡으려고 몸부림치는 시간이 있었습니다. 그 기억 외에는 아무 것도 내 것이 아니었기에 그것을 붙잡으려 수없이 허공을 가르던 시간이 있었습니다. 이러한 몸부림도 소유에 대한 본능인가 나 자신을 향하여 시니컬한 시선을 보내던 그 순간을 통해 실 같이 가느다란 빛이 나에게 다가오는 것을 느꼈을 느꼈습니다. 그것은 작고 가늘었지만 한번도 본적이 없는 강력한 힘을 가지고 있었습니다. 그 순간은 마치 일출의 찬란함을 나 혼자만 보고 있는 것 같은 벅찬 감격이었습니다.

참았던 갈증이 온 몸 마디 마디에 전해 오는 것을 느꼈습니다. 하지만 물을 향해 한 발도 내디딜 수 없는 무력함이 온 몸을 무겁게 짓 눌렀습니다. 해결책은 없었습니다. 내가 생각했던 해결책은 온통 하얀 생각속에 묻혔습니다. 나 스스로 할 수 있는 것이 하나도 없었습니다. 그런 나에게 가뭄으로 갈라진 논에 한 길 물줄기가 논의 갈라진 길을 따라서 빠르게 들어오며 일으키는 마른 흙 먼지를 따라오는 물방울로 적시며 가라앉히는 느낌은 무엇인지 알 수 없었습니다. 발바닥부터 차오르는 물이 나의 마른 뼈를 태우던 분노의 불길에 찬물을 끼얹었습니다. 지금의 하늘은 멍한 눈길로 바라본 어제의 하늘이 아니었습니다. 찾지 못하는 나를 향해 걸음을 하신 주님께서 나의 입술에 그의 적신 손을 대실 때 나의 갈증은 사라졌습니다.

² 내가 주의 권능과 영광을 보기 위하여 이와 같이 성소에서 주를 바라보았나이다 ³ 주의 인자하심이 생명보다 나으므로 내 입술이 주를 찬양할 것이라

⁵ 나의 입이 기쁜 입술로 주를 찬송하되 ⁶ 내가 나의 침상에서 주를 기억하며 새벽에

주의 말씀을 작은 소리로 읊조릴 때에 하오리니 ⁷ 주는 나의 도움이 되셨음이라. 내가 주의 날개 그늘에서 즐겁게 부르리이다.

　이 찬양의 의미를 이제 깨달았음은 주의 성소를 바라보며 기쁜 입술로 찬양하는 것이 나의 일상이 되었기 때문입니다. 낮에는 성소를 사모하며, 밤에는 침상에서 주를 기억하며, 새벽에는 어둠을 깨우는 작은 소리로 주를 찬송함이라. 나의 도움이신 주를 찬송합니다.
　나의 분노의 날을 기억함은 오히려 축복입니다. 그 날의 목 마름이 영혼에 샘솟는 생수의 의미를 느낄 수 있게 하였으며, 그 날에 뼈를 태우는 분노 가운데 임하셔서 베푸신 그 분의 자비의 물방울이 나를 적시는 것을 깨달았습니다. 물 한방울, 내 영혼에 떨어지는 그 물 한방울의 소리가 마치 천둥의 소리보다 더 크게 들린 것은 그 물 한방울에 나의 온 신경을 쏟았기 때문입니다. 누군가 부르는 찬양의 소리가 이 땅에서 들려짐은 내가 누리는 주의 말할 수 없는 은혜인 것을 고백합니다. 주님! 주께서 나에게 찬양의 기쁨과 이유를 주셨습니다. 세상의 노래에 길들여진 나에게 하나님을 향한 찬양이 매 순간 드리는 나의 삶이요 기도입니다.

⁷ 내가 주의 날개 그늘에서 즐겁게 부르리이다⁸ 나의 영혼이 주를 가까이 따르니 주의 오른손이 나를 붙드시거니와 ⁹ 나의 영혼을 찾아 멸하려 하는 그들은 땅 깊은 곳에 들어가며 ¹⁰ 칼의 세력에 넘겨져 승냥이의 먹이가 되리이다 ¹¹ 왕은 하나님을 즐거워하리니 주께 맹세한 자마다 자랑할 것이나 거짓말하는 자의 입은 막히리로다

　인생에서 기대하지 않았던 순간은 지금과 같은 것 입니다. 내가 어떤 공적이 있어 주의 자녀가 되는 축복을 누리겠습니까? 세상의 기준으로 삶을 평가하지 않으시는 주님의 은혜와 긍휼이 연약한 나를 이 자리에 서게 했습니다. 주의 날개 아래 있음의 기쁨이 내가 세상에서 누리

고, 누리길 원했던 어떤 기쁨 보다 큰 것임을 깨닫고 있습니다. 그것은 단순한 기쁨 그 이상의 감정이며, 나의 실존의 모든 영역이 그 안에 있습니다. 마른 광야 길에서도 나 만을 덮으시는 한 조각 주의 구름의 은혜가 나를 지키심이며, 차디찬 밤의 기운이 뼈 속까지 차오는 한기를 느낄 때, 불현듯 다가오는 불기둥의 따스함이 나의 체온을 지키기에 충분함을 나는 믿습니다. 바라기는 그를 향한 이 고백이 나의 삶의 온 여정을 통해서 되풀이 되기를 기도합니다. 아멘!

시68편

다윗의 시

¹ 하나님이 일어나시니 원수들은 흩어지며 주를 미워하는 자들은 주 앞에서 도망하리이다 ² 연기가 불려 가듯이 그들을 몰아내소서 불 앞에서 밀이 녹음 같이 악인이 하나님 앞에서 망하게 하소서 ³ 의인은 기뻐하여 하나님 앞에서 뛰놀며 기뻐하고 즐거워할지어다 ⁴ 하나님께 노래하며 그의 이름을 찬양하라 하늘을 타고 광야에 행하시던 이를 위하여 대로를 수축하라 그의 이름은 여호와이시니 그의 앞에서 뛰놀지어다 ⁵ 그의 거룩한 처소에 계신 하나님은 고아의 아버지시며 과부의 재판장이시라 ⁶ 하나님이 고독한 자들은 가족과 함께 살게 하시며 갇힌 자들은 이끌어 내사 형통하게 하시느니라 오직 거역하는 자들의 거처는 메마른 땅이로다 ⁷ 하나님이여 주의 백성 앞에서 앞서 나가사 광야에서 행진하셨을 때에 (셀라) ⁸ 땅이 진동하며 하늘이 하나님 앞에서 떨어지며 저 시내 산도 하나님 곧 이스라엘의 하나님 앞에서 진동하였나이다 하나님이여 주께서 흡족한 비를 보내사 주의 기업이 곤핍할 때에 주께서 그것을 견고하게 하셨고 ¹⁰ 주의 회중을 그 가운데에 살게 하셨나이다 하나님이여 주께서 가난한 자를 위하여 주의 은택을 준비하셨나이다 ¹¹ 주께서 말씀을 주시니 소식을 공포하는 여자들은 큰 무리라 ¹² 여러 군대의 왕들이 도망하고 도망하니 집에 있던 여자들도 탈취물을 나누도다 ¹³ 너희가 양 우리에 누울 때에는 그 날개를 은으로 입히고 그 깃을 황금으로 입힌 비둘기 같도다 ¹⁴ 전능하신 이가 왕들을 그 중에서 흩으실 때에는 살몬에 눈이 날림 같도다 ¹⁵ 바산의 산은 하나님의 산임이여 바산의 산은 높은 산이로다 ¹⁶ 너희 높은 산들아 어찌하여 하나님이 계시려 하는 산을 시기하여 보느냐 진실로 여호와께서 이 산에 영원히 계시리로다 ¹⁷ 하나님의 병거는 천천이요 만만이라 주께서 그 중에 계심이 시

내 산 성소에 계심 같도다 ¹⁸ 주께서 높은 곳으로 오르시며 사로잡은 자들을 취하시고 선물들을 사람들에게서 받으시며 반역자들로부터도 받으시니 여호와 하나님이 그들과 함께 계시기 때문이로다 ¹⁹ 날마다 우리 짐을 지시는 주 곧 우리의 구원이신 하나님을 찬송할지로다 (셀라) ²⁰ 하나님은 우리에게 구원의 하나님이시라 사망에서 벗어남은 주 여호와로 말미암거니와 ²¹ 그의 원수들의 머리 곧 죄를 짓고 다니는 자의 정수리는 하나님이 쳐서 깨뜨리시리로다 ²² 주께서 말씀하시기를 내가 그들을 바산에서 돌아오게 하며 바다 깊은 곳에서 도로 나오게 하고 ²³ 네가 그들을 심히 치고 그들의 피에 네 발을 잠그게 하며 네 집의 개의 혀로 네 원수들에게서 제 분깃을 얻게 하리라 하시도다 ²⁴ 하나님이여 그들이 주께서 행차하심을 보았으니 곧 나의 하나님, 나의 왕이 성소로 행차하시는 것이라 ²⁵ 소고 치는 처녀들 중에서 노래 부르는 자들은 앞서고 악기를 연주하는 자들은 뒤따르나이다 ²⁶ 이스라엘의 근원에서 나온 너희여 대회 중에 하나님 곧 주를 송축할지어다 ²⁷ 거기에는 그들을 주관하는 작은 베냐민과 유다의 고관과 그들의 무리와 스불론의 고관과 납달리의 고관이 있도다 ²⁸ 네 하나님이 너의 힘을 명령하셨도다 하나님이여 우리를 위하여 행하신 것을 견고하게 하소서 ²⁹ 예루살렘에 있는 주의 전을 위하여 왕들이 주께 예물을 드리리이다 ³⁰ 갈밭의 들짐승과 수소의 무리와 만민의 송아지를 꾸짖으시고 은 조각을 발 아래에 밟으소서 그가 전쟁을 즐기는 백성을 흩으셨도다 ³¹ 고관들은 애굽에서 나오고 구스인은 하나님을 향하여 그 손을 신속히 들리로다 ³² 땅의 왕국들아 하나님께 노래하고 주께 찬송할지어다 (셀라) ³³ 옛적 하늘들의 하늘을 타신 자에게 찬송하라 주께서 그 소리를 내시니 웅장한 소리로다 ³⁴ 너희는 하나님께 능력을 돌릴지어다 그의 위엄이 이스라엘 위에 있고 그의 능력이 구름 속에 있도다 ³⁵ 하나님이여 위엄을 성소에서 나타내시나이다 이스라엘의 하나님은 그의 백성에게 힘과 능력을 주시나니 하나님을 찬송할지어다

"날마다 우리 짐을 지시는 주 곧 우리의 구원이신 하나님을 찬송 할 지로다" (셀라)

오늘 본문은 우리의 삶의 모든 영역에서 우리와 함께하시며, 구체적으로 은혜를 베푸시는 하나님을 묘사하고 찬양하고 있습니다. 개인적인 영역, 사회적인 영역, 국가적인 영역 모두를 담고 있습니다. 그렇습니다.

하나님의 통치는 우리의 삶의 한 부분에 머물지 않고 모든 영역에서, 추상적이 아닌 실제적인 내용으로 우리에게 영향을 줍니다. 많은 그리스도인들이 범하는 가장 쉬운 잘못, 죄라고 말해도 무방합니다. 자신의 삶에서 하나님의 통치 영역을 제한하는 일입니다. 이러한 잘못은 결국은 내가 하나님을 믿지만 나의 삶에서 하나님의 영향력을 축소시키고, 급기야는 하나님을 나의 삶과 무관한 분으로 생각하는 것으로 발전합니다.

스바냐 1장 12절

그 때에 내가 예루살렘에서 찌꺼기 같이 가라앉아서 마음속에 스스로 이르기를 여호와께서는 복도 내리지 아니하시며 화도 내리지 아니하시리라 하는 자를 등불로 두루 찾아 벌하리니

스바냐는 유다의 가장 악독한 왕 므낫세와 가장 개혁적인 왕인 요시아 시대를 관통하며 사역을 한 선지자입니다. 스바냐가 하나님께 심판을 받을 대상 중에 위에서 언급한 "하나님은 복도, 화도 내리지 않는 분이다"라고 하는 사람들을 등불을 들고 다니며 찾아서 심판하시겠다고 선포합니다. 이는 하나님께서 살아계심을 인정하지만 자신의 삶의 영역과는 무관하다고 생각하는 사람들에 대한 심판입니다. "God is there" 즉 하나님을 그냥 그곳에 계시는 분으로 생각하는 것입니다. 하나님께서는 이것을 매우 큰 죄라고 규정하십니다.

오늘 본문에서 시편 저자인 다윗은 자신이 경험한 모든 영역에서 통치하시는 하나님을 언급하고 있습니다. 다윗은 자신의 조상들의 삶에

서 함께하셨던 하나님, 광야에서 그들을 인도하시고 도우셨던 하나님을 언급하고 있습니다. 뿐만 아니라 자신이 겪은 수많은 상황 가운데서 여전히 왕으로 군림하셨던 하나님을 찬양하고 있습니다. 그것은 실제의 삶에서, 세세한 삶의 모든 환경에서 하나님께서 간섭하시고, 섭리하셨던 것을 인정하는 것입니다. 다윗은 소리 높여 하나님께서 우리와 함께하시는 것을 이해하고, 인정하고, 의뢰하는 것이 우리가 해야 할 일이라고 말하고 있습니다.

우리의 삶의 모습들을 보면, 일상에서 일어나는 사소한 감정들, 자신에 대한 무력감, 부모에 대한 원망과 자녀에 대한 서운함, 주변 상황에 대한 안타까움, 미래에 대한 불안과 막막함 등 우리의 주변에서 일어나는 많은 일들에 대한 반응과 또한 아직 일어나지 않은 일들에 대한 막연한 불안감이 있습니다. 하지만 내가 스스로 아무것도 해결할 수 없는 자신의 무능력함에 대한 분노, 익숙한 공동체에서 조차도 자신이 마음이 잘 전달되지 않는 실망감, 더 가까워지지 않는 배우자와의 관계, 나와는 너무나도 달라서 어떻게 해 볼 수 없는 자녀와의 거리감 등 이루 말할 수 없는 수많은 일상의 일들이 해결되지 않은 채 우리의 어깨 위에 있습니다. 이것들이 때로는 고통스럽고, 때로는 망각되고, 때로는 의도적으로 무시하지만 때가 되면 화살이 되어 날아와 가슴에 꽂히고, 송곳이 되어 폐부까지 고통스럽게 합니다.

이것이 우리의 일상이지만 이제는 감정이 무디어져서 어느 것이 어디까지인지 잘 구별되지 않습니다. 이것들을 해결하기 위하여 몸부림치며 기도하던 시간조차도 기억에서 분명하지 않습니다. 가끔 그때 그때 생각나는 대로 중얼거릴 뿐입니다. 그리고 그 중얼거림 조차도 기억의 뒤편에 자리하고 있습니다. 정신이 들면, 인간의 삶이 이렇게 곤비한 것인가 라는 생각에 좌절합니다.

문제를 풀다 포기한 채 살아가는 인생이 비단 나만은 아닐 것이라는 생각이 나를 위로하는 유일한 위로입니다. 때때로 이러한 문제들을 나

혼자 씨름하다 자신을 포기하고, 하나님도 포기하고 그냥 주어지는 대로 살아가는 것이 혹시 나의 모습은 아닌지 두려워집니다.

> **마11:28**
> 수고하고 무거운 짐 진 자들아 다 내게로 오라 내가 너희를 쉬게 하리라

삶에 지친 자들아, 생활이 힘든 사람들아 이리로 오라 내가 너의 짐을 대신 지어주고, 지친 너희에게 생의 활력을 주겠다는 우리 주님의 부르심이 있었습니다. 그의 앞으로 나아가자. 돌아보면 그 분은 한번도 나를 실망시키지 않으셨습니다. 나의 삶에서 부딪치는 각각의 문제들을 하나씩 고백하자. 마치 어린아이가 엄마에게 고자질하듯. 작은 손가락을 꼽아가며 확인하는 어린 아들의 모습으로 돌아가자. 그 모습을 웃음으로 쳐다보시는 엄마의 마음이 우리를 향한 하나님의 마음이십니다. 하나님의 마음과 상관없이 열심히 그를 향해 무엇인가를 말하고 싶어하는 어린 아이로 돌아가자. 나의 앞에 있는 이가 얼마나 크신 분인지 알지 못하지만, 주저함 없이 일단 그에게로 나아가자. 그가 자기에게 오는 자에게 주시겠다고 약속하신 그 약속을 믿어보자. 경험상 말이 안 되는 일이지만 경험하지 않았던 그 일을 한 번 시도해 보자. 의심 반 믿음 반인 나의 마음을 그 분은 주저없이 받아주셨습니다. 주께 감사하세! 그는 선하시며, 인자하심이 영원함이로다. 아멘!

시73편

아삽의 시

¹ 하나님이 참으로 이스라엘 중 마음이 정결한 자에게 선을 행하시나 ² 나는 거의 넘어질 뻔하였고 나의 걸음이 미끄러질 뻔하였으니 ³ 이는 내가 악인의 형통함을 보고 오만한 자를 질투하였음이로다 ⁴ 그들은 죽을 때에도 고통이 없고 그 힘이 강건하며 ⁵ 사람들이 당하는 고난이 그들에게는 없고 사람들이 당하는 재앙도 그들에게는 없나니 ⁶ 그러므로 교만이 그들의 목걸이요 강포가 그들의 옷이며 ⁷ 살찜으로 그들의 눈이 솟아나며 그들의 소득은 마음의 소원보다 많으며 ⁸ 그들은 능욕하며 악하게 말하며 높은 데서 거만하게 말하며 ⁹ 그들의 입은 하늘에 두고 그들의 혀는 땅에 두루 다니도다 ¹⁰ 그러므로 그의 백성이 이리로 돌아와서 잔에 가득한 물을 다 마시며 ¹¹ 말하기를 하나님이 어찌 알랴 지존자에게 지식이 있으랴 하는도다 ¹² 볼지어다 이들은 악인이라도 항상 평안하고 재물은 더욱 불어나도다 ¹³ 내가 내 마음을 깨끗하게 하며 내 손을 씻어 무죄하다 한 것이 실로 헛되도다 ¹⁴ 나는 종일 재난을 당하며 아침마다 징벌을 받았도다 ¹⁵ 내가 만일 스스로 이르기를 내가 그들처럼 말하리라 하였더라면 나는 주의 아들들의 세대에 대하여 악행을 행하였으리이다 ¹⁶ 내가 어찌면 이를 알까 하여 생각한즉 그것이 내게 심한 고통이 되었더니 ¹⁷ 하나님의 성소에 들어갈 때에야 그들의 종말을 내가 깨달았나이다 ¹⁸ 주께서 참으로 그들을 미끄러운 곳에 두시며 파멸에 던지시니 ¹⁹ 그들이 어찌하여 그리 갑자기 황폐되었는가 놀랄 정도로 그들은 전멸하였나이다 ²⁰ 주여 사람이 깬 후에는 꿈을 무시함 같이 주께서 깨신 후에는 그들의 형상을 멸시하시리이다 ²¹ 내 마음이 산란하며 내 양심이 찔렸나이다 ²² 내가 이같이 우매 무지함으로 주 앞에 짐승이오나 ²³ 내가 항상 주와 함께 하니 주께서 내 오른손을 붙드셨나이다 ²⁴

주의 교훈으로 나를 인도하시고 후에는 영광으로 나를 영접하시리니 [25] 하늘에서는 주 외에 누가 내게 있으리요 땅에서는 주 밖에 내가 사모할 이 없나이다 [26] 내 육체와 마음은 쇠약하나 하나님은 내 마음의 반석이시요 영원한 분깃이시라 [27] 무릇 주를 멀리 하는 자는 망하리니 음녀 같이 주를 떠난 자를 주께서 다 멸하셨나이다 [28] 하나님께 가까이 함이 내게 복이라 내가 주 여호와를 나의 피난처로 삼아 주의 모든 행적을 전파하리이다

잠언 30장에는 지혜자인 솔로몬도 깨닫지 못하는 것이 있다고 언급하고 있습니다. 심히 기이히 여기고도 깨닫지 못하는 것 서넛, 세상을 진동시키며 세상이 견딜 수 없게 하는 것 서넛을 제시하고 있습니다. 어쩌면 그러한 것을 보면 옛 어른들께서 하셨던 말이 생각납니다. "인간사 아무도 모른다." 잠언의 저자의 생각과 같이 시편의 저자인 아삽도 동일한 마음을 가지고 있었던 것 같습니다. 자신이 도저히 이해할 수 없는 것을 이 시편을 통해서 내려 놓고 있습니다. 어쩌면 너무나 솔직한 내용이라 많은 공감이 가는 것입니다.

[1] 하나님이 참으로 이스라엘 중 마음이 정결한 자에게 선을 행하시나 [2] 나는 거의 넘어질 뻔하였고 나의 걸음이 미끄러질 뻔하였으니

이스라엘 백성들은 어릴 때부터 하나님에 대하여 공부합니다. 토라를 공부하고, 예절을 배웁니다. 그리고 그 공부의 근거가 되는 것이 하나님이신데, 하나님은 사랑이시고, 공의라는 것을 배웁니다. 그 의미를 간단하게 축약하면, 하나님 말씀에 순종하여 열심히 살아가는 자에게는 축복하시고, 그렇지 않은 악인들에게는 벌을 주신다는 것입니다. 그것은 이스라엘 백성들이 철통같이 믿고 있는 하나님의 법칙인 것 입니다. 그렇다면 사랑과 공의이신 하나님께서 통치하시는 곳에서는 결코

일어나지 말아야 하는 것이 있습니다. 그것은 하나님의 속성에 반하는 일이 성행하고, 악인들이 성공하며, 그 법칙에 예외적인 일이 일어나는 것 입니다. 그런데, 2절의 표현은 그렇지 않다는 것을 표현하고 있습니다. 분명 일어나지 말아야 될 일이 일어났으며, 그것이 성행해서 자신이 하나님의 사랑과 공의를 의심하게 되는 상황이 되었다는 것 입니다.

³ 이는 내가 악인의 형통함을 보고 오만한 자를 질투하였음이로다 ⁴ 그들은 죽을 때에도 고통이 없고 그 힘이 강건하며 ⁵ 사람들이 당하는 고난이 그들에게는 없고 사람들이 당하는 재앙도 그들에게는 없나니 ⁶ 그러므로 교만이 그들의 목걸이요 강포가 그들의 옷이며 ⁷ 살찜으로 그들의 눈이 솟아나며 그들의 소득은 마음의 소원보다 많으며 ⁸ 그들은 능욕하며 악하게 말하며 높은 데서 거만하게 말하며 ⁹ 그들의 입은 하늘에 두고 그들의 혀는 땅에 두루 다니도다 ¹⁰ 그러므로 그의 백성이 이리로 돌아와서 잔에 가득한 물을 다 마시며 ¹¹ 말하기를 하나님이 어찌 알랴 지존자에게 지식이 있으랴 하는도다 ¹² 볼지어다 이들은 악인들이라도 항상 평안하고 재물은 더욱 불어나도다 ¹³ 내가 내 마음을 깨끗하게 하며 내 손을 씻어 무죄하다 한 것이 실로 헛되도다 ⁴ 나는 종일 재난을 당하며 아침마다 징벌을 받았도다 ¹⁵ 내가 만일 스스로 이르기를 내가 그들처럼 말하리라 하였더라면 나는 주의 아들들의 세대에 대하여 악행을 행하였으리이다 ¹⁶ 내가 어쩌면 이를 알까 하여 생각한즉 그것이 내게 심한 고통이 되었더니

예전에 제가 어려운 일을 경험하면서 생각을 정리한 것이 떠 오릅니다. "법은 상식과 다르다." 이론적으로 보편 타당한 상식적인 일이 분명 사회에서 통용되어야 마땅하다고 생각했는데, 결과는 전혀 그렇지 못했습니다. 처음에는 분노했고, 다음에는 한탄했고, 마지막으로는 이해가 되었습니다. 어쩌면 본문의 내용에 대하여 시편의 저자도 동일한 생각을 하고 있다는 생각이 듭니다. 저자는 처음에는 그들을 질투했다고 합니다. 질투는 나도 그렇게 되어야 되는 것 아닌가 하는 마음입니다. "나도 정직하고 가난하게 사느니, 조금 악해도 잘살고 형통하게 사는

것이 낫지 않을까"라고 생각하는 것 입니다. 또한 "그것이 내게 심한 고통이 되었도다."는 표현은 이 일을 통해서 시편 저자가 갖는 하나님에 대한 실망감과 사람에 대한 불신과 자신의 무능에 대하여 절실하게 느끼는 감정을 표현한 것으로 생각이 됩니다. 사회나 사람에 대한 신뢰가 무너지는 것은 얼마든지 있는 일입니다. 그러나 하나님에 대한 신뢰를 상실하는 것은 최악의 경우라고 할 수 있습니다. 믿음이 클수록 실망과 좌절도 비례하리라 생각됩니다. 저자는 이를 고통이라고 표현합니다. 절대 그럴 수 없는 것에 대한 반응입니다.

우리는 가끔 이러한 상황에 직면합니다. 처음에는 저자와 같은 생각을 하면서 "내가 믿음이 없는것인가"라는 심한 자괴감을 갖습니다. 그러나 이러한 일이 반복되면 "세상이 이런 것인가"라는 좌절을 경험하고, 신앙과 현실이 동일할 수 없다는 생각을 하게 됩니다. 이렇게 생각하기 시작하면 이것은 우리의 삶과 신앙이 분리되는 시점이 됩니다. 그러면 신앙 따로, 삶 따로 라는 희귀한 "삶의 이중성"을 안고 살아가는 것입니다. 아마 많은 그리스도인들이 이러한 삶의 모습에 힘들어 하면서도, 어쩔 수 없다는 생각을 갖고 그 상황에 적응하며 살아갑니다.

[17] 하나님의 성소에 들어갈 때에야 그들의 종말을 내가 깨달았나이다 [18] 주께서 참으로 그들을 미끄러운 곳에 두시며 파멸에 던지시니 [19] 그들이 어찌하여 그리 갑자기 황폐되었는가 놀랄 정도로 그들은 전멸하였나이다 [20] 주여 사람이 깬 후에는 꿈을 무시함 같이 주께서 깨신 후에는 그들의 형상을 멸시하시리이다 [21] 내 마음이 산란하며 내 양심이 찔렸나이다

그러나 하나님께서는 언제나 자신이 살아계신 하나님이시며, 우리의 삶 가운데 함께하시는 존재임을 나타내십니다. 하나님께서는 우리가 부러워하던 사람들이 어느 순간 벼랑에서 떨어지는 모습을 보게 하십니다. 그럴 때면, 우리는 고개를 끄덕이게 됩니다. 굳이 말하지 않아

도 무슨 의미인지 알고 있다는 것입니다. 그럴 때는 자신이 지금까지 마음으로 생각으로 원망하고, 불공평하다고 불평하고, 하나님은 살아 계신가라고 의심했던 모든 것이 후회가 됩니다. 하지만 다시 이러한 일은 반복됩니다. 이것이 우리의 모습이며 연약함 입니다.

> 22 내가 이같이 우매 무지함으로 주 앞에 짐승이오나 23 내가 항상 주와 함께 하니 주께서 내 오른손을 붙드셨나이다 24 주의 교훈으로 나를 인도하시고 후에는 영광으로 나를 영접하시리니 25 하늘에서는 주 외에 누가 내게 있으리요 땅에서는 주 밖에 내가 사모할 이 없나이다 26 내 육체와 마음은 쇠약하나 하나님은 내 마음의 반석이시요 영원한 분깃이시라 27 무릇 주를 멀리하는 자는 망하리니 음녀 같이 주를 떠난 자를 주께서 다 멸하셨나이다 28 하나님께 가까이 함이 내게 복이라 내가 주 여호와를 나의 피난처로 삼아 주의 모든 행적을 전파하리이다

아삽의 고백을 들으며, 과연 내가 이런 고백을 할 수 있을까라는 생각이 듭니다. 솔직한 고백은 젊어서는 어려울 것 같고, 나이가 조금 들어서 세상에 대한 미련이 어느 정도 접어지면 그때는 일부 가능하지 않을까 라는 생각이 듭니다. 평생 열심히 하나님을 믿는다고 공부하고, 쫓아 다니고, 온갖 폼을 다 잡아도, 깊숙하게 자리잡은 속물 같은 마음은 잘 변하지 않습니다. 시간이 가고, 나이가 들수록 그것을 잘 감추는 방법만 늘어서 웬 만큼 가까이에서는 그 썩은 냄새를 맡을 수 없도록 하는 기술만 늘어가는 것을 느낍니다. 하지만 혹시라도 다른 사람들이 나의 이 속물 근성을 알면 어쩌나 하는 작은 불안감과 하나님께서는 나의 마음을 알고 계시지 하는 헛헛한 마음은 숨길 수가 없습니다. 그래도 조금이나마 이전보다 세상에 대한 집착이 덜한 것으로, 포기하는 속도가 빨라 진 것으로 마음의 위안을 삼습니다.

돌아보면, 평생 달려온 것이 별로 효과가 없다는 생각이 듭니다. 젊어서 생각하기를 "나이가 조금 들면, 상당히 성숙해 질 거야"라는 기대

는 죄성을 가지고 있는 인생에게는 해당이 안되나 봅니다. 이 나이에도 여전히 하나님의 은혜가 없으면, 한층 더 괴로운 자신을 발견합니다. 그래서 나이가 들수록 전적으로 은혜에 의존하는 것이 무엇인가를 깨닫게 됩니다. 이 아침에도 여전히 속물인 부족한 저에게 하나님의 은혜가 가을비처럼 촉촉하게 내리기를 기도합니다. 아멘!

시78편 67-72절

아삽의 마스길

67 또 요셉의 장막을 버리시며 에브라임 지파를 택하지 아니하시고 **68** 오직 유다 지파와 그가 사랑하시는 시온 산을 택하시며 **69** 그의 성소를 산의 높음 같이, 영원히 두신 땅 같이 지으셨도다 **70** 또 그의 종 다윗을 택하시되 양의 우리에서 취하시며 **71** 젖 양을 지키는 중에서 그들을 이끌어 내사 그의 백성인 야곱, 그의 소유인 이스라엘을 기르게 하셨더니 **72** 이에 그가 그들을 자기 마음의 완전함으로 기르고 그의 손의 능숙함으로 그들을 지도하였도다

본문은 시편78편의 마지막 부분입니다. 하나님께서 이스라엘 백성을 애굽에서 광야로 불러내셔서 가나안으로 인도하셨습니다. 그러나 그 과정에서 이스라엘 백성들은 차마 하지 말아야 할 행동을 하나님께 했습니다. 자신들을 종에서 구원해 주신 하나님에게 대 놓고 원망했습니다. 또 같이 작당해서 다시 애굽으로 돌아가자고 했습니다. 먹을 것, 마실 것, 필요한 모든 것을 제공한 하나님께 자신들이 제공받은 모든 것에 대하여 그것을 폄하하고 하나님을 원망했습니다. 그들은 애굽에서 떵떵거리며 호의 호식하던 사람들이 아니었습니다. 인간의 존엄성을 보장받은 계층이 아니었습니다. 무거운 노동에 시달렸으며, 채찍에 맞고, 무시당하고, 애매하게 욕을 먹고, 모멸을 당했으며, 하루 하루 비참하게 삶을 연명했던 사람들이었습니다. 그런데 광야에서 하나님이 그

들을 하나님의 백성으로 대해주자 자신의 옛 신분을 망각했습니다. 그
들의 원망은 마치 그곳에서 호의 호식하던 사람들 이상으로 요구사항이
많아졌습니다. 갑자기 방자하고, 교만해졌습니다. 입맛도 까다로워졌
습니다. 어쩌면 이들의 모습은 지금 우리들의 모습과 별로 다르지 않다
는 생각이 듭니다.

> 67 또 요셉의 장막을 버리시며 에브라임 지파를 택하지 아니하시고 68 오직 유다 지파
> 와 그가 사랑하시는 시온 산을 택하시며 69 그의 성소를 산의 높음 같이, 영원히 두신
> 땅 같이 지으셨도다

 야곱의 자녀들로 처음 애굽에 갔던 70명이 430년이 지난후에 약 이
백만이라는 큰 민족이 되었습니다. 요셉을 통해서 하나님께서 미리 애
굽에 거처를 마련해 주었던 하나님께서 야곱의 자손들을 고센에서 자신
들의 양떼를 치며 평화롭게 지냈습니다. 그리고 야곱이 죽기 전에 요셉
의 두 자녀인 므낫세와 에브라임을 축복하심으로 요셉의 두 자녀가 레
위 지파를 대신하여 12지파에 이름을 올렸습니다. 12지파중에 덤으로
들어온 에브라임 지파가 가장 큰 지파가 되었습니다. 그들은 자신들의
힘을 믿고, 당당하게 가나안에서 자신의 몫을 요구하였습니다. 그것은
요셉의 기득권이며, 큰 지파의 기득권을 요구하였습니다. 그러나 그들
은 자신의 책무를 담당하는 것에는 소홀했습니다.
 예나 지금이나 기득권을 가진 사람은 자신의 책무를 성실하게 수행
하는데 소홀합니다. 그것은 자신의 힘을 믿기 때문입니다. 그 힘은 기
득권을 만들어 냅니다. 그리고 기득권을 지키기 위하여 자신에게 유리
한 방향으로 세상의 법칙을 만들어 냅니다. 기득권은 또 다른 차원의 기
득권을 낳습니다. 소위 말하는 Royal계층을 낳습니다. 이러한 계층은
별 노력없이 수많은 사람들이 오랜 시간 동안 일해야 얻을 수 있는 물질
과 직위를 소유합니다. 부익부, 빈익빈의 원칙이 그대로 적용되는 것입

니다. 이 땅에서 일어나는 수많은 불평등, 불합리, 불공평이 난무하지만 누구도 그것을 바로 잡지 못합니다. 왜냐하면 그것을 바로 잡을 수 있는 자리에 앉는 순간, 그 사람 또한 동일한 기득권을 누리기 때문입니다. 그것을 포기할 정도의 마음가짐을 갖고 있는 사람이 없습니다. 이러한 현상은 지금의 문제가 아니고, 이스라엘이 광야에 있을 때도 동일하게 일어났던 일들입니다.

그러나 하나님께서는 기득권을 인정하지 않으셨습니다. 세상의 법칙은 언제나 강한 사람과 그룹을 자신의 파트너로 선택합니다. 그래야 일이 쉽고, 많은 것을 보장받을 수 있기 때문입니다. 그러나 하나님은 강한 에브라임이 아닌 연약한 유다를 통해서 자신의 섭리를 펴시기로 결정하셨습니다. 이것은 매우 놀라운 일입니다. 이스라엘은 전통적으로 맏아들의 권위가 다른 형제들 보다 크며, 강한 지파의 능력을 하나님의 축복으로 생각하는 것이 보편적인데, 하나님께서는 이스라엘이 가지고 있는 관습을 깨뜨리셨습니다.

특히 유다 지파는 유다와 그의 자부인 다말에 의해서 그의 계보가 이어졌습니다. 물론 그들에게 계대결혼이라는 혼인제도가 있었지만 그것은 통상적으로 형제의 경우이지 시아버지와 며느리에 관한 것은 아니었습니다. 가문으로는 부적합한 계보였기에 형제들에게 왕따를 당했을 수도 있고, 구설수에 올라있었던 시절이 있었을 것입니다. 가문의 내용을 중시하는 그들의 관습을 생각해 보면 형제로서의 직위는 인정할 수 있지만, 그 지파가 자신의 머리가 되는 것은 용납하기 어려웠을 것입니다. 아마 다른 형제들이 유다 지파를 무시했을 수 있었을 것입니다. 이러한 유다 지파가 하나님의 선택을 받은 것입니다. 누구도 상상하지 못했던 결정이었습니다. 이것은 오로지 하나님의 주권적인 결정이었습니다. 하나님께서는 세상적인 자격을 보시는 것이 아니라 그들의 내면을 보셔서 결정하신 것입니다.

70 또 그의 종 다윗을 택하시되 양의 우리에서 취하시며 71 젖 양을 지키는 중에서 그들을 이끌어 내사 그의 백성인 야곱, 그의 소유인 이스라엘을 기르게 하셨더니 72 이에 그가 그들을 자기 마음의 완전함으로 기르고 그의 손의 능숙함으로 그들을 지도하였도다

그리고 한가지 더 충격적인 사건은 하나님께서는 이새의 막내인 다윗을 이스라엘의 왕으로 지명하셨습니다. 이 사건은 기름부음을 명 받은 사무엘 선지자도 깜작 놀랐을 일이었습니다. 집안에서 전혀 영향력이 없는 이새의 여덟 아들 중 막내인 다윗, 집을 떠나 들판에서 양을 치는 다윗을 하나님께서 선택하셨습니다. 세상의 생각과 선입견으로는 도저히 예측할 수 없는 일입니다. 그러나 다시 생각해 보면 다윗의 고백이 하나님께서 그를 선택하신 이유를 대신하고 있습니다.

삼상 17:34-36
34 다윗이 사울에게 말하되 주의 종이 아버지의 양을 지킬 때에 사자나 곰이 와서 양 떼에서 새끼를 물어가면 35 내가 따라가서 그것을 치고 그 입에서 새끼를 건져내었고 그것이 일어나 나를 해하고자 하면 내가 그 수염을 잡고 그것을 쳐죽였나이다 36 주의 종이 사자와 곰도 쳤은즉 살아 계시는 하나님의 군대를 모욕한 이 할례 받지 않은 블레셋 사람이리이까 그가 그 짐승의 하나와 같이 되리이다

사울에게 가서 말하는 다윗의 모습을 보면서 그가 자신에게 맡겨진 일에 대한 소명의식을 볼 수 있습니다. 뿐만 아니라 블레셋의 장수 골리앗에 대한 그의 관점을 알 수 있습니다. 당시 이스라엘에는 수많은 군대의 장군들과 제사장들이 있었지만 골리앗을 무서운 적으로 생각을 했지 하나님의 이름을 모욕하는 하나님께 저주를 받을 이방인의 한 사람으로 생각한 사람은 오직 다윗 뿐이었습니다. 다윗이 골리앗에게 이렇게 말하는 이유는 골리앗에 대한 관심보다 하나님에 대한 그의 관심이 더 큰

것을 알 수 있습니다. 그가 누구든 개의치 않는 모습입니다. 다만 어떤 인생이든지 하나님을 만홀히 여길 수 없다는 생각만이 그의 생각의 전부였습니다. 그들은 마치 자신이 광야에서 양떼를 해하려는 짐승들을 죽인 것과 같이 죽임을 당하는 것이 당연하다는 그의 생각에 하나님께서 동의 하셨습니다.

"하나를 보면 열을 안다"는 옛말은 다윗의 경우를 두고 하는 말입니다. 그는 학력도, 배경도, 경제력도 없는 단순한 목동이었습니다. 그러나 그에게는 하나님에 대한 경외심이 있었습니다. 자신이 누군가를 분명하게 아는 존재적 자각이 있었습니다. 뿐만 아니라 자신의 사명이 무엇인지를 아는 소명의식이 있었습니다. 하나님께는 세상의 어떤 모습이 중요하지 않습니다. 세상 사람들의 판단과 생각은 의미가 없습니다. 오직 하나님 자신의 생각이 중요할 뿐입니다. 많은 사람들이 하나님을 믿지만 세상의 가치에 집중합니다. 세상의 가치에 의해서 하나님도 그 안에 묶어두려고 합니다. 참으로 어리석은 생각입니다. 세상을 지으신 이를 세상 안에 가두려 하는 것은, 세상의 지식과 세상의 직위를 숭배하기 때문입니다. 그렇게 때문에 하나님께서는 온 땅을 감찰하사 전심으로 하나님을 섬기는 사람을 찾으시는 것입니다.

다윗에게는 무엇보다 하나님의 지혜가 있었습니다. 그 지혜는 세상의 지식을 부끄럽게 하는 것 입니다. 양들을 대하던 그의 모습은 그대로 이스라엘 백성들을 대하는 모습이 되었습니다. 양들이 다윗을 따르던 것과 같이 이스라엘은 다윗을 사랑하며 따랐습니다.

삼상 18:16
16 온 이스라엘과 유다는 다윗을 사랑하였으니 그가 자기들 앞에 출입하기 때문이었더라

이스라엘 백성들은 다윗에게서 권위보다 겸손함을 보았으며, 기득권을 주장하기보다 겸손하게 섬기는 모습을 본 것이었다. 따라서 하나

님이 다윗을 왕으로 선택함을 불평하고 반대하는 사람이 아무도 없었습니다. 모두들 하나님의 선택을 찬양하고 감사했습니다.

　우리는 무엇을 추구하는가? 에브라임처럼 큰 자가 되기 원하고, 세상에서 인정받기 원합니다. 세상이 인정하는 것을 하나님께서도 인정하신다고 생각합니다. 어리석음 입니다. 말씀을 통해서 수 많은 경우를 확인했음에도 불구하고 여전히 세상의 시각을 버리지 못하고 있습니다. 그리스도인들이 세상을 사랑함은 무엇입니까? 세상의 가치관을 하나님의 이름으로 덧칠하는 것입니다. 우리는 여전히 이러한 어리석음에서 벗어 나지 못하고 있습니다. 다윗의 마음의 완전함과 손의 능숙함은 어디에 있습니까? 맡겨 주신 영혼과 기업, 가족과 복음이 우리를 통해서 하나님의 모습이 나타나고 있는가? 아니면 나의 모습과 능력을 세상에서 인정받기 위해 노심초사하는 모습이 나의 모습인가? 세상에서 인정을 받지 못해도 하나님께서 나의 마지막 보루가 되신다면 내가 무엇을 걱정하겠는가? 그 걱정은 먼 길을 가는 나그네에게 치렁거리는 장식이 달린 옷과 같은 것입니다. 나그네가 가는 산길에서 누가 그 장식이 달린 옷을 보고 칭찬하며 부러워하겠습니까? 우리의 어리석음은 끝이 없습니다. 주님! 세상을 향한 주의 섭리를 깨닫게 하소서. 이 아침에 주의 지혜를 입기를 원합니다. 주의 뜻을 알 수 있는 지혜를 주소서. 아멘!

시 79편 1-13절

아삽의 시

¹ 하나님이여 이방 나라들이 주의 기업의 땅에 들어와서 주의 성전을 더럽히고 예루살렘이 돌무더기가 되게 하였나이다 ² 그들이 주의 종들의 시체를 공중의 새에게 밥으로, 주의 성도들의 육체를 땅의 짐승에게 주며 ³ 그들의 피를 예루살렘 사방에 물 같이 흘렸으나 그들을 매장하는 자가 없었나이다 ⁴ 우리는 우리 이웃에게 비방거리가 되며 우리를 에워싼 자에게 조소와 조롱거리가 되었나이다 ⁵ 여호와여 어느 때까지니이까 영원히 노하시리이까 주의 질투가 불붙듯 하시리이까 ⁶ 주를 알지 아니하는 민족들과 주의 이름을 부르지 아니하는 나라들에게 주의 노를 쏟으소서 ⁷ 그들이 야곱을 삼키고 그의 거처를 황폐하게 함이니이다 ⁸ 우리 조상들의 죄악을 기억하지 마시고 주의 긍휼로 우리를 속히 영접하소서 우리가 매우 가련하게 되었나이다 ⁹ 우리 구원의 하나님이여 주의 이름의 영광스러운 행사를 위하여 우리를 도우시며 주의 이름을 증거하기 위하여 우리를 건지시며 우리 죄를 사하소서 ¹⁰ 이방 나라들이 어찌하여 그들의 하나님이 어디 있느냐 말하나이까 주의 종들이 피 흘림에 대한 복수를 우리의 목전에서 이방 나라에게 보여 주소서 ¹¹ 갇힌 자의 탄식을 주의 앞에 이르게 하시며 죽이기로 정해진 자도 주의 크신 능력을 따라 보존하소서 ¹² 주여 우리 이웃이 주를 비방한 그 비방을 그들의 품에 칠 배나 갚으소서 ¹³ 우리는 주의 백성이요 주의 목장의 양이니 우리는 영원히 주께 감사하며 주의 영예를 대대에 전하리이다

오늘 본문은 이스라엘 백성에게는 말할 수 없는 치욕적인 역사를 언

급하고 있습니다. 이스라엘은 두번이나 이방인에 의해서 성전이 파괴되는 일을 경험했습니다. 먼저는 B.C. 586년 바벨론에 의해서 솔로몬의 성전이 파괴되고, 수많은 유대의 백성들이 바벨론에 포로로 끌려갔습니다. 그리고 두번째는 A.D. 70년 로마 장군 티투스(Titus)에 의해서 예루살렘의 성전이 완전히 파괴되고 수많은 제사장들이 성전에서 살육을 당했습니다. 이스라엘에게 성전은 다른 어떤 것 보다 중요한 의미를 가지고 있습니다. 이스라엘은 성전 공동체이며, 제사 공동체입니다. 하나님께서 광야에서 모세에게 보여주시고, 허락하셨던 장막을 다윗을 통하여 모든 준비를 하게 하시고 솔로몬을 통해서 성전을 건축하게 하셨습니다. 기록에 남아있지 않지만 이 땅에 세웠던 어떤 건축물보다 화려하고 웅장하고 멋있는 건축이었습니다. 그러나 하나님께서는 그러한 건물도 자신을 떠난 이스라엘 백성의 마음보다 더 중요하게 여기지 않으셨습니다. 이스라엘이 자신을 떠났을 때, 이방을 통해서 그 건물을 파괴하셨습니다. 하나님 스스로 그들에게 치욕을 당하시는 방법을 선택하신 것입니다. 자신이 거하시는 방을 이방인들에게 내어 주시고 그들의 손에 의해서 파괴를 당하게 내어 버려 두신 것입니다. 그것도 한번이 아닌 두 번씩이나 그렇게 하셨습니다.

[1] 하나님이여 이방 나라들이 주의 기업의 땅에 들어와서 주의 성전을 더럽히고 예루살렘이 돌무더기가 되게 하였나이다 [2] 그들이 주의 종들의 시체를 공중의 새에게 밥으로, 주의 성도들의 육체를 땅의 짐승에게 주며 [3] 그들의 피를 예루살렘 사방에 물 같이 흘렸으나 그들을 매장하는 자가 없었나이다 [4] 우리는 우리 이웃에게 비방거리가 되며 우리를 에워싼 자에게 조소와 조롱거리가 되었나이다

왜, 하나님은 범죄한 이스라엘을 대신하여 자신의 거처가 이방인들에게 철저하게 훼손당하는 그런 수모를 선택하셨을까요? 아니 그 찬란한 자신의 영광의 상징을 스스로 허물어 버리셨습니까? 그렇게 생각하

니 두 번이 아닌 세 번입니다. 그 한번은 십자가였습니다. 성전 된 자신의 몸을 가장 극악무도하고 비참한 사형의 방법인 십자가에서 죽임을 당하셨습니다. 죽기 전에 성전 뜰에서 모든 제사장과 시민이 보는 가운데 비참하게 학대와 수치를 당하셨고, 스스로 십자가를 지고 골고다로 가셨습니다. 모두 안타까워했지만, 누구 한 사람 왜 그분이 그런 수모를 당하고, 죽임을 당해야 했느냐고 반문하지 못했습니다. 숨죽인채 그냥 그대로 지켜보고 있었습니다. 당연한 듯이, 자신은 그러한 일에 가담을 한 적이 없다고 반문하는 듯이, 저게 아닌데 라고 생각하지만 용기가 없어서 나서지 못했습니다. 속내야 어떻든 겉으로는 모두 성이 무너지고 성전이 부서지는 것이 당연하다고 생각했습니다. 그것에 찬성했습니다. 아니 묵인했습니다. 저 분은 죄가 없는데 라고 생각했지만 다른 한편으로는 어쩌면 죽을 만한 죄가 있을 수 있다고 생각했습니다. 그들의 무기력은 도를 지나쳤으며, 무엇이 올바른 것인지 아닌지를 분별할 수 있는 능력을 상실했습니다. 진실과 거짓을 구분 할 수 없었고, 자신들이 누구의 편인지도 알지 못했습니다.

그래도 그들에게 일말의 양심은 존재했는데, 그것은 성전의 파괴를 마음 아파한 것입니다. 왜 그들이 성전의 파괴를 마음 아파한 것입니까? 그것은 자기 자신을 위한 기준이 파괴된 것입니다. 자신이 세운 기준, 자신이 해결하던 문제 해결의 장소가 사라진 것입니다. 그것은 혼돈이었습니다. 그렇습니다. 그들은 성전에서 자신들의 방법으로, 자신들의 기준으로 문제를 해결하고, 정리하고, 실행했던 것입니다. 성전은 하나님께서 계신 곳이 아니었습니다. 철저하게 자신들을 위한 사유화된 장소였습니다. 그리고 그곳에 계신 하나님은 철저히 왕따를 당하셨습니다. 그들의 슬픔은 우리가 생각하는 것과 내용이 달랐습니다. 표면적으로는 하나님을 경외하는 것이었지만, 내용은 자신의 이기주의와 욕심을 채우는 장소였습니다. 자신들의 이름을 세우기 위해서 필요했던 장소였습니다. 그러니 허물어지는 것이 마땅했습니다.

⁹ 우리 구원의 하나님이여 주의 이름의 영광스러운 행사를 위하여 우리를 도우시며 주의 이름을 증거하기 위하여 우리를 건지시며 우리 죄를 사하소서 ¹⁰ 이방 나라들이 어찌하여 그들의 하나님이 어디 있느냐 말하나이까 주의 종들이 피 흘림에 대한 복수를 우리의 목전에서 이방 나라에게 보여 주소서 ¹¹ 갇힌 자의 탄식을 주의 앞에 이르게 하시며 죽이기로 정해진 자도 주의 크신 능력을 따라 보존하소서 ¹² 주여 우리 이웃이 주를 비방한 그 비방을 그들의 품에 칠 배나 갚으소서 ¹³ 우리는 주의 백성이요 주의 목장의 양이니 우리는 영원히 주께 감사하며 주의 영예를 대대에 전하리이다

회복은 "회개"로부터 시작됩니다. "주님! 저는 죄인입니다." 이 보다 더 위대한 고백은 없습니다. 자신의 죄를 인정하고, 사함을 요청하는 것은 마치 끊어진 힘줄을 잇는 것이고, 막힌 핏줄을 뚫는 힘을 가지고 있습니다. 회개의 무릎 꿇음은 가장 낮은 자세를 취하는 것이지만 실상은 가장 높이 계시는 그분의 마음에 다다르는 행동입니다. 죄 사함을 위한 고백은 하늘의 하나님을 우리 마음으로 초청하는 자녀의 초청장입니다. 죄의 고백은 자신의 시선을 하나님께로 돌리는 삶의 방향의 변화입니다. 그들은 그렇게 자신들의 죄를 회개함으로 하나님과 시선을 맞춤으로, 하나님께서 주셨던 본래의 마음으로 회복하게 됩니다.

지금 이 땅의 그리스도인들은 성전이 파괴되고, 하나님이신 그리스도가 가장 처절하게 죽임을 당하신 것과 같은 수모를 당하고 있지만 묵묵히 참고 있습니다. 그 누구도 그 인내의 의미가 무슨 뜻인지 속내를 내어 보이지 않고 있습니다. 가장 부패한 무리와 동류로 취급을 받지만, 자신만은 아니라고 나는 당당하다고 생각하는 것 같습니다. 어쩌면 우리는 수치를 못 느끼는 "불감증"의 지경에 왔는지도 모릅니다. 아무렇지도 않은 표정으로 일상을 살아가고 있습니다.

다윗이 이스라엘 군대와 백성이 골리앗에게 유린당하고 있을 때 "이 할례 받지 않은 블레셋 사람이 누구이기에 살아 계시는 하나님의 군대를 모욕하겠느냐"(삼상17:26)고 울분을 토했던 그 정의감이 우리에게는

없습니다. 모두가 십자가를 못박는 군인의 등 뒤에 숨어서 가만히 그들의 행동을 지켜 볼 뿐입니다. 누군가는 "왜 그 사람이 죽어야 하느냐"고 항변하며 한번쯤은 만용이라도 부려 봄직도 하지만 어찌된 영문인지 모두 하늘의 계시가 시행되고 있는 양 잠잠합니다. 누군가 나의 입술을 막고 있는 것 같아서 답답합니다. 지금 이 땅에서 그리스도는 또 다시 강도와 함께 십자가에 못박혔듯이 가장 패악한 무리와 함께 정죄를 당하고 있습니다. "그를 십자가에 못박게 하소서"하는 군중의 함성에 그리스도를 따르는 무리가 겁먹었던 것과 같이 지금도 우리는 오금이 저려 자리에서 한발도 못 움직이고 있습니다. 치욕의 역사는 진행형입니다.

이 땅은 아직 회개하지 않습니다. 각자가 골방에서 회개하지도 않고 이스라엘 백성들이 미스바에 모여서 회개했던 회개의 운동도 일어나지 않습니다. 그냥 서로 눈치만 보고 있습니다. 어쩌면 하나님께서는 남유다가 바벨론에게 망했던 것과 같이 우리도 망하게 하시려나 봅니다. 망해야 하나님의 뜻을 알 수 있다고 생각하시는 것 같습니다. 망하는 것은 너무 큰 두려움입니다. 망하기 전에 회개하고 회복해야 하는데, 사태는 점점 악해지고 있습니다. 왕과 이스라엘 백성을 혼돈케 했던 거짓 선지자 하나냐의 소리만이 교회에서 흘러나오고 있습니다. 예레미야의 탄식과 같은 죽음을 두려워하지 않는 소리는 들리지 않습니다. 주님! 이 땅의 조국 교회의 죄악을 용서하옵소서. 우리가 다 미스바로 모여 죄를 자복하고, 회개하게 하옵소서. 그 길만이 우리가 살길인 것을 알게 하옵소서. 아멘!

시 85편

고라 자손의 시

¹ 여호와여 주께서 주의 땅에 은혜를 베푸사 야곱의 포로 된 자들이 돌아오게 하셨으며 ² 주의 백성의 죄악을 사하시고 그들의 모든 죄를 덮으셨나이다 (셀라) ³ 주의 모든 분노를 거두시며 주의 진노를 돌이키셨나이다 ⁴ 우리 구원의 하나님이여 우리를 돌이키시고 우리에게 향하신 주의 분노를 거두소서 ⁵ 주께서 우리에게 영원히 노하시며 대대에 진노하시겠나이까 ⁶ 주께서 우리를 다시 살리사 주의 백성이 주를 기뻐하도록 하지 아니하시겠나이까 ⁷ 여호와여 주의 인자하심을 우리에게 보이시며 주의 구원을 우리에게 주소서 ⁸ 내가 하나님 여호와께서 하실 말씀을 들으리니 무릇 그의 백성, 그의 성도들에게 화평을 말씀하실 것이라 그들은 다시 어리석은 데로 돌아가지 말지로다 ⁹ 진실로 그의 구원이 그를 경외하는 자에게 가까우니 영광이 우리 땅에 머무르리이다 ¹⁰ 인애와 진리가 같이 만나고 의와 화평이 서로 입맞추었으며 ¹¹ 진리는 땅에서 솟아나고 의는 하늘에서 굽어보도다 ¹² 여호와께서 좋은 것을 주시리니 우리 땅이 그 산물을 내리로다 ¹³ 의가 주의 앞에 앞서 가며 주의 길을 닦으리로다

누구에게나 뼈 아픈 실수나 어려움에 있다가 회복된 경험이 있습니다. 그리고 회복이 될 때 가졌던 내일에 대한 기대와 희망을 생각해 볼 수 있습니다. 오늘 본문은 이스라엘 백성이 주전 586년 바벨론에 전쟁 포로로 끌려갔다가 70년간의 포로 생활을 마치고 이스라엘로 다시 귀향했을 때를 회상하며 당시에 가졌던 새로운 삶에 대한 기대와 은혜를 표

현하고 있습니다. 이와 같이 새로운 생활, 새로운 학기, 새로운 해 등 새롭게 다가올 시간에 대한 기대를 갖는다는 것은 참으로 기쁘고 좋은 일입니다. 특히 어려움에 처해 있다가 회복을 경험하면서 다음 시간에 대한 자신의 결심을 확인하는 것은 스스로에게 큰 힘을 주는 일이며, 미래에 대한 기대를 갖는 매우 긍정적인 시간입니다. 이러한 결심이나 기대를 말이나 글로 표현하는 것은 자신의 기대나 결심을 더 확고하게 하는 좋은 방법입니다.

    그런데 우리에 대한 징벌과 회복의 주체가 하나님이시라면 얘기는 조금 달라집니다. 내가 무엇을 어떻게 잘 할 것인가를 생각하는 것은 당연한 일이지만 더욱 중요한 것은 하나님께서 나에게 원하시는 바가 무엇인가를 정확하게 알고, 그것을 어떻게 실행할 것인가를 고민하는 것이 바람직하기 때문입니다. 나를 고통스럽게 했던 어려움이 지나가고 새로운 시간이 왔으니, 기뻐하고 즐거워하는 것은 아닌 것 같습니다. 그 고통이 왜 내게 있었는지를 생각하는 시간이 필요합니다.

> 8 내가 하나님 여호와께서 하실 말씀을 들으리니 무릇 그의 백성, 그의 성도들에게 화평을 말씀하실 것이라 그들은 다시 어리석은 데로 돌아가지 말지로다

    시편 기자는 결심하기를 "우리가 하나님의 말씀을 잘 들을 것입니다"라고 고백합니다. 이는 자신들이 과거에 잘못한 일의 단초가 하나님의 말씀을 잘 듣지 않았다는 것을 알고 있다는 것입니다. 우리가 잘못된 삶에서 돌이키고 회복할 때에 가장 중요한 것이 내가 무엇을 잘못했는가를 정확하게 아는 것입니다. 그리스도인들이 자신의 잘못을 돌아보는 시간을 회개 혹은 참회의 시간이라고 부릅니다. 많은 경우 회개의 시간이 감정적인 시간으로 끝나 버립니다. 잘못했다고 고백하고, 눈물, 콧물을 흘리며 울고 나면 가슴이 후련해 집니다. 그러면 내가 회개를 잘 했구나 라고 생각합니다. 과연 그런가요? 문제는 그렇게 하는데도 우리

는 동일한 실패를 반복할 뿐, 우리의 삶의 모습이 나아지지 않는다면 무언가 문제가 있는 것입니다. 자신의 잘못을 회개하거나 참회할 때 가슴을 치며 통곡하기 보다 무엇을 잘못했는지 왜 잘못되었는지를 생각하는 것이 더 중요합니다. 회개의 시간은 뒤를 돌아보며 지난 시간의 행동의 내용과 동기를 하나씩 곰곰이 생각해 보는 시간인 것입니다. 큰 소리로 울고 끝낼 일이 아닙니다. 물론 그러한 감정과 그런 시간이 필요 없다는 것이 아닙니다. 더 중요한 것은 잘못에 대한 무엇인가를 생각해 보자는 것입니다.

둘째는 시편기자는 자신들이 어려운 일을 겪은 이유가 하나님의 말씀을 무시했기 때문이라고 고백하고 있습니다. 오늘 본문에서 시편기자는 하나님의 말씀을 잘 들을 것에 대하여 다짐하고 있습니다. 듣는다는 것은 내용과 그에 담겨있는 감정을 동시에 수용하는 것입니다. 말하는 사람의 마음을 이해하는 것입니다. 시련의 원인은 내용에 대한 실행의 실패로 생각하기 쉬우나 실제는 말하는 사람의 감정 즉 속마음을 정확하게 이해하지 못했기 때문입니다. 마음을 모르면 실행의 동력이 생기지 않습니다. 마음을 이해한다는 것은 그 사람의 입장에 서는 것입니다. 서양속담에도 그 사람을 이해하는 것은 "그 사람의 신발을 신는 것이다"라고 했는데, 그 말이 맞습니다. 그 사람의 신발을 신는 것은 그의 입장이 되는 것입니다. 우리가 성경을 읽을 때, 성경의 의미를 파악하려고 매우 많은 노력을 기울이지만 그 안에 담겨있는 하나님의 마음을 읽는 일에는 소홀합니다.

만일 우리가 회개의 자리로 나간다면 그의 말씀을 순종하지 못한 것만큼이나 그의 마음을 헤아리지 못한 어리석음을 통한이 여기는 것이 마땅합니다. 마음을 헤아린다는 것은 그가 누구인가를 정확하게 아는 것에서 출발합니다. 이스라엘 백성들의 거듭된 실패는 자신이 섬기는 하나님이 과연 누구인가를 정확하게 알지 못했기 때문입니다. 자신들의 조상인 아브라함을 갈대아 우르에서 택하셔서 가나안으로 이주하게 하시고, 인간의 생산능력이 완전히 사라진 백 세에 아들 이삭을 주신 하나님이 자신이 믿는 하나님이라는 사실을 객관적으로는 알고 있었지만, 그분이 천지를 지으신 창조주 하나님이신 것을 얼마나 인정했는지는 미지수입니다. 사람들은 자주 자신들이 실패했을 때, 실패할 수 밖에 없었던 그 불가피한 상황을 호소하지만, 그 상황마저도 주관하시는 하나님이 자신이 섬기는 그 하나님인 것을 그들은 알지 못했습니다.

동일한 죄악이 우리에게 있습니다. 회개보다 더 중요한 것이 우리가 섬기는 하나님께서 누구신지를 아는 것인데, 우리에게는 그러한 노력이 없습니다. 아니 그러한 생각조차 없습니다. 임시방편으로 지금 이 위기를 모면하려고만 합니다. 하나님과 화평 하려면 그가 누구인지를 알아야 합니다. 화평함의 본질은 "코이노니아"입니다. 하나님을 알아감 없이 즉 "knowing God"없이 그와의 화평은 있을 수 없습니다. 그를 알 때 우리는 죄악의 자리에서 떠날 수 있으며, 하나님과 화평하게 됩니다. 본질은 접어두고 형식만 찾으려고 하는 것이 우리의 어리석음입니다. 여러 번 매를 맞았음에도 여전히 그 어리석음의 자리에서 벗어나지 못하고 있습니다.

이것이 우리의 본성이라고 하기에는 우리의 모습이 너무 처참합니다. 한 겹만 벗기면 알 수 있는 우리의 거짓된 모습을 우리만 깨닫지 못하고 있습니다. 돼지를 아무리 깨끗하게 씻겨도 그 우리에서 나오지 않으면 머잖아 다시 원래대로 돌아가는 것을 우리는 알지 못합니다. 그래서 마음이 아픕니다. 이런 가슴 아픈 마음으로 이 아침에 참회의 고백을 드립니다. 하나님! 제가 글을 읽지 않고 마음을 읽게 하소서. 아멘!

시90편 1-17절

하나님의 사람 모세의 기도

¹ 주여 주는 대대에 우리의 거처가 되셨나이다 ² 산이 생기기 전, 땅과 세계도 주께서 조성하시기 전 곧 영원부터 영원까지 주는 하나님이시니이다 ³ 주께서 사람을 티끌로 돌아가게 하시고 말씀하시기를 너희 인생들은 돌아가라 하셨사오니 ⁴ 주의 목전에는 천 년이 지나간 어제 같으며 밤의 한 순간 같을 뿐임이니이다 ⁵ 주께서 그들을 홍수처럼 쓸어가시나이다 그들은 잠깐 자는 것 같으며 아침에 돋는 풀 같으니이다 ⁶ 풀은 아침에 꽃이 피어 자라다가 저녁에는 시들어 마르나이다 ⁷ 우리는 주의 노에 소멸되며 주의 분내심에 놀라나이다 ⁸ 주께서 우리의 죄악을 주의 앞에 놓으시며 우리의 은밀한 죄를 주의 얼굴 빛 가운데에 두셨사오니 ⁹ 우리의 모든 날이 주의 분노 중에 지나가며 우리의 평생이 순식간에 다하였나이다 ¹⁰ 우리의 연수가 칠십이요 강건하면 팔십이라도 그 연수의 자랑은 수고와 슬픔뿐이요 신속히 가니 우리가 날아가나이다 ¹¹ 누가 주의 노여움의 능력을 알며 누가 주의 진노의 두려움을 알리이까 ¹² 우리에게 우리 날 계수함을 가르치사 지혜로운 마음을 얻게 하소서 ¹³ 여호와여 돌아오소서 언제까지니이까 주의 종들을 불쌍히 여기소서 ¹⁴ 아침에 주의 인자하심이 우리를 만족하게 하사 우리를 일생 동안 즐겁고 기쁘게 하소서 ¹⁵ 우리를 괴롭게 하신 날수대로와 우리가 화를 당한 연수대로 우리를 기쁘게 하소서 ¹⁶ 주께서 행하신 일을 주의 종들에게 나타내시며 주의 영광을 그들의 자손에게 나타내소서 ¹⁷ 주 우리 하나님의 은총을 우리에게 내리게 하사 우리의 손이 행한 일을 우리에게 견고하게 하소서 우리의 손이 행한 일을 견고하게 하소서

불현듯 자신의 참 모습과 자신의 인생의 의미를 거짓없이 깨닫는다면 어떻게 될까. 누구든지 자신의 삶의 참 모습을 보게 된다면, 정말 실망하고 힘들 것 같습니다. 사람들은 모두 자신은 어느 정도 괜찮은 사람이라는 자부심을 가지고 사는 것 같습니다. 때때로 그 생각이 착각이라는 느낌이 들지만 그래도 자신에 대한 기대와 희망은 버리기 어렵습니다. 그렇기 때문에 나는 그래도 괜찮은 사람이라고 생각했던 자신의 모습에 대한 기대가 여지없이 무너져 버릴 때 오는 자괴감을 사람들이 어느 정도 감당할 수 있을지 솔직히 가늠이 되지 않습니다.

처음 예수님을 믿고 나의 모습을 나의 가치관으로, 나의 기준으로 판단하고, 생각하던 것을 내려놓고, 성경의 관점에서 나를 보려고 노력했지만 쉽지 않았습니다. 어떻게 하는 것이 성경적인 가치관으로 나와 세상을 보는 것인지 가늠하기가 어려웠기 때문입니다. 시간이 지나고, 조금씩 성경 내용들이 나의 마음에 자리를 잡으면서 그 말씀을 기준으로 나를 보았을 때, 그 충격은 나의 생각 이상이었습니다. 나는 이런 사람이었나 하는 자괴감이 나를 오랫동안 힘들게 했습니다. 이 모습이 나의 솔직한 모습이라는 사실을 깨닫게 되었습니다. 그러한 나의 모습을 보고 나오는 탄식이 바로 회개였습니다. 그것은 나의 외형이 아닌 마음의 추악한 동기 즉 숨겨진 진실을 보게 된 것입니다. 따라서 처음 예수를 믿을 때 회개를 통해서 나의 삶을 돌이킵니다. 그리고 예수님을 알아가면서 진정한 나의 모습을 깨닫게 될 때 다시금 깊은 회개의 돌이킴이 있습니다.

사회적으로 지탄을 받는 사람이라도 끝까지 자신의 존재에 대한 일말의 가능성과 희망을 버리지 않는가 봅니다. 나보다 더 악한 사람을 생각하며 그래도 나는 그들 보다는 낫다고 생각하고 심리적인 안도감을 느낍니다. 그것이 인간이고, 나도 그 범주에 속한다고 생각합니다.

만약 내가 기억하지 못했던 나의 모습의 어떠함이 내 눈 앞에 펼쳐진다면 어떤 생각이 들까? 누가 알까, 누가 볼까, 꽁꽁 감추어 두었던 내 삶의 내면의 적나라한 모습들, 기억조차 하기 싫은 과거의 후회스러운 시간들이 만천하에 공개된다면, 나를 신뢰했던 사람들의 실망과 따가운 눈길보다 나 자신이 더 못 견뎌 할 것 같습니다. 내가 만들어 왔던 나의 이미지가 여지없이 무너져 내리고, 그 이미지 속에 감추어 두었던 나의 민 낯이 드러나는 것은 나 자신 조차도 믿지 못해 감추어 두었던 나의 본 모습이기 때문입니다. 그리고 그것을 확인하는 것은 참으로 잔인한 일입니다. 그런데 하나님께서는 심판의 시간에 우리의 실제 모습을 확인하게 하십니다. 만약 삶의 중간에 우리가 그 사실을 깨닫는다면 아마 그 충격을 견딜 수 없어 삶의 의미를 상실하거나, 혹은 반대로 모세와 같이 지혜롭게 될 것 같다는 생각이 듭니다.

이 죄악 된 세상이 너무나도 유쾌하고, 즐겁고, 그리고 무엇인가 있어 보이게 잘 돌아간다고 생각하는 것은 이 세상의 실체를 너무 모르기 때문입니다. 보여지는 즐거움과 유쾌함 뒤에 감추어둔 고통, 배신, 추악함과 아귀다툼을 아직 보지 못했기 때문입니다. 하나님을 믿지만 아직도 세상이 주는 환상에 대한 기대를 버리지 못하고 살아가는 사람들이 많습니다. 그곳에서 쟁취해야 할 그 무엇이 아직도 많은 것입니다. 조금만 팔을 내 뻗으면 손에 쥘 것 같은 생각이 들어서 이것만 잘 되면 손을 털고 새로운 삶을 살아야지 하는 영화의 한 장면과 같은 생각을 가진 사람들도 있을 것입니다. 영화에서 상투적으로 나오는 사람들의 모습과 같이 말입니다. 혹은 세상이 주는 재미에 완전히 몰입된 사람들도 있습니다. 솜사탕과 같은 향긋함과 초콜릿이 주는 달콤함과 같은 세상에 탐닉하는 사람들도 많이 있습니다. 그리고 그런 과정을 통해서 우리는 조금씩 세상의 원리에 동화되어가고 있습니다. 자신의 삶의 종착이 어디인지를 깨닫지 못한 채 말입니다.

어떤 이는 자신의 장래에 언젠가는 창조주를 찾아 올 것이라는 단서를 달고 살아가는 사람도 있습니다. 지금의 삶이 바람직하다고 생각하지 않지만 보다 나은 삶을 위한 필요악이라고 생각합니다. 누구나 애써

눈감고 싶고, 감추고 싶은 자신의 삶의 내면이 있습니다. 그리고 그 내용을 일정 부분 알고 있습니다. 그러나 우리가 인지하고 알고 있다고 생각하는 것은 하나님께서 알고 계시는 나의 모습에 비교하면 너무나 작은 일부분입니다. 상상할 수 없는 자신의 추악한 모습의 크기와 정도를 누구도 보지 못하고 있는 것 입니다.

본문에서 창조주임과 동시에 심판자 되시는 하나님과 그 앞에 있는 정말 초라한 인간의 모습을 통찰한 모세의 지혜를 봅니다. 인간이 자주 잊어 버리는 인간의 기억을 모세는 되살리고 있습니다. 모세는 인간의 연수가 칠십이며, 강건하면 팔십이라고 말합니다. 심지어는 세월이 화살과 같이 빠르게 지나간다고 말합니다. 결코 늙지 않을 것 같던 청춘들이 백발이 되고, 병들고 결국은 스올로 간다는 사실을 통해 인간이 자신의 본 모습과 한계를 깨닫게 하였습니다.

그랬기에 가나안을 눈 앞에 두고 하나님께서 느보산에서 죽으라 하실 때 한마디 변명도 없이 그 산으로 들어갔습니다. 세상의 눈으로 보면 얼마나 원통한 삶입니까? 사십 년 동안 죽을 고생을 해서 삶의 목적지인 가나안이 바로 저 강 건너에 있는데, 그곳에서 죽다니, 누구도 감당하지 못할 일입니다. 그러나 모세는 순종했습니다. 그는 아마 그것이 인생임을 알았기 때문일 것입니다. 그리고 오히려 미디안 광야에서 양지기로 늙어가던 자신을 불러 이곳까지 오게 하신 하나님께 감사했을 것입니다. 그것이 모세의 위대함이며 지혜라는 생각이 듭니다.

결코 해가 지지 않을 것 같았던 청춘이 뉘엿뉘엿 석양을 바라볼 때면 누구라도 그런 생각을 합니다. 내가 지금까지 잘 살아왔나? 지금 잘 살고 있나? 가던 길을 멈추고 눈을 들어 먼 곳을 바라보며 잠시 생각에 잠길 때가 있습니다. 지금의 상황과 상관없이 나이가 들어가는 자신의 모습을 보며 느닷없이 흐르는 눈물을 닦을 새도 없이 앞이 흐리게 되는 경우도 경험합니다. 연민인지, 후회인지, 아련한 추억에 대한 회상인지 알 수 없는 복잡한 심정이지만 한가지 분명한 것은 시간이 가면 갈수록 느끼게 되는 뚜렷한 자신의 한계입니다. 무엇인가 건널 수 없는 자신의 연약함을 누가 설명하지 않아도 그냥 몸으로 느끼게 됩니다. 나이가 들어가니 그러한 생각이 나의 마음에 조금씩 접히는 것을 느낄 수 있습니다. 늙어가고 있는게지요.

> 11 누가 주의 노여움의 능력을 알며 누가 주의 진노의 두려움을 알리이까 12 우리에게 우리 날 계수함을 가르치사 지혜로운 마음을 얻게 하소서 13 여호와여 돌아오소서 언제까지니이까 주의 종들을 불쌍히 여기소서 14 아침에 주의 인자하심이 우리를 만족하게 하사 우리를 일생 동안 즐겁고 기쁘게 하소서 15 우리를 괴롭게 하신 날수대로와 우리가 화를 당한 연수대로 우리를 기쁘게 하소서 16 주께서 행하신 일을 주의 종들에게 나타내시며 주의 영광을 그들의 자손에게 나타내소서 17 주 우리 하나님의 은총을 우리에게 내리게 하사 우리의 손이 행한 일을 우리에게 견고하게 하소서 우리의 손이 행한 일을 견고하게 하소서

사람이 나이가 들어가면서 지혜로워진다는 것은 아마 이런 것을 두고 하는 말일 것입니다. 세상의 원리를 이해하게 되고, 지금까지 자신이 관심이 없었던 삶의 뒤편에 있는 무엇에 대하여 약간의 지식이 생기게 된다는 의미일 것입니다. 모세는 자신의 인생의 날수를 계산 할 수 있게 해 달라고 기도합니다. 내가 얼마나 살 것인가를 아는 것이 인생을 잘 살 수 있게 만들지는 않습니다. 왜냐하면 우리는 모두 일정한 나이가 되면 죽을 것을 알고 있기 때문입니다. 하지만 대부분의 사람들은 심각한 병이 들지 않으면 자신이 머지않은 장래에 이 세상과 이별할 것이라고 생각하지 않습니다. 이것은 인간이 갖는 생명에 대한 집착이며 삶의 유한에 대한 무지입니다. 그러나 오래 사는 것 보다 더 중요한 것은 지혜롭게 살아가는 것입니다. 모세는 자신의 삶에 대한 지혜의 마음(heart of wisdom)을 기도하고 있습니다. 지식이 아닌 지혜의 마음은 무엇입니까? 마음이라고 말하니 혹시 우리가 일반적으로 생각하는 마음 즉 감성

적인 것을 의미한다고 생각할 수 있습니다. 그러나 그렇지는 않은 것 같습니다. 지혜와 감성적인 마음은 잘 매칭이 되지 않습니다. 마음은 감성적인 것 보다 이성적이고 지식적인 측면으로의 해석이 더 강합니다. 마음의 변화는 불규칙한 감정을 전제로 하기 보다는 지식을 전제로 한 앎을 통한 변화입니다. 지혜는 매우 이성적이며 객관적인 사실을 기준으로 한 지식을 전제로 합니다. 지혜는 지식의 올바른 사용입니다. 우리의 인생은 하나님을 올바로 아는 지식이 지혜의 전제입니다. 지혜의 마음은 하나님의 마음을 품는 것 입니다. 하나님께서 세상을 향하여 가지신 그 마음이 우리가 가져야 할 나를 향한 그리고 세상을 향한 마음입니다. 그것이 지혜입니다. 그래야 비로소 우리의 삶을 하나님께 맡길 수 있습니다. 그래야 우리의 삶에 역사하시는 하나님을 이해하며, 그를 온전히 신뢰할 수 있습니다.

    모세의 위대함은 인생의 생사의 문제에서 하나님을 인정하고 신뢰했다는 것입니다. 인간이 가장 이기적인 면이 나타나는 것이 두 가지라고 생각합니다. 먼저는 자식에 관한 문제이고, 둘째가 자신의 생사에 관한 문제입니다. 인간이 내려 놓기 가장 어려운 문제를 내려 놓을 수 있는 마음은 아무나 가질 수 없습니다. 그것은 자신의 생을 내려놓고 하나님을 전적으로 의지하고 주권을 인정할 때 가능 한 것 입니다. 인생의 이기적인 마음과 짧은 소견으로 어떻게 그것이 가능하겠습니까? 전적인 하나님에 대한 신뢰입니다. 모세는 세상의 어떤 지식보다 하나님에 대한 신뢰를 통해서 그의 지혜를 구하는 것을 선택한 것입니다. 하나님! 이 아침에 모세가 품었던 하나님을 아는 지혜의 마음을 주시옵소서. 아멘!

시101편

다윗의 시

¹ 내가 인자와 정의를 노래하겠나이다 여호와여 내가 주께 찬양하리이다 ² 내가 완전한 길을 주목하오리니 주께서 어느 때나 내게 임하시겠나이까 내가 완전한 마음으로 내 집 안에서 행하리이다 ³ 나는 비천한 것을 내 눈 앞에 두지 아니할 것이요 배교자들의 행위를 내가 미워하오리니 나는 그 어느 것도 붙들지 아니하리이다 ⁴ 사악한 마음이 내게서 떠날 것이니 악한 일을 내가 알지 아니하리로다 ⁵ 자기의 이웃을 은근히 헐뜯는 자를 내가 멸할 것이요 눈이 높고 마음이 교만한 자를 내가 용납하지 아니하리로다 ⁶ 내 눈이 이 땅의 충성된 자를 살펴 나와 함께 살게 하리니 완전한 길에 행하는 자가 나를 따르리로다 ⁷ 거짓을 행하는 자는 내 집 안에 거주하지 못하며 거짓말하는 자는 내 목전에 서지 못하리로다 ⁸ 아침마다 내가 이 땅의 모든 악인을 멸하리니 악을 행하는 자는 여호와의 성에서 다 끊어지리로다

다윗은 아침마다 열심히 기도했습니다. 시편5편에도 "여호와여 아침에 주께서 나의 소리를 들으시리니"라고 고백하며 하루를 시작하는 시간에 하나님과 교제하는 모습은 모든 그리스도인들의 귀감이 됩니다. 그런데 더 많이 생각되는 것은 당시에 다윗이 왕이었다는 사실입니다. 최고권력자 가운데 얼마나 많은 사람이 누구보다 이른 아침에 일어나 하나님 앞에 나아가 무릎을 꿇고 오늘 하루 자신의 삶 가운데 임하실 주님을 기대하는 시간을 갖겠습니까? 요즈음은 직위가 높은 사람이 다

른 사람보다 아침을 일찍 시작하는 것이 보편적입니다. 회사에서도 직위가 높은 순으로 출근시간이 빠릅니다. 물론 다 그런 것은 아니지만 보편적으로 그렇습니다. 그만큼 할 일이 많다는 것입니다. 하지만 고대의 왕들도 그랬는지 알 수 없습니다. 그때는 지금보다 생활의 리듬이 빠르지 않아서 농사를 짓는 사람이 아니면 새벽같이 일어나서 무엇을 하는 문화는 아니었다는 생각이 듭니다. 특히 왕은 자신의 시간에 주변의 사람들이 맞추어야 하기 때문에 얼마든지 게으름을 피울 수 있고, 편하게 지낼 수 있는 힘과 환경을 가지고 있습니다. 그럼에도 불구하고 왕인 다윗의 삶은 그렇지 않았습니다. 그는 누구도 깨어 있지 않은 새벽에 일어나 하나님을 만나는 삶을 지속적으로 유지했고, 그 시간에 자신의 생명을 걸었습니다. 그만큼 새벽시간이 다윗에게는 중요했던 것입니다.

문명이 발달할수록 밤 문화가 발달합니다. 특히 한국은 더욱 그런 것 같습니다. 외국에 있을 때에 잘 적응되지 않는 것이 밤에 할 일이 없다는 것입니다. 다들 일찍 퇴근해서 집안에서 가족들과 함께 지내고, 잠자리에 일찍 드는 것이 처음에는 익숙하지 않아서 어려움을 겪은 기억이 납니다. 우리나라는 그런 면에서 밤 문화가 외국과는 사뭇 다른 것을 느낍니다. 가끔 늦은 밤 고속도로나 시내의 큰 도로를 지날 때, 많은 차들이 다니는 것을 보고 깜짝 놀랍니다. 이 늦은 밤에 도대체 무슨 일이 있기에 이렇게 많은 사람들이 차를 타고 다니는가? 시쳇말로 우리나라는 밤낮의 구별이 쉽지 않습니다. 분명한 것은 밤이 늦어지면 아침 또한 늦어지는 것은 당연합니다.

아침은 언제나 저녁에 준비됩니다. 아침에 일찍 일어나려면 저녁이 절제되어야 하는데, 왕으로서 저녁을 절제한다는 것은 매우 어려운 일입니다. 수많은 연회와 만남, 결정해야 할 많은 국사들, 해결하지 못하는 국방과 경제, 그리고 사람에 관한 문제가 산재해 있는데, 저녁을 통제함으로 새벽을 깨우는 역할을 한다는 것은 대단한 절제이며, 헌신이며, 수고입니다.

작은 사역에도 힘들어하며, 해도 해도 끝나지 않는 일거리들이 산재해 있어서 저녁을 통째로 쏟아 부어도 부족한데, 어떻게 새벽을 깨우며, 이른 아침 시간을 하나님께 헌신할 수 있습니까? 언제나 핑계하듯 난 체질적으로 올빼미라서 새벽 잠이 많아, 그래서 새벽은 언제나 힘들어, 이것이 수 십년 동안 고수하고 있는 한결 같은 나의 신조입니다. 나이가 들어도 이 습관이 잘 고쳐지지 않는 것은 나의 연약함뿐 만 아니라 나의 황소 같이 무지한 고집이라 생각하니 부끄러움이 더합니다.

> [1] 내가 인자와 정의를 노래하겠나이다 여호와여 내가 주께 찬양하리이다 [8] 아침마다 내가 이 땅의 모든 악인을 멸하리니 악을 행하는 자는 여호와의 성에서 다 끊어지리로다

다윗은 하나님의 인자와 정의를 찬양하며, 기도하며, 하나님께서 허락하신 그 땅의 통치를 인자와 정의로 세우겠다는 결심을 아침마다 하나님께 드리고 있습니다. 만약에 내가 회사의 오너라면, 혹은 한 나라의 통치자라면 아침에 내가 가장 먼저 생각하는 것은 무엇일까 생각해봅니다. 아마 어제 밤까지 나를 괴롭혔던 문제나 사람, 나를 잠 못 이루게 했던 것에 골몰하며, 그에 대한 답을 주시기를 기도하거나, 내가 해결해야 할 사람에 대한 문제를 해결하게 해 달라고 기도하는 것이 너무나 당연할 것 같습니다. 그런데 다윗이 아침에 드리는 기도는 이러한 생각과는 너무도 다릅니다. 하나님! 이 하루도 내가 주의 인자와 정의를 실행하게 해 주십시오. 그것이 그의 기도의 전부입니다. 다윗은 성군이라서, 다른 왕들이 겪는 그 흔한 어려운 문제가 없었던 것일까요? 사무엘서, 역대기를 읽어보면 다윗도 역시 수많은 문제들이 그의 통치 가운데 있었던 것을 보게 됩니다. 그럼에도 불구하고 이렇게 기도할 수 있는 이유는 무엇입니까?

² 내가 완전한 길을 주목하오리니 주께서 어느 때나 내게 임하시겠나이까 내가 완전한 마음으로 내 집 안에서 행하리이다.

그 답은 2절에서 찾을 수 있을 것 같습니다. 다윗은 자신의 삶의 수준과 기대를 이 땅에 두지 않았습니다. 다윗은 자신의 삶의 길을 "완전한 길"(blameless Life)이라고 규정했습니다. 하나님 나라의 삶을 기대하고 사모하였던 것입니다. 이 땅에서 하나님 나라의 삶을 기대하고 꿈꾸는 것은 이상적인 삶에 대한 추구입니다. 지극히 현실적이어야 하는 왕의 입장인 다윗은 자신의 삶의 목표를 도저히 이루어 질 수 없을 것 같은 완전한 길에 두었던 것입니다. 다윗이 잘못된 입니까? 그렇지 않습니다. 그것은 너무나 당연합니다. 이는 하나님께서 우리에게 제시하고 있는 삶의 내용입니다. 하지만 우리들은 오히려 성경의 약속을 낮은 수준으로 해석할 뿐 아니라 우리의 죄성에 부합하는 삶으로 그리스도인의 삶을 격하시키고 있습니다. "수준 낮은 그리스도인의 삶"에 길들여져 있는 우리의 모습을 이 아침에 다윗의 고백을 통해서 보게 됩니다.

많은 성도들이 성경에서 가장 어려운 구절을 "산상설교의 팔복"으로 꼽습니다. 팔복은 이 땅이 아닌 하나님 나라에 가서나 실현이 가능한 내용으로 치부하고 아예 접어두고 살려고 하고 있습니다. 만약에 이 땅에서 이루지 못할 삶의 내용이라면 예수님께서 초기의 사역에 그리스도인들의 삶의 표본으로 산상설교를 통해서 팔복을 제시하셨을까 생각해 보게 됩니다. 팔복은 명확하게 그리스도인의 삶의 정체성이며, 실행의 규범인 것입니다. 따라서 다윗도 날마다 자신에게 주어진 통치의 무게만큼이나 자신의 삶의 모습이 하나님의 인자와 정의를 실현하는 삶에 무게 중심을 두었던 것입니다.

무엇을 해도 무방한 최고 권력자인 왕의 직분으로, 어떤 일을 해도 합리화가 가능한 신분으로 자신의 행동과 삶을 스스로 제약하고, 불편하게 만드는 인자와 정의를 시행하는 삶을 살아간다는 것은 참으로 어려운 짐을 지는 것입니다. 그런데 이것을 아침마다 다짐하고, 실제로 자신이 그렇게 살고 있는지 아닌지를 하나님 앞에 비추어 본다는 것은 너무나 가혹한 삶의 모습입니다. 하지만 다윗은 그러한 삶의 내용을 추구했으며, 그렇게 사는 것이 목자인 자신을 한 나라의 왕의 직임을 맡겨 주신 하나님 앞에서 합당한 삶이라고 여겼던 것입니다.

주어진 일이 아닌 주어진 삶을 생각하고 집중할 때, 주어진 삶을 통해서 주어진 일이 어떻게 달라질 것인가를 생각해 보게 됩니다. doing이 평가의 중심에 있고, being을 지배한다면 우리의 삶의 환경은 너무나 가식적이고, 형식적인 삶의 껍데기에 질식하게 될 것입니다. 작금의 교육 현실이 그렇습니다. being을 추구해야 할 교육이 berformance에 의해서 평가를 받으면서 등급이 나누어지고, 이를 통해서 불리한 평가와 제재를 받게 되니, 교육의 원래의 목적인 being은 사라지고, 저급한 방법에 의한 doing만 난무하고 있는 실정입니다. 안타까운 현실입니다.

다른 사람은 몰라도 그리스도인은 아니 교회는 being에 의해서 doing이 지배된다는 분명한 가치를 가져야 하고, 그렇게 교육해야 합니다. 잘못된 세상의 방법과 가치관을 교회에 도입해서 성경적인 가치와 방법을 대체해 버린다면 교회는 소망이 없습니다. 만약 우리가 인자와 정의로 교육하고 아침마다 하나님의 가치에 의해서 살게 해 달라고 부르짖는다면 다윗과 같이 하나님을 경외하고, 사람에게 사랑받는 그리스도인들이 나타날 것입니다. 하나님께서는 지금도 아침마다 엎드려 인자와 정의가 나를 지배하게 하소서 라고 무릎으로 기도하는 자를 목마르게 기다리고 계십니다.

우리가 교회를 이야기 할 때 이 땅에 교회에 출석하는 자의 숫자가 얼마인가를 셈하는 것이 아니라 자신의 삶을 하나님의 인자와 정의에 맡기는 사람들이 있을 때, 교회와 그리스도인의 가정과 삶에 하나님의 은혜와 긍휼의 역사가 일어납니다. 이것이 하나님의 법칙입니다. 이렇게 말하는 나 자신 또한 이 기도에서 자유롭지 못함을 인정합니다. 주님! 인자와 정의를 나의 기도로 부르짖게 하소서. 그리고 나의 삶에서 하나님의 인자와 정의를 이루어 주소서. 아멘!

시103편

다윗의 시

¹ 내 영혼아 여호와를 송축하라 내 속에 있는 것들아 다 그의 거룩한 이름을 송축하라 ² 내 영혼아 여호와를 송축하며 그의 모든 은택을 잊지 말지어다 ³ 그가 네 모든 죄악을 사하시며 네 모든 병을 고치시며 ⁴ 네 생명을 파멸에서 속량하시고 인자와 긍휼로 관을 씌우시며 ⁵ 좋은 것으로 네 소원을 만족하게 하사 네 청춘을 독수리 같이 새롭게 하시는도다 ⁶ 여호와께서 공의로운 일을 행하시며 억압 당하는 모든 자를 위하여 심판하시는도다 ⁷ 그의 행위를 모세에게, 그의 행사를 이스라엘 자손에게 알리셨도다 ⁸ 여호와는 긍휼이 많으시고 은혜로우시며 노하기를 더디 하시고 인자하심이 풍부하시도다 ⁹ 자주 경책하지 아니하시며 노를 영원히 품지 아니하시리로다 ¹⁰ 우리의 죄를 따라 우리를 처벌하지는 아니하시며 우리의 죄악을 따라 우리에게 그대로 갚지는 아니하셨으니 ¹¹ 이는 하늘이 땅에서 높음 같이 그를 경외하는 자에게 그의 인자하심이 크심이로다 ¹² 동이 서에서 먼 것 같이 우리의 죄과를 우리에게서 멀리 옮기셨으며 ¹³ 아버지가 자식을 긍휼히 여김 같이 여호와께서는 자기를 경외하는 자를 긍휼히 여기시나니 ¹⁴ 이는 그가 우리의 체질을 아시며 우리가 단지 먼지 뿐 임을 기억하심이로다 ¹⁵ 인생은 그 날이 풀과 같으며 그 영화가 들의 꽃과 같도다 ¹⁶ 그것은 바람이 지나가면 없어지나니 그 있던 자리도 다시 알지 못하거니와 ¹⁷ 여호와의 인자하심은 자기를 경외하는 자에게 영원부터 영원까지 이르며 그의 의는 자손의 자손에게 이르니 ¹⁸ 곧 그의 언약을 지키고 그의 법도를 기억하여 행하는 자에게로다 ¹⁹ 여호와께서 그의 보좌를 하늘에 세우시고 그의 왕권으로 만유를 다스리시도다 ²⁰ 능력이 있어 여호와의 말씀을 행하며 그의 말씀의 소리를 듣는 여호와의 천사들이여 여호와를 송축하라 ²¹ 그에

게 수종들며 그의 뜻을 행하는 모든 천군이여 여호와를 송축하라 ²² 여호와의 지으심
을 받고 그가 다스리시는 모든 곳에 있는 너희여 여호와를 송축하라 내 영혼아 여호와
를 송축하라

    어린 시절 명절 때 가장 기대했던 것은 돈보다 종합선물세트였습니다. 지금이야 모든 사람이 물건보다 돈을 받기를 우선하고, 명절에 부모님들께서도 자녀가 선물을 사오는 것 보다 현금을 주는 것을 더 선호한다고 합니다. 당시는 어려서 돈에 대한 가치를 잘 몰랐기 때문일 것입니다. 먹고 싶은 다양한 과자들이 한 상자에 들어있는 큼직한 종합선물세트는 지금 생각해도 여전히 기분이 좋고 마음이 설레는 선물입니다. 어린 시절 명절 때 운이 좋으면 받는 종합선물세트는 마법과 같은 상자였습니다. 평상시에 먹고 싶었던 모든 과자가 그 속에 다 들어있을 뿐 아니라 필요할 때 마다 원하는 맛을 골라 먹는 재미도 있었습니다. 그래서 가끔 명절 때 다른 이에게 줄 선물을 사려고 생각할 때면 옛날의 추억을 상기시키는 종합선물세트에 눈길이 갑니다. 하지만 시절이 많이 변해서, 최근에 제가 종합선물 세트를 산 기억은 없습니다.

    오늘 본문을 읽어보면서 떠올린 이미지는 어린 시절 나의 가슴을 설레게 했던 종합선물세트입니다. 하나님께서 우리의 죄를 사하시며, 병을 고치시며, 인자와 긍휼을 베푸시며, 공의로운 일을 행하시고, 억압 당하는 자를 위하여 심판하신다고 하셨습니다. 생각해 보면 우리에게 필요한 모든 일을 해 주시는 하나님이시니 어찌 종합선물세트와 같다고 하지 않을 수 있겠습니까?

    ³ 그가 네 모든 죄악을 사하시며 네 모든 병을 고치시며 ⁴ 네 생명을 파멸에서 속량하시고 인자와 긍휼로 관을 씌우시며 ⁵ 좋은 것으로 네 소원을 만족하게 하사 네 청춘을 독수리 같이 새롭게 하시는도다

위의 말씀을 묵상해 보면 하나님께서 우리에게 베풀어 주신 은혜가 얼마나 큰가를 알 수 있습니다. 나의 죄를 사해주실 뿐만 아니라 새롭게 하셔서 완전하게 변화시키셨습니다. 이는 인간의 어떠한 노력으로 이루어 질 수 있는 것이 아니라 전적으로 하나님의 긍휼이라는 것을 다윗은 고백합니다. 다윗만큼 하나님의 은혜를 몸으로 사무치게 경험한 사람이 있겠습니까? 그의 이러한 고백은 당연한 것 같이 여겨집니다. 그러나 그의 고백이 당연한 것인지 아닌지를 가늠할 수 있는 방법은 나를 돌아보는 것입니다. 하나님의 은혜를 입는 나의 고백을 상기해 보는 것입니다. 나의 고백은 어떻습니까? 나 또한 다윗과 동일한 은혜를 입었습니다. 그런데, 왜 나의 고백은 다윗과 같지 않은지를 생각해 보게 됩니다. 왜 하나님께 은혜를 한번도 경험하지 못한 자와 같은지를 생각해 보게 됩니다. 다윗의 고백이 놀라운 것이 아니라, 동일한 은혜를 경험하고도 전혀 감사의 고백을 하지 않는 나의 모습이 놀라울 따름입니다. 나의 모습을 다윗이라는 거울에 비춰보면 나의 본 모습을 알 수 있게 합니다. 나의 실체이며, 죄성이며, 본 모습임을 깨닫습니다.

[8] 여호와는 긍휼이 많으시고 은혜로우시며 노하기를 더디 하시고 인자하심이 풍부하시도다 [9] 자주 경책하지 아니하시며 노를 영원히 품지 아니하시리로다 [10] 우리의 죄를 따라 우리를 처벌하지는 아니하시며 우리의 죄악을 따라 우리에게 그대로 갚지는 아니하셨으니 [11] 이는 하늘이 땅에서 높음 같이 그를 경외하는 자에게 그의 인자하심이 크심이로다 [12] 동이 서에서 먼 것 같이 우리의 죄과를 우리에게서 멀리 옮기셨으며 [13] 아버지가 자식을 긍휼히 여김 같이 여호와께서는 자기를 경외하는 자를 긍휼히 여기시나니 [14] 이는 그가 우리의 체질을 아시며 우리가 단지 먼지 뿐 임을 기억하심이로다

우리가 용서받은 죄인인 것은 하나님의 더할 수 없는 은혜입니다. 그의 성품을 따라 우리의 죄를 우리에게서 멀리 떼어 놓으셨습니다. 우리를 자녀로 대하시며 어버이가 자식에게 대하는 동일한 긍휼을 베푸

실 뿐만 아니라 우리의 연약함을 이해해주시는 것은 마치 어미가 자식의 체질을 아는 것과 같은 것입니다. 우리가 너무나 가치가 없는 먼지와 같은 존재임을 아시기 때문입니다. 우리를 불쌍히 여기셔서 거두어 주셨습니다. 자기를 지으신 이를 떠난 존재의 가치는 너무나 가볍습니다. 무가치합니다. 그러한 무가치한 우리를 위해 자신의 모든 성품과 사랑을 다 쏟으셨습니다. 존재감 없는 우리를 위해 자신의 모든 것을 최선으로 행하셨습니다. 아무리 뻔뻔하여도 더 이상 요구할 것이 없도록 주셨습니다.

우리의 죄를 위해 단순히 예수 그리스도만을 주신 것은 아닙니다. 하나님께서는 자신의 존재성을 훼손할 정도의 희생을 하셨습니다. 우리는 그의 희생의 크기를 알지도 가늠할 수도 없습니다. 만약 우리가 그것을 안다면 우리는 결코 그의 희생을 받아 들일 수 없었을 것입니다. 하나님의 그런 희생을 감당할 수 있는 존재가 아님을 내가 스스로 알기 때문입니다. 우리는 그의 희생이 갖는 의미를 잘 알지 못합니다. 하나님께서는 우리에게 어린아이처럼 단순히 그리스도의 보혈의 십자가만을 믿으라고 하셨습니다. 우둔한 저희는 그렇게 하면 다 되는 줄 알았습니다. 마치 선심 쓰듯이 그렇게 했습니다. 그런데 시간이 지나가면서, 하나님을 조금 알아가면서 그것이 그렇게 단순한 것이 아니라는 사실을 깨닫기 시작했습니다. 그 사실을 조금씩 알 때마다 피가 꺼꾸로 쏟는 것을 느낍니다. 내가 무엇이기에 하나님께서 나에게 이렇게 하셨는가? 이해할 수 없는 그분의 마음을 찾아보려고 했지만 그것도 나에게는 너무나 어려운 일이었습니다. 자식이 부모의 마음을 어찌 알겠습니까? 그러니 우리가 하나님의 마음을 이해하고 안다는 것은 결코 있을 수 없는 일입니다. 그래서 그냥 그 사실을 인정하기로 했습니다. 가슴 아픈 인정입니다. 알지도 못하면서 인정한다는 것이 얼마나 기막힌 사연입니까? 그러나 우리는 모두 이 사연을 지니고 있습니다. 마치 첫사랑을 경험한 사람들이 그때 그 사람, 그 시간을 기억하지만, 사랑이 무엇인지도 모르고 가슴 아파했던 시린 첫사랑의 경험을 죽을 때까지 간직하고 있는 것처럼 말입니다.

> **15** 인생은 그 날이 풀과 같으며 그 영화가 들의 꽃과 같도다 **16** 그것은 바람이 지나가면 없어지나니 그 있던 자리도 다시 알지 못하거니와 **17** 여호와의 인자하심은 자기를 경외하는 자에게 영원부터 영원까지 이르며 그의 의는 자손의 자손에게 이르리니 **18** 곧 그의 언약을 지키고 그의 법도를 기억하여 행하는 자에게로다

인생은 본능적으로 이 땅에 자신의 흔적을 남기려고 합니다. 그래서 무덤도 크게 만들고, 비석도 세우고, 어쭙잖게 공적도 기록하곤 합니다. 그러나 그것은 얼마나 어리석은 일인지 모릅니다. 풀이 마르고, 꽃이 시드는 것 같이, 이리 저리 덧없는 바람이 부는것과 같은 인생의 머문 자리가 어찌 남겨지겠습니까? 그러나 무지한 인생은 이 땅에 자신의 흔적 아니 자신의 이름 석자를 남기려고 무던히 애를 씁니다. 자신의 생명을 영원히 지키려 말할 수 없는 노력을 한 어리석은 자도 있습니다. 그러나 하나님께서는 우리를 영원하게 하는 것은 풀과 같고 시든 꽃과 같고 지나는 바람과 같은 우리의 존재가 자신을 지으신 이를 아는 것, 창조자를 경외할 때 영원을 소유할 수 있다고 하셨습니다. 이는 우리가 이 땅을 사는 존재가 아닌 영원하신 하나님과 함께하는 존재가 되기 때문입니다. 부질없는 이 땅에서의 흔적을 남기기 위한 노력을 잊게 하셨습니다. 영원한 존재에게 잠시 머문 자리의 흔적은 의미가 없습니다. 돌아갈 본향이 있는 나그네에게 잠시 하룻밤 묵었던 잠자리를 기억하고 그곳에 흔적을 남기는 것이 무슨 가치가 있겠습니까? 영원을 알지 못하고 잠시 머문 자리의 흔적에 연연하는 것은 인생의 어리석음 그 자체입니다. 돌아갈 본향이 있는 자는 불필요한 장소에 머물러야 할 이유가 없습니다. 자신의 행보를 한보라도 재촉하여 당도해야 할 곳에 한 걸음이라도 더 가까이 가기를 기대합니다. 지나는 장소마다 일어나는 인

생사의 모든 일을 확인하고, 간섭하고, 알아야할 이유가 없습니다. 그곳은 마음을 나누어야 할 가치가 없습니다. 마치 시골 장꾼이 오늘은 이곳에서 해가 질 때까지 팔고, 얼른 물건을 챙겨 다음날 장이 서는 곳까지 밤을 새워 밤길을 걸어가야 하기에, 질퍽한 그날의 감정을 풀어놓을 여유가 없는 것과 같습니다. 다만 그 날에 자신에게 주어진 삶에 충실하며, 집에서 가지고 나온 물건을 다 팔고 가족이 기다리는 집으로 돌아가는 그 날이 그에게는 무엇보다 기쁨의 날이며, 그날이 자신이 소망하는 날인 것입니다. 바닷가에서 모래성을 쌓으며, 집을 짓고 놀던 아이들이 부모가 자기의 이름을 부르며, 집으로 돌아가자고 부르면 그때까지 무엇보다 소중하게 생각하는 것 같이 아무런 미련 없이 모래집을 허무는 것과 같습니다. 우리의 삶도 그다지 다르지 않다는 생각이 듭니다.

　오늘 본문을 통해서 하나께서 우리에게 주신 은혜와 축복이 너무나 클 뿐 아니라 너무나 많다는것을 다시 생각하게 됩니다. 그 모든 것을 한꺼번에 다 생각할 수도 없고, 다 감사할 수도 없습니다. 나그네 인생길 가는 동안 천천히 생각하고, 감사하여 인생의 여정에 큰 축복을 누리며 가야 할 것 같습니다. 골라 먹는 재미가 있는 하늘의 선물 "하늘표 종합선물세트" 감사합니다. 아멘!

시108편

다윗의 시

¹ 하나님이여 내 마음을 정하였사오니 내가 노래하며 나의 마음을 다하여 찬양하리로다 ² 비파야, 수금아, 깰지어다 내가 새벽을 깨우리로다 ³ 여호와여 내가 만민 중에서 주께 감사하고 뭇 나라 중에서 주를 찬양하오리니 ⁴ 주의 인자하심이 하늘보다 높으시며 주의 진실은 궁창에까지 이르나이다 ⁵ 하나님이여 주는 하늘 위에 높이 들리시며 주의 영광이 온 땅에서 높임 받으시기를 원하나이다 ⁶ 주께서 사랑하시는 자들을 건지시기 위하여 우리에게 응답하사 오른손으로 구원하소서 ⁷ 하나님이 그의 성소에서 말씀하시되 내가 기뻐하리라 내가 세겜을 나누며 숙곳 골짜기를 측량하리라 ⁸ 길르앗이 내 것이요 므낫세도 내 것이며 에브라임은 내 머리의 투구요 유다는 나의 규이며 ⁹ 모압은 내 목욕통이라 에돔에는 내 신발을 벗어 던질지며 블레셋 위에서 내가 외치리라 하셨도다 ¹⁰ 누가 나를 이끌어 견고한 성읍으로 인도해 들이며 누가 나를 에돔으로 인도할꼬 ¹¹ 하나님이여 주께서 우리를 버리지 아니하셨나이까 하나님이여 주께서 우리의 군대들과 함께 나아가지 아니하시나이다 ¹² 우리를 도와 대적을 치게 하소서 사람의 구원은 헛됨이니이다 ¹³ 우리가 하나님을 의지하고 용감히 행하리니 그는 우리의 대적들을 밟으실 자이심이로다

다윗은 하나님께 자신의 마음을 격정적으로 표현하고 있습니다. "하나님 나의 마음을 정하였습니다"라고 고백합니다. 이는 지금까지는 아니었는데 '앞으로 그렇게 하겠습니다'가 아니라 이미 저의 마음이 하나

님을 향하여 '온 마음을 드리고 있습니다'라는 고백입니다. 그리고 나의 삶에 주어지는 매일의 첫 시간을 '주님께 드리겠습니다'라고 고백하고 있습니다. 이는 마음을 정한 것(decide)이 아니라 이미 지속되고 있는 것(steadfast)입니다. 이는 마치 아름다운 여인을 발견하고 그녀를 사랑하는 남자가 그 여인을 향해서 "제발 나를 떠나지 마세요. 나는 당신과 나의 남은 인생을 함께하기를 원합니다"라고 애절하게 고백하는 장면과 같이 보여집니다. 그리고 자신이 구사할 수 있는 모든 언어적 서술을 통해서 자신의 진심을 전달하려고 애절한 노력을 하는 것과 같습니다. 이는 남녀간의 사랑의 고백인 세레나데의 전형입니다. 다윗은 그러한 마음으로 하나님을 찬송하고, 자신의 인생에서 하나님을 대체 할 그 무엇도 없음을 고백하고 있습니다.

지금은 24시간 어떤 시간이라도 내가 누구에게 가고 싶으면 당장이라도 갈 수 있지만, 80년대 초까지만 해도 '심야통금'이 있었습니다. 정부가 국민들의 안전을 위해서 만든 것인지, 통제하려고 만든 것인지는 정확하게 알 수 없지만, 밤12시부터 새벽4시까지는 누구도 집 밖으로 나와서 다닐 수 없었습니다. 만일 그 시간에 밖에서 다니다 경찰이나 방범대원에게 적발되면, 경찰서에 끌려가서 그날 밤을 그곳에서 지내고 아침에 벌금을 물어야 풀려날 수 있었습니다. 그 시간에 다니려면 정부에서 발행한 '통행증'이 있어야 했습니다. 다윗의 고백은 그리운 여인에게 당장이라도 가고 싶은데, 통행금지가 풀리기를 기다리고 있는 마음을 표현한 것과 같습니다. "하나님! 내가 새벽에 일어나겠습니다"가 아닌 새벽이 올 때까지, 파수꾼이 새벽을 알릴 때를 애타게 기다리고 있음을 표현하고 있습니다. 새벽을 알리는 북이 울릴 때를 기다리는 마음은 얼마나 애절합니까? 시시각각으로 변하는 그 시간이 너무나 더디고 지루하게 만 느껴질 것입니다. 힘이 있다면 최선을 다해서 시간을 빨리 지나가게 하고 싶을 것입니다. 이것이 다윗의 마음이었습니다.

처음 하나님을 인격적으로 만났을 때, 너무나 큰 감격이 있었습니다.

어릴 때부터 교회를 다녔지만 복음을 듣지 못했습니다. 예수 그리스도를 인격적으로 만남은 나에게 말씀에 대한 깊은 사모함을 가져다 주었습니다. 말씀을 읽고, 읽고, 또 읽어도 너무나 좋았습니다. 밤 늦도록 말씀을 읽고, 또 읽다가 졸려서 더 이상 읽기가 어려워 잠시 눈을 감고 잠을 청하며 빨리 깨어나서 다시 말씀을 통해서 주님을 만나기를 기대했던 때가 있었습니다. 잠을 청하면서도 꿈에서 주님과 교제하기를 간절하게 바라던 때가 있었습니다. 불러도 불러도 그치지 않는 찬양을 드리던 때가 있었습니다. 저린 다리에 감각이 사라질 때까지 무릎을 꿇고 주님을 외치던 때가 있었습니다. 그러한 열정과 사모함이 지금은 사라져 버린 것 같습니다. 지금은 그 때를 그리워하고 있습니다. 인생의 연수가 많아지면 하나님과의 관계가 더욱 깊어지리라 믿었는데, 오래된 나무(枯木)처럼 마르고 건조하여 생기가 사라진 느낌입니다. 밤이 지는 것을 안타깝게 생각하고, 새벽이 더디 오는 것에 애끓는 심정이 더 이상 내게 없음을 슬퍼합니다. 먼저 세상을 떠난 사랑하는 이를 추모하듯 현재가 아닌 과거의 아름다웠던 어떤 시간을 회상하는 나의 모습이 슬픔입니다. 하나님과의 관계가 지금이 아닌 과거의 어떤 시점이 정점이었다는 것이 나를 힘들게 합니다.

다윗의 고백처럼 이 새벽에 하나님을 향해서 나의 진액을 전부 모아서 "하나님, 내가 다시 새벽을 사모하는 자가 되게 하소서"라고 고백합니다. 이 고백이 나의 인생에 주님을 다시 진정으로 사랑하는 시간으로 되돌리는 전환의 시간이 되기를 원합니다. 그리고 이 고백을 드리기를 원합니다. "주님! 나의 마음을 정하였습니다. 내가 새벽을 기다리는 자가 되기를 원합니다." 아멘!

제가 너무 사랑하는 찬송입니다. 특히 영어가사로 묵상을 하면 더욱 그 의미를 잘 새길 수 있습니다. 이 찬송은 유학시절 불안한 나의 마음과 상황을 주님께 맡기며, 날마다 나의 삶의 소망과 희망이 되시는 주님을 기대하며 하루에도 수십 번씩 불렀던 찬양입니다. 그 시간이 지금도 그립습니다.

찬송 442장 저 장미꽃 위에 이슬

1

저 장미꽃 위에 이슬 아직 맺혀 있는 그때에
귀에 은은히 소리 들리니 주 음성 분명하다
주가 나와 동행을 하면서 나를 친구 삼으셨네
우리 서로 받은 그 기쁨은 알 사람이 없도다

2.

그 청아한 주의 음성 울던 새도 잠잠케 한다
내게 들리던 주의 음성이 늘 귀에 쟁쟁하다
주가 나와 동행을 하면서 나를 친구 삼으셨네
우리 서로 받은 그 기쁨은 알 사람이 없도다

3.

밤 깊도록 동산 안에 주와 함께 있으려 하나
괴론 세상에 할일 많아서 날 가라 명하신다
주가 나와 동행을 하면서 나를 친구 삼으셨네
우리 서로 받은 그 기쁨은 알 사람이 없도다

찬송가 영어 가사

1.

I come to the gar—den a—lone,

While the dew is still on the ros—es,

And the voice I hear, Fall—ing on my ear, The Son of God dis—clos—es.

And He walks with me, and He talks with me,

And He tells me I am His own;

And the joy we share as we tar—ry there, None oth—er has ev—er known.

2.

He speaks, and the sound of His voice

Is so sweet the birds hush their sing—ing,

And the mel—o—dy That He gave to me, With—in my heart is ring—ing.

And He walks with me, and He talks with me,

And He tells me I am His own;

And the joy we share as we tar—ry there, None oth—er has ev—er known.

3.

I'd stay in the gar—den with Him

Though the night a—round me be fall—ing,

But He bids me go; Through the voice of woe His voice to me is call—ing.

And He walks with me, and He talks with me,

And He tells me I am His own;

And the joy we share as we tar—ry there, None oth—er has ev—er known.

시 112편

¹ 할렐루야, 여호와를 경외하며 그의 계명을 크게 즐거워하는 자는 복이 있도다 ² 그의 후손이 땅에서 강성함이여 정직한 자들의 후손에게 복이 있으리로다 ³ 부와 재물이 그의 집에 있음이여 그의 공의가 영구히 서 있으리로다 ⁴ 정직한 자들에게는 흑암 중에 빛이 일어나나니 그는 자비롭고 긍휼이 많으며 의로운 이로다 ⁵ 은혜를 베풀며 꾸어 주는 자는 잘 되나니 그 일을 정의로 행하리로다 ⁶ 그는 영원히 흔들리지 아니함이여 의인은 영원히 기억되리로다 ⁷ 그는 흉한 소문을 두려워하지 아니함이여 여호와를 의뢰하고 그의 마음을 굳게 정하였도다 ⁸ 그의 마음이 견고하여 두려워하지 아니할 것이라 그의 대적들이 받는 보응을 마침내 보리로다 ⁹ 그가 재물을 흩어 빈궁한 자들에게 주었으니 그의 의가 영구히 있고 그의 뿔이 영광 중에 들리리로다 ¹⁰ 악인은 이를 보고 한탄하여 이를 갈면서 소멸되리니 악인들의 욕망은 사라지리로다

오늘은 본문을 읽으면서 신이 나고, 기쁨이 다른 날보다 더 큽니다. 그 이유는 본문의 내용이 너무 마음에 잘 닿았기 때문입니다. 이 땅에서 그리스도인으로 살면서 항상 해결 못한 숙제 같은 것이 있습니다. 왜, 많은 그리스도인들은 궁핍하고 가난할까? 이러한 삶이 하나님께서 우리들에게 원하시는 모습일까? 물론 모든 그리스도인이 다 가난하고 궁핍한 것은 아니지만 말입니다. 오늘본문의 말씀을 통해서 하나님께서 큰 위로를 주시는 것 같이 기분이 좋습니다. 이런 생각을 하면서 나도 역시 속물에 가깝다는 생각을 하게 됩니다. 위의 것을 생각하지만 그래

도 이 땅에서 남 부럽지 않게 살기를 은근 기대하는, 즉 양쪽 다 잘되었으면 하는 기대의 욕망이 내 안에 있는 것을 확인하게 됩니다.

[1] 할렐루야, 여호와를 경외하며 그의 계명을 크게 즐거워하는 자는 복이 있도다

이 구절을 다시 생각해 보면 행복한 사람은 여호와를 두려워하고 여호와의 계명을 즐거워한다고 했습니다. 먼저 여호와를 두려워한다는 것은 무서워하고 공포심을 가지고 있다는 의미가 아닙니다. 그의 존재가 나와는 본질적으로 다름을 인정하면서, 그에 대하여 친밀함을 가지고 있는 마음을 의미합니다. 나의 삶에 대하여 판단하시는 절대자가 있다는 것은 나의 삶의 모습을 돌아보게 합니다. 나의 삶의 내용이 그에 의해서 심판을 받는 다는 경외를 가지고 있는 것입니다. "죽으면 끝이다"라고 생각하고 살아가는 사람의 삶과 나의 삶은 결국에 절대자에 의해서 평가를 받는다고 생각하고 살아가는 인생은 삶의 태도가 너무나 다릅니다. '평가를 받는 삶'의 의미는 그 삶이 가치가 있기 때문입니다. 그 삶에 주어진 의미가 있기 때문입니다. 그렇게 때문에 끝까지 책임감 있게 살아가려고 노력하는 것입니다.

이러한 태도를 가지고 살아가는 사람에게는 삶에 대한 기준이 있습니다. 평가에는 반드시 기준이 있기 때문입니다. 그 기준이 바로 계명입니다. 하나님께서 우리에게 허락하신 삶의 기준을 이해하고, 그 기준대로 삶을 살아갈 때 누리는 안전함과 기쁨과 즐거움을 상상해 보십시오. 참 즐겁습니다. 왜 이렇게 살아야 하는지를 알고 있습니다. 우리는 이런 마음을 이미 경험해 보았습니다. 내가 누군가를 사랑하면 그와 관련된 모든 일은 즐겁습니다. 하면 할 수록 더 큰 기쁨과 힘이 생겨 나는 것을 우리는 알고 있습니다. 내가 하나님을 사랑하면 그의 명령이 나에게는 쉽고, 즐겁고, 행복합니다. 이러한 관계에서 주어지는 축복이 2절 이하의 내용입니다.

²그의 후손이 땅에서 강성함이여 정직한 자들의 후손에게 복이 있으리로다 ³부와 재물이 그의 집에 있음이여 그의 공의가 영구히 서 있으리로다

사람들이 가지고 있는 자신의 삶에 대한 기대는 어떤 것입니까?

첫째, 경제적으로 풍족한 것 입니다. 특히 나이가 들면, 적어도 내가 다른 사람에게 밥 한끼 편안하게 살 수 있는 경제력을 갖기를 기대합니다.

둘째, 건강입니다. 죽는 날까지 건강하게 살다가 죽는 것입니다. 예전에는 평균 수명이 짧아서 오래 사는 것이 중요했습니다. 그래서 오래 살았다는 표시가 환갑이었으며, 환갑 잔치를 성대하게 했습니다. 그러나 지금 환갑 잔치를 하는 사람은 없습니다. 그만큼 오래 살게 된 것입니다. 그래서 건강하게 오래 사는 삶을 추구합니다. ㅎㅎ 욕심이 더 많아졌지요.

셋째, 자녀들이 잘되는 것입니다. 이것은 자녀를 가진 부모는 누구나 동일한 마음을 가지고 있습니다. 자신의 삶이 희생되더라도 자녀들이 조금 더 잘되기를 기대하는 마음은 어떤 부모든지 동일합니다. 문제는 남들보다 더 잘되기를 기대한다는데 있습니다. 다른 사람과 비교하여 더 잘되기를 기대하는 것이 문제입니다.

넷째, 자신의 삶이 타인에게 떳떳하고 당당한 것입니다. 자신의 삶이 이웃에 의해서 인정받는 것입니다. 사람마다 생각이 약간은 다를 수 있으나 기대하는 것은 대동소이(大同小異) 합니다. 이렇게 적고 보니 제가 목회자로서, 신학생들을 가르치는 선생으로서 너무 세상적인 생각을 가지고 있는 것은 아닌가 하여 부끄럽습니다. 그러나 시편에서 다윗이 이렇게 고백하고 있는 것을 보면, 이러한 기대는 하나님께서 우리에게 주시는 축복이라는 생각을 해 봅니다. 자신의 세상적인 욕망을 하나님의 축복으로 대체하려는 생각은 추호도 없습니다. 하지만 그리스도인들이 이러한 기대를 갖는 것을 죄악시해야 할 아무런 이유는 없다고

생각합니다.

가끔 그리스도인이기 때문에 빈궁한 삶을 지향해야 한다는 말을 듣습니다. 청빈한 삶은 수용할 수 있지만 빈궁한 삶을 당연시하는 것은 수용하기가 어렵습니다. 성경에는 믿음이 좋은 부자와 가난한자가 동시에 나타납니다. 그러나 빈궁한 것이 찬양을 받았던 적은 없습니다. 믿음을 지키기 위해 가난해지는 것을 수용하는 것과 빈궁한 삶을 사는 것은 다른 것입니다. 부자의 경우도 동일합니다. 자신의 쾌락을 위한 어리석은 부자에게 하나님께서는 그날 밤에 그의 목숨을 가져가시면 그의 부가 무슨 의미가 있으냐고 반문하셨습니다. 따라서 위의 내용은 하나님께서 이러한 복을 베풀어 주시는 축복의 내용입니다.

> 4 정직한 자들에게는 흑암 중에 빛이 일어나나니 그는 자비롭고 긍휼이 많으며 의로운 이로다 5 은혜를 베풀며 꾸어 주는 자는 잘 되나니 그 일을 정의로 행하리로다 6 그는 영원히 흔들리지 아니함이여 의인은 영원히 기억되리로다

그렇게 살아가는 삶의 조건이 있었습니다. 그것은 정직입니다. 정직은 자신에게만 아니라 다른 사람에게도, 그리고 결국은 하나님 앞에서 정직한 것을 의미합니다. 피조물인 우리가 하나님 앞에서 올바른 모습으로 서 있는 것을 의미합니다. 그러한 삶을 추구하는 사람은 분명 하나님의 성품을 닮기 마련입니다. 하나님은 자비롭고, 의로우시며, 은혜가 넘치시는 분입니다. 이러한 하나님의 성품이 우리의 삶 가운데 실현되는 것입니다. 우리가 하나님 아버지의 모습을 바라보면, 그 모습을 닮게 되는 것입니다. 피조물인 우리가 이 땅에 살면서 하늘에 계시는 하나님의 모습을 닮아 간다고 생각해 보십시오. 말도 안되는 얘기 입니다. 땅의 존재가 어떻게 하늘의 모습을 닮을 수 있습니까? 그러나 하나님께서 그렇게 말씀하셨고, 믿음의 선배들의 삶을 통해서 그를 증명했습니다.

7 그는 흉한 소문을 두려워하지 아니함이여 여호와를 의뢰하고 그의 마음을 굳게 정하였도다

사람들의 아킬레스건은 자신에 대한 보호 본능입니다. 누구나 자신의 평가나 소문에 예민하고, 자신의 자존심이 상하는 것에 예민한 반응을 보입니다. 이에 대하여 예수님께서 산상수훈에서 자세하게 언급하고 있습니다. 사회적으로 지식이나 재산이나 직위를 가지고 있는 사람들이 자신에 대한 기대 이하의 평가나 소문 그리고 자존심이 상할 때 보이는 반응은 "나는 당신에게 그러한 평가를 받을 사람이 아니다" 입니다. 이 말은 당신은 나를 평가할 자격을 갖추고 있지 않다는 의미이며, 이러한 반응은 그 평가로 인해서 자신의 자존심이 몹시 상했다는 격한 감정을 드러내는 것입니다. 하지만 행복한 사람 즉 여호와의 계명을 즐거워하는 사람은 사람의 평가를 두려워하지 않습니다. 자신을 평가하실 분은 오직 하나님밖에 없다는 사실을 알고 있기 때문입니다. 그렇다고 세상사람들의 평가를 무시한다는 의미는 아닙니다. 세상사람들의 평가에 자존심을 걸고 대항하고, 예민하게 반응하지 않는다는 것입니다. 하지만 우리는 사람의 평가와 소문에 너무 예민하고 자존심에 상처 받는 것을 두려워합니다. 사람의 평가는 가깝고 하나님의 평가는 멀게 느끼는 것이 우리의 모습입니다. 이것이 우리의 숙제이기도 합니다.

10 악인은 이를 보고 한탄하여 이를 갈면서 소멸되리니 악인들의 욕망은 사라지리로다

이 말씀은 나의 인생을 향한 베스트 시나리오가 아닌가? 과연 내 인생이 이런 날이 올 것인가? 이렇게 생각하면 그리스도인으로서 나의 삶에 너무 기대감이 없는 것인가하여 살짝 실망감이 드는 것을 숨길 수 없습니다. 하지만 하나님께서 어느 날 나를 이렇게 세우실 것을 기대합니다. 나의 인생이 악의 도구가 아닌 하나님의 도구로 사용되며 그의 계명

을 즐겁게 따르고 순종하는 자의 모습으로 변화되며 기억되는 것이 나의 바램입니다. 아직도 본문의 내용과 같은 삶이 나에게 이루어지지 않고 있지만, 그러한 날을 나에게 베푸시며 축복하실 하나님을 기대합니다. 이것은 막연한 기대가 아니라 내가 진정으로 하나님을 사랑하고 그의 명령을 즐겁게 순종하는 주의 자녀가 되기를 기대하는 마음입니다. 이 아침에 흡족한 마음으로 하나님을 향한 소망을 가지고 기도합니다. 주님! 이 땅의 것에 야망을 가지고 소유하려는 자가 아닌 주께서 베푸신 축복을 누리는 자가 되게 하옵소서. 아멘!

시113편

1 할렐루야, 여호와의 종들아 찬양하라 여호와의 이름을 찬양하라 **2** 이제부터 영원까지 여호와의 이름을 찬송할지로다 **3** 해 돋는 데에서부터 해 지는 데에까지 여호와의 이름이 찬양을 받으시리로다 **4** 여호와는 모든 나라보다 높으시며 그의 영광은 하늘보다 높으시도다 **5** 여호와 우리 하나님과 같은 이가 누구리요 높은 곳에 앉으셨으나 **6** 스스로 낮추사 천지를 살피시고 **7** 가난한 자를 먼지 더미에서 일으키시며 궁핍한 자를 거름 더미에서 들어 세워 **8** 지도자들 곧 그의 백성의 지도자들과 함께 세우시며 **9** 또 임신하지 못하던 여자를 집에 살게 하사 자녀들을 즐겁게 하는 어머니가 되게 하시는도다 할렐루야

어떤 때, 가끔 여러 번 읽었던 익숙한 글을 보면 너무 친근하고 마음이 편안해 지지는 것을 느낍니다. 오늘의 본문이 그렇습니다. 지금은 아니지만 한때는 지치도록 불렀던 찬양의 시가 오늘의 본문입니다. 그것도 가만히 있는 것이 아니라 율동을 하면서 주변의 사람과 파트너를 바꾸어 가면서 손바닥을 마주 대고 좌우로 뺑뺑 돌리며 서로 웃으면서 했던 찬양입니다. 그렇지만 그때는 왜 하나님을 해 돋는 데서부터 해 지는 데까지 온 세상이 찬양을 해야 하는지 몰랐습니다. 오늘 이 말씀을 읽으면서 내가 그렇게 율동하며 목소리 높여서 찬양했던 분이 정말로 찬양을 받기에 합당한 분이라는 사실을 확인했습니다. 그런데 이 찬양은 조금 다른 찬양인 듯 합니다. 우리가 찬양할 때 일반적으로 위에 계

시는 높은 분을 우르르 보며 찬양을 하는 것이 정상인데, 본문의 하나님
은 우리와 함께하시는 임마누엘의 하나님이기 때문입니다.

> **6** 스스로 낮추사 천지를 살피시고

하나님께서 우리를 위하여 자신을 스스로 낮추셔서 이 땅에 오셨음
을 말씀하십니다. 이 글을 묵상하며 저의 마음에 두 가지 생각이 들었습
니다. 먼저는 예수 그리스도의 오심입니다. 빌2장6-8절에서 예수님에
대하여 묘사한 내용입니다.

> **빌 2:6-8**
>
> **6** 그는 근본 하나님의 본체시나 하나님과 동등됨을 취할 것으로 여기지 아니하시고 **7** 오히려 자기를 비워 종의 형체를 가지사 사람들과 같이 되셨고 **8** 사람의 모양으로 나타나사 자기를 낮추시고 죽기까지 복종하셨으니 곧 십자가에 죽으심이라

세상에 이런 신이 있습니까? 어떤 말로 신의 이러한 행동을 표현할
수 있겠습니까? 표현할 수 없는 사랑이 아니면 도저히 이러한 행동은
있을 수 없습니다. 아니 사랑이 있다고 해도 이 행동은 너무 과한 행동
입니다. 우리가 행했던 얄팍한 행동을 위의 하나님의 사랑과 비교하면
그것을 사랑이라고 포장하기에는 너무 속이 보이는 위선적인 행동인 것
을 확인하게 됩니다. 하지만 이러한 모습을 보시며 하나님께서는 이것
이 내가 너희를 사랑하는 마음이며, 모습이다. 그리고 너희는 서로 이
러한 마음과 행함으로 서로 사랑하라고 명령하십니다. 지극히 사랑하
지 않는다면 결코 할 수 없는 행동입니다. 그러한 모습을 하나님의 아들
이신 예수 그리스도께서 우리에게 나타내 주셨습니다. 그런데 바울은
예수 그리스도의 마음을 설명하면서 앞에 단서를 달고 있습니다. 그것
은 단순히 상황적으로 필요에 의해서 그분이 이 땅에 오신 것이 아니라

그분의 실제의 한결 같은 마음이 그러하다는 것입니다. 그리고 하나님의 정하신 때에 이 땅에 오셨다는 것입니다.

⁵ 너희 안에 이 마음을 품으라 곧 그리스도 예수의 마음이니

이 구절의 내용은 가히 충격적입니다. 바울은 사람들이 가지고 있는 일반적인 신에 대한 기본 개념을 완전히 전환시키고 있습니다. 그 이유를 그의 고린도 후서의 고백에 근거하여 생각해 보면 하늘에 가서 하나님을 뵌 결과가 아닌가 하는 생각을 해봅니다. 우리에게 하나님의 마음을 가지라고 명령합니다. 원래 신은 인간의 근접을 차단합니다. 자신의 신성을 유지하고 보호하기 위해서입니다. 그러나 우리 하나님께서는 자신을 보호하시기 보다 자신을 스스로 낮추셨습니다. 그리고 이 땅에 오셔서 우리에게 자신을 보여 주시며 우리에게 자신을 닮으라고 하십니다. 그냥 닮으라고 하는 것 아닙니다. 자신이 사람의 몸을 입어서 (incarnation) 솔선수범하는 삶의 모습을 보여주셨습니다. 그리고 그 모습을 닮으라고 하시는 것 입니다. 지금까지 우리가 알던 신과는 달라도 너무나 다른 모습입니다. 우리의 모습을 입고 오셔서 우리의 눈높이를 맞추시며 보여주시는 것입니다. 그는 더 이상 하늘에서 불로 호령하시는 무서운 신이 아니라 우리의 옆에 그리고 함께 계시는 하나님이십니다.

⁷ 가난한 자를 먼지 더미에서 일으키시며 궁핍한 자를 거름 더미에서 들어 세워 ⁸ 지도자들 곧 그의 백성의 지도자들과 함께 세우시며 ⁹ 또 임신하지 못하던 여자를 집에 살게 하사 자녀들을 즐겁게 하는 어머니가 되게 하시는도다 할렐루야

하나님께서 이 땅에 오셔서 가난한 자, 궁핍한 자, 임신하지 못한 자를 위한 위로와 피난처가 되셨습니다. 뿐만 아니라 가난한 자와 궁핍한

자들을 그의 백성의 귀한 자들 즉 지도자들과 함께 있게 하셨습니다. 8절은 새 번역이 좀더 좋고, 정확한 번역입니다.

> 8 귀한 이들과 한자리에 앉게 하시며 백성의 귀한 이들과 함께 앉게 하시고.

하나님께서 가지고 계시는 그의 백성들에 대한 관심과 사랑의 깊이가 어느 정도인가를 아주 정확하게 알 수 있는 구절입니다. 하지만 우리는 어려운 우리의 이웃에 대하여 잠시 혹은 필요한 절기에 관심을 갖는 것을 우리의 의무와 책임으로 생각합니다. 그러나 하나님께서는 가난하고 궁핍한 자들 곧 사회적으로 천대받고, 멸시 받으며, 인정받지 못하는 자들을 지도자들 즉 사람들에게 인정받고, 추앙 받고, 대접받는 자들과 함께 하게 하시되, 어떤 절기나 짧은 순간만이 아닌 지속적으로 그렇게 하신다는 것입니다.

우리는 자주 매스컴을 통해서 정치가들이나 명망 있는 사람들이 가난한 사람들이나 어려운 이웃이 사는 곳을 방문하여 선물을 주고, 그들과 함께 사진을 찍어서 자신이 그들에 대하여 얼마나 많은 관심이 있는가를 선전하는 것을 봅니다. 그 사진에 있는 마음이 그들이 진심이 아니라는 것을 알면서도 우리는 그들의 그러한 행동을 선호합니다. 그 의미는 무엇입니까? 우리가 해야 하는데, 하지 못하는 것을 그들이 조금이라도 해줄 것이라는 기대를 갖기 때문입니다. 즉, 나의 마음의 빚을 그들이 대신하여 갚아 줄 것이라는 비현실적인 기대를 가지고 있는 것입니다.

하나 더 생각해 볼 것은 다윗이 당시에 예수님께서 이 땅에 오셔서 행하실 사역에 대해서 매우 정확하게 인지하고 있었다는 것은 놀랍습니다. 이 내용은 누가복음 4장18절의 내용과 흡사합니다.

> 18 주의 성령이 내게 임하셨으니 이는 가난한 자에게 복음을 전하게 하시려고 내게 기

름을 부으시고 나를 보내사 포로 된 자에게 자유를, 눈 먼 자에게 다시 보게 함을 전파하며 눌린 자를 자유롭게 하고

이 땅에 오셔서 인간들이 만들어 놓은 사회적인 제도의 불공정함으로 인해서 생긴 문제들을 해결하시는 모습을 봅니다. 이것이 하나님께서 원하시는 이 땅에서 이루어질 하나님 나라의 모습입니다. 이 땅에 수많은 교회와 그리스도인들이 있지만 하나님께서 원하시는 공평과 정의가 점점 멀게만 느껴지는 것은 우리들이 그 만큼 이 땅의 가치관에 깊이 젖어있기 때문입니다. 사회적 소외자와 약자들이 즐겁게 웃는 웃음소리가 들리는 그날이 우리의 삶에 하나님의 뜻이 실현되는 날입니다. 약자들의 웃음소리는 하나님을 향한 진정한 찬양의 소리입니다. 부족하지만 우리가 하나님의 소원을 이루어 드리는 자들이 되기를 기대합니다. 이 아침에 간절한 마음으로 기도합니다. 주님, 이 땅에서 사회적 약자들의 기쁜 찬양이 울려 펴지는 날이 속히 오기를 기도합니다. 아멘!

시121편

성전에 올라가는 노래

[1] 내가 산을 향하여 눈을 들리라 나의 도움이 어디서 올까 [2] 나의 도움은 천지를 지으신 여호와에게서로다 [3] 여호와께서 너를 실족하지 아니하게 하시며 너를 지키시는 이가 졸지 아니하시리로다 [4] 이스라엘을 지키시는 이는 졸지도 아니하시고 주무시지도 아니하시리로다 [5] 여호와는 너를 지키시는 이시라 여호와께서 네 오른쪽에서 네 그늘이 되시나니 [6] 낮의 해가 너를 상하게 하지 아니하며 밤의 달도 너를 해치지 아니하리로다 [7] 여호와께서 너를 지켜 모든 환난을 면하게 하시며 또 네 영혼을 지키시리로다 [8] 여호와께서 너의 출입을 지금부터 영원까지 지키시리로다

최근 몇 년 사이에 우리 주변에서 유행하는 순례의 길이 있습니다. 그곳은 스페인의 산티아고입니다. 산티아고 순례길은 프랑스 남부 국경 마을 생장 피에드 포르에서 예수의 12제자 중 성 야고보의 무덤이 있는 스페인 북서쪽 도시 산티아고 데 콤포스텔라(Camino de Santiago)까지 무려 800㎞에 이르는 길을 가리키고 있습니다. 이 길은 9세기 스페인 산티아고 데 콤포스텔라에서 성 야고보의 유해가 발견되었다고 알려져 유럽 전역에서 많은 순례객들이 오가기 시작했던 길인데, 예수님의 제자인 야고보를 스페인의 수호 성인으로 모시게 되면서 오늘날 순례길이 생겼습니다.

이 길을 본 따서 우리나라에서도 순례길이 아닌 올레 길이 많이 생겼

습니다. 제주도의 올레 길을 비롯해서 전국에 수많은 길들이 생겼습니다. 이 길들은 결국은 걷는 길입니다. 이 길의 의미는 이동 수단 중 가장 원초적이고, 느린 걸음을 통해서 자신의 삶을 다시 한 번 돌아보는 시간을 갖게 합니다. 걷는다는 것은 삶의 내용과 모습을 가장 잘 표현하는 행위입니다.

인생은 순례의 길입니다. 순례자는 자신이 돌아갈 마지막 목표가 있으며, 그곳이 어디인지 분명히 알고 있습니다. 이스라엘 사람들의 삶의 여정의 마지막은 예루살렘입니다. 그 성은 하나님께서 거하시며, 하나님의 성전이 있는 곳입니다. 그래서 평생에 그곳에서 가서 예배와 제사를 드리기를 원했습니다. 어쩌면 마음의 고향과도 같은 곳입니다. 그런데 문제는 예루살렘 성이 상당히 높은 곳에 위치하고 있다는 것입니다. 다윗왕이 이곳을 점령하기 이전에는 여부스 족속이 이 성에 거주했습니다. 당시 이 성은 천혜의 요새여서 누구도 함락시키지 못하는 그야말로 난공불락의 성이었지만 다윗이 함락하여 이스라엘의 중심지로 삼은 것입니다.

순례자가 목적지를 향해서 갈 때, 어려운 것은 언제 그곳에 당도할지 모른다는 것입니다. 언제쯤 도착할지를 알면 이런 저런 계획을 세울 터인데, 도착 예정일을 모른다는 것은 참으로 답답한 일입니다. 그러니 계획이라는 것이 없습니다. 매일 매일을 성실하게 날마다 지속적으로 걸어가는 길 외에는 다른 방법이 없습니다. 뿐만 아니라 그곳은 두 번 갈 수 있는 길이 아니기 때문에 이전에 다녀온 경험이 없습니다. 오늘 순례자가 지나가는 모든 것은 처음이며, 생소한 풍경이며, 새로운 경험입니다. 오늘은 어떤 길이 내 앞에 있을지, 오늘밤은 어느 곳에서 하루 밤을 묶을지 알 수 없습니다. 하루 또 하루를 순례자로 지내다 보면 나에게 가장 알맞은 짐의 정도를 알게 됩니다. 너무 많은 짐을 지고 가는 것은 참으로 어리석은 일입니다. 그 짐이 언제 사용이 될지 모르기 때문입니다. 실제로는 거의 사용되지 않습니다. 그래서 순례자의 짐은 언제나 가벼워야 합니다.

　제 친구 중에 얼마전에 산티아고의 순례길 전체를 다 걸은 친구가 있습니다. 오랜 기간 동안 그곳을 가고 싶어했기 때문에 많은 준비를 했습니다. 혹시 무엇이 필요할까 다양한 상황을 생각해서 다양한 필요한 물품을 준비했습니다. 그러나 그 친구가 준비했던 대부분의 물품은 사용하지 못했다고 합니다. 그 물건들은 오히려 걷는데 도움이 되지 못하고 짐이 되었답니다. 처음에 자신이 필요하다고 생각했던 대부분의 짐들이 다 필요 없는 것들이었다는 것입니다. 그래서 하루 하루 지내면서 다른 사람에게 주든지 아니면 숙박했던 곳에 놔 두던지 했다는 것입니다. 생각해 보면 언제 사용될지 모르는 것을 가지고 다니는 것은 참으로 어리석은 일입니다. 우리의 삶에서 그런 부분들이 얼마나 많은지를 생각해 보게 됩니다. 가장 가볍고, 간소하게 짐을 꾸려서 가는 것이 최상의 순례자의 모습인 것입니다.

　예루살렘 성을 향하여 갈 때 문제가 되는 것이 계속 산을 넘고 넘어가야 합니다. 산을 계속해서 넘어서 걸어가는 것은 순례자에게는 고통입니다. 이미 지쳐 있는데 산을 넘고 또 넘어야 하고, 길은 곧 어두워지는데, 길은 멀고, 숙박지는 눈에 보이지 않고, 예상치 못한 위험에 대한 두려움이 엄습해 옵니다. 이때 순례자가 할 수 있는 일은 무엇입니까? 그것은 예루살렘을 향한 순례의 길을 지속하는 것입니다. 하나님께서 나와 동행하시며, 인도해 주신다는 믿음을 가지고 가는 것입니다. 그 신뢰의 걸음이 순례자를 예루살렘에 당도하게 하는 것입니다. 하지만 주변 환경은 언제나 순례자의 마음을 불안하게 하고, 두려움을 갖게 합니다.

　이스라엘 백성이 바벨론에 포로로 잡혔다가 고레스에 의해서 해방이 되어 예루살렘으로 귀환을 할 수 있게 되었습니다. 3차에 걸쳐서 귀환을 했는데, 그 거리가 1000-1400km으로 추정합니다. 그 중에 2차귀환의 인도자가 제사장 에스라였습니다. 당시에 바벨론에서 탈취해 갔던 많은 성전의 용품들을 되돌려 가지고 왔는데, 그것의 대부분은 금이었습니다. 따라서 강도나 탈취의 위험이 매우 높았습니다. 그럼에도 불구하고 아닥사스다 왕의 제안하는 군사들의 호의를 거절하고 백성들로만 이루어진 귀환을 감행했습니다. 그 이유는 하나님께서 함께하신다는 깊은 하나님에 대한 신뢰였습니다. 그들은 몸 하나도 다치지 않고 무사히 예루살렘에 귀환했습니다.

하나님을 믿는 우리 모두는 예루살렘을 향해서 가는 순례자와 같이 하나님 나라를 소망하며 길을 가는 나그네입니다. 나그네의 삶은 언제나 예상치 못한 새로운 환경에 직면합니다. 언제 무슨 일이 생길지 예상할 수 없습니다. 만약 나그네의 걸음에 가야 할 목적지가 분명하지 않다면 그 걸음은 바람과 같을 것 입니다. 지나온 곳을 또 지나고, 스쳐 지난 사람들을 또 만나고, 두고 온 것들에 대한 미련이 그의 마음 닿는 곳으로 걸음을 돌이킬 것입니다. 결국은 목적지를 잃고 한 곳에서 오 가지도 못하고 걸음 대신 눈으로만 갈 곳을 바라보는 안타까운 삶이 될 것입니다.

무엇이 순례자의 걸음을 목적지에 당도하게 합니까? 내 딛는 한 걸음 또 한 걸음에 나를 부르신 분에 대한 신뢰를 담는 것입니다. 나를 사로잡는 지나치는 풍경에서 눈길을 돌려 나를 기다리시는 그 분을 바라보는 것입니다. 종종 불안한 마음이 나의 눈을 다른 곳으로 향하게 합니다. 불신이 나의 걸음을 지체 시킵니다. 불만족한 마음이 지나치는 세상 것에 대한 욕심을 증가시킵니다. 그리고 잠시나마 걸음을 멈추게 합니다. 동행이 없는 순례자의 지친 걸음은 너무나 무겁습니다. 지친 순례자가 그 길을 걸을 수 있는 단 한가지 이유는 그의 걸음을 지금까지 지키신 그 분이 함께하기 때문입니다. 그 분이 이 순례의 길을 나서게 하셨고, 잘못 가는 길을 막으셨고, 사람의 그림자도 발견할 수 없는 황량한 광야에서 나의 동반자가 되셨습니다.

성을 지키는 파수꾼도 졸고, 성전을 지키는 레위인도 졸음을 이기지 못하고, 중천에 떠 있던 해도 자신의 무게를 감당치 못하여 기울어지고, 해를 대신해서 나왔던 달도 구름에 자신의 존재를 상실하여 사라지고, 수 많은 별들도 누군가의 부름에 원래 있던 곳으로 달려가서 아무도 없는 곳처럼 보일 수 있습니다. 그러나 그곳에 순례자를 기다리는 주님께서 그곳에 계십니다. 순례자의 지친 걸음을 위로하시고, 그간의 수고한 순례의 노고를 위로해 주실 것 입니다.

저 멀리 순례자가 가야 할 예루살렘 성이 보입니다. 단숨에 갈수 있으리라 생각하지만 몇 개의 깊은 시내와 산을 넘어야 할지 가늠을 할 수 없습니다. 끝까지 나의 걸음을 그 분에게 맡깁니다. 한 걸음 앞서 가시는 그 분의 그림자를 밟으며 날마다 따라 가야합니다. 그 분의 지팡이가 나를 지키는 군대인 것을 믿으면서 말입니다. 그 분이 가리키는 손끝에 나의 시선을 고정시켜야 합니다. 그러면 어느 날 기대하던 그 예루살렘에 다다르며, 그 성 안에서 나그네의 짐을 풀고 지치고 상한 발을 뻗고 안식을 누리는 그 날을 맞이 할 것입니다. 하나님께서 지친 발걸음의 순례자를 맞이해 주실 것 입니다. 긴 순례자의 길을 믿음을 가지고 걸어가길 원합니다. 아멘!

순례자의 노래(pilgrim's Song)

저 멀리 뵈는 나의 시온성
오 거룩한 곳 아버지 집
내 사모하는 집에 가고자 한 밤을 새웠네.
저 망망한 바다위에 이 몸이 상할지라도
오늘은 이곳 내일은 저곳 주 복음 전하리.

아득한 나의 갈길 다 가고
저 동산에서 별이 질 때
내 고생하는 모든 일들을 주께서 아시리.
빈들이나 사막에서 이 몸이 곤할지라도
오 내 주 예수 날 사랑하사 날 지켜 주시리.

시 122편

다윗의 시, 곧 성전에 올라가는 노래

1 사람이 내게 말하기를 여호와의 집에 올라가자 할 때에 내가 기뻐하였도다 **2** 예루살렘아 우리 발이 네 성문 안에 섰도다 **3** 예루살렘아 너는 잘 짜여진 성읍과 같이 건설되었도다 **4** 지파들 곧 여호와의 지파들이 여호와의 이름에 감사하려고 이스라엘의 전례대로 그리로 올라가는도다 **5** 거기에 심판의 보좌를 두셨으니 곧 다윗의 집의 보좌로다 **6** 예루살렘을 위하여 평안을 구하라 예루살렘을 사랑하는 자는 형통하리로다 **7** 네 성 안에는 평안이 있고 네 궁중에는 형통함이 있을지어다 **8** 내가 내 형제와 친구를 위하여 말하리니 네 가운데에 평안이 있을지어다 **9** 여호와 우리 하나님의 집을 위하여 내가 너를 위하여 복을 구하리로다

여러 해 전에 상영되었던 영화가 있습니다. 시한부 판정을 받은 두 노인이 자신들이 죽기 전에 해보고 싶었던 일을 한다는 내용입니다. "버켓리스트" 자신의 생애에 꼭 해 보고 싶은 일들을 적어서 그것을 이루어 간다는 것입니다. "버켓"이라는 단어의 의미는 사형수가 사형이 집행되는 순간 올라가는 통(bucket)입니다. 이 통이 사형수의 발에서 빠지면 그 사형수는 죽음을 맞이하는 것입니다. 그런 의미로 "죽기 전에"라고 해석을 하는 것 같습니다. 아무튼 그 "버켓리스트"에서 가장 많이 차지하는 목록이 바로 여행입니다. 정말 누구나 꼭 가보았으면 하는 유명한 곳도 있고, 세계일주도 있고, 호화롭게 보이는 크루즈 여행도 있

고, 극한 체험을 위한 모험의 장소도 있고, 산티아고와 같이 자신의 성찰을 위하여 상당히 오랜 시간 걷는 장소도 있습니다. 그리스도인들이 버켓리스트를 작성한다면, 여행장소로 가장 많이 나올 것 같은 장소가 "성지순례" 혹은 성지순례의 상징인 "예루살렘"일 것 같습니다. 성지순례를 아직 가보지 못한 저와 같은 사람의 열망일 것입니다.

[1] 사람이 내게 말하기를 여호와의 집에 올라가자 할 때에 내가 기뻐하였도다 [2] 예루살렘아 우리 발이 네 성문 안에 섰도다

다윗은 "여호와의 성" 예루살렘에 대한 열망을 이렇게 기쁨과 즐거움으로 표현하기를 주저하지 않았습니다. 정말 자신이 가보고 싶은 곳을 누군가 함께 가자고 했을 때 자신의 마음을 알고 그렇게 말하는 것 같아서 기쁜 마음이 드는 것은 너무도 당연할 것 입니다. 다윗은 왕으로서 그 성안에서 살고 있지만 자신이 살고 있는 물리적인 환경의 장소가 아닌 하나님께서 통치하시는 장소인 예루살렘에 대한 환상과 기대를 표현하고 있다는 생각이 듭니다. 즉 하나님께서 통치하시는 하나님의 나라에 대한 소망을 가지고 있는 것입니다. 하나님 나라의 상징이 하나님의 통치가 자신에게 임하는 것에 대한 기쁨과 기대인 것입니다. 이는 개인의 정체성과 같은 것입니다. 인간은 누구나 나는 누구인가? 혹은 어디에 소속되어 있는가를 알기 원합니다. 이는 곧 자신이 어떤 사람임을 나타내는 자기표현입니다. 단순한 여행의 목적지로서가 아닌 자신 신분의 확인을 위한 목적, 자신의 정체성을 기쁜 마음으로 자신있게 밝히는 여행 혹은 장소라면 얼마나 즐겁겠습니까? 이는 사람이 가질 수 있는 가장 큰 행복 중 하나일 것입니다.

많은 곳을 다녀보았습니다. 자신이 속한 나라의 힘을 알려면 가려고 하는 나라의 비자를 발급받는 과정을 보면 알 수 있습니다. 처음 미국을 갈 때는 학업을 위해서 였습니다. 그때를 생각하면 화가 납니다. 시

간과 서류와 증명이 얼마나 많이 필요했는지 모릅니다. 광화문 미국 대사관에 인터뷰를 위해서 아침 일찍 가서 긴 행렬이 줄어들기를 하염없이 기다렸습니다. 정작 미국 영사를 만나서 인터뷰를 하면 간단하게 몇 마디 물어보고 Yes와 No를 결정 당합니다. 그때 정작 미움의 대상자는 미국영사가 아닌 영사 옆에 앉아있는 통역관입니다. 그 사람도 분명 한국사람인데, 절대 나의 편이 아닙니다. 아무튼 그렇게 많은 노력을 했는데, 비자가 통과되지 않으면 크게 좌절하게 됩니다. 한국에서 태어난 것을 원망하게 됩니다. 그런 시절이 있었습니다.

  2-3년전에 다시 미국에 출장 갈 일이 있어서 공항을 갔습니다. 아무 생각없이 항공사 카운터에 비행기표를 여권과 함께 내 밀었습니다. 그랬더니 미국비자가 필요하다는 것입니다. 아니 지금은 비자면제 아닌가요 라고 반문을 했더니, 그래도 비자가 필요하답니다. 순간 난감했습니다. 그럼 못 가는 건가요 하고 물었더니 그 자리에서 online으로 바로 비자를 받을 수 있다고 했습니다. ESTA였습니다. 그래서 2-30분 정도를 소요해서 비자를 받았습니다. 그리고 미국에 도착해서도 이민국을 거치지 않고 기계로 수속하고 바로 나왔습니다. 그랬더니 나를 마중 나오기로 한 분이 내가 늦게 나올 것을 생각하고 늦게 와서 한참을 기다렸습니다. 그 일을 겪으면서 한국의 위상이 많이 좋아졌구나 생각하며 기분이 좋았습니다. 자신의 정체성은 이런 것입니다. 사소하지만 매우 많은 것을 나타냅니다.

  나 자신을 생각해 봅니다. 예루살렘을 향해 가는 여정이 나의 인생의 진정한 목표인가? 그 길을 기뻐하고, 그 길 안에서 행복하고, 그 길에서 평안을 누리는가? 혹시 가지 못한 다른 길에 대한 미련은 없는가? 지금 이 삶의 여정에 대한 기쁨의 본질은 어디에 있는가? 젊은 시절에 예수를 만나 나의 인생의 구주와 주로 영접하고, 지금까지 그 길을 걸어왔습니다. 그리스도가 나의 삶의 주님이라는 사실이 너무나 기쁘고 행복했던 시절이 있었습니다. 주님과 함께한 보석과 같았던 시간들이 나의 눈가를 스쳐 지나갑니다. 어떻게 내가 주를 위해 내 인생을 아낌없이 드릴 수 있을까 고민에 잠 못 이루던 밤이 쌓여 가던 시간의 기억이 아직도 선합니다. 지금도 그 길을 가는 기쁨이 나에게 있는가 묻고 있습니다. 하지만 젊은 시절의 그때만큼 자신이 없는 나를 보게 됩니다. 그때와 같이 당당하고, 떳떳하지 못한 나를 돌아봅니다. 삶의 환경에 지치고 다 하지 못한 책임과 의무에 지친 나의 느려진 발걸음을 봅니다. 가지 말아야 할 길을 호기심으로 들여다 본 죄책에 대한 회한이 떠 오릅니다. 누군가 너는 이런 사람이야 하고 소리를 지를것 같은 위선적인 나의 모습에 가슴을 졸인 적도 있습니다. 이래도 내가 그 길을 기쁜 마음으로 갈 수 있는 자격이 있는것일까? 무릎이 바닥에 닿고 허리가 숙여지고 머리가 너무나 무거워 다시는 일으킬 수 있는 힘도 없이 엎드러진 나의 모습을 봅니다. 이것이 내가 취할 원래의 모습일 것 입니다.

다윗은 환희로 소리를 지릅니다. 우리가 예루살렘의 성안에 들어왔어! 우리 발이 성안의 흙을 밟고 있다구! 결국은 목적지인 예루살렘 성에 도달했습니다. 목적지에 도달한 감격의 표현치고는 너무 담담합니다.

²예루살렘아 우리 발이 네 성문 안에 섰도다

이 고백은 단순히 장소적 개념만은 아닐 것입니다. 이것은 긴 여정의 마침과 새로운 환희의 여정을 시작하는 기대하는 감정의 절제일 것입니다. 하나님께서 다스리시는 왕국의 통치가 어떤 것인지 기대가 만발했을 것입니다. 다윗은 자신이 왕으로서 이스라엘을 통치한 경험에 하나님의 완전한 통치를 누구보다 확인하고 싶었을 것입니다. 그는 그것에 대한 기대와 설레임을 "예루살렘아 너는 잘 짜여진 성읍과 같이 건설되었도다"라고 표현하고 있습니다. 자신이 보고 있는 하나님께서 다스리시는 예루살렘 성을 보노라면 자신의 통치 가운데 있던 이스라엘은 부끄러운 모습이었을 것입니다. 하지만 다윗은 자신의 부끄러운 모습보다 완전하신 하나님의 통치의 모습이 더욱 기쁘고 즐겁습니다. 어쩌면 다윗의 이 모습이 우리에게 주는 용기가 아닐까 하는 생각이 듭니다. 우리의 부끄러운 모습에도 불구하고 하나님의 완전하신 그 통치와 그분의 성의 모습을 기뻐하는 우리를 받으시는 우리의 주님. 그렇습니다. 그분은 그런 분이십니다. 그러한 모습을 처음부터 지금까지 일관되게 보여 주셨습니다. 우리를 향하신 그분의 모습과 성품은 언제나 그의 성실 (faithfulness)하심에 기초하고 있습니다.

그 곳에서 다윗은 하나님의 보좌를 뵙습니다. 그의 보좌를 향해서 가는 성도들은 감사와 평안과 형통과 행복을 제물로 주께 드립니다. 세상에서 생각하던 제물은 없습니다. 세상에서 귀하게 여겼던 것들은 가치를 찾기 어렵고, 그 곳에서 별로 주목하지 않았던 것들이 하나님께서 원하시는 제물일 줄은 몰랐습니다. 감사의 제물은 혼인식에서 신랑과 신부에 앞서 들러리로 나오는 아동과 같습니다. 모든 이에게 기쁨을 선사하고, 그 혼인에 대한 기대를 갖게 합니다. 그들의 소담하고, 천진한 모습에서 신랑 신부의 모습을 찾습니다. 평안은 샬롬입니다. 예루살렘성에 거하는 모든 이는 샬롬입니다. 세상에서 샬롬을 찾는다는 것은 얼마나 어려운 일입니까? 세상은 분쟁이며, 분열이며, 탐욕의 전쟁터입니다. 하지만 주님께서는 그 곳에서도 하나님 나라의 샬롬을 구하라고 명령하셨습니다. 그러나 진정한 샬롬은 하나님께서 통치하시는 예루살렘에 있습니다. 형통은 주님의 선물입니다. 선물은 언제나 예기치 않은 기쁨을 줍니다. 이는 우리의 삶의 모습으로 주께 다시 돌려드려야 할 순종의 모습입니다. 주를 향한 일편단심의 표현입니다. 행복은 변화된 나의 삶의 모습입니다. 누구나 행복을 추구하지만 난 정말 행복하다고 고백하는 사람은 매우 적습니다. 시선이 세상을 향해 있으면 도저히 행복해 질 수 없습니다. 왜냐하면 그곳은 비교 당해야 하고, 다른 사람을 이겨야 하고, 나의 것을 더 크게 하는 것을 통해서 행복을 추구하기 때문입니다. 주님을 알기 전에 깨닫지 못했던 삶의 기쁨입니다. 세상의 모든 환경과 지배를 뛰어 넘는 새로운 삶의 경지입니다. 세상에 속한 자들이 도저히 이해할 수 없는 삶의 내용이며 모습입니다. 다윗은 진정한 행복의 모습을 예루살렘에서 보았을 것입니다.

Blessed you are!

Enjoy your happiness!

인생 최대의 버켓 리스트(bucket list)는 무엇입니까? 주님의 성(城) 예루살렘에 당도하는 것입니다. 세상에서 가보지 않은 곳이 없고, 하지 못한 것이 없어도 예루살렘 성 안에 발을 들여 놓지 못한다면 그 모든 것이 의미가 없으며, 다른 모든 버켓 리스트도 헛 것일 것입니다. 이 아침에 기도합니다. 하나님! 예루살렘 성을 보게 하옵소서. 아멘!

시123편

성전에 올라가는 노래

1 하늘에 계시는 주여 내가 눈을 들어 주께 향하나이다 **2** 상전의 손을 바라보는 종들의 눈 같이, 여주인의 손을 바라보는 여종의 눈 같이 우리의 눈이 여호와 우리 하나님을 바라보며 우리에게 은혜 베풀어 주시기를 기다리나이다 **3** 여호와여 우리에게 은혜를 베푸시고 또 은혜를 베푸소서 심한 멸시가 우리에게 넘치나이다 **4** 안일한 자의 조소와 교만한 자의 멸시가 우리 영혼에 넘치나이다

저자는 오늘의 본문을 "성전에 올라가는 노래"라고 제목을 달고 있습니다. 4절의 짧은 시이지만 내용은 강력합니다. 우리가 성전에 가는 이유는 제사를 드림입니다. 제사는 하나님께 나의 마음을 드리는 의식입니다. 이는 곧 기도입니다. 기도는 무엇을 구하는 것이 아닙니다. 구하는 것은 기도의 아주 작은 일부입니다. 기도는 헌신이며, 나의 나 됨에 대한 포기입니다. 기도를 한다는 것은 나 자신의 소유권을 포기하는 것입니다. 소유는 어디에서 옵니까? 그것은 능력에서 옵니다. 내가 나를 다스릴 힘이 있다는 것을 증명할 때 생기는 것입니다. 그러나 우리가 기도 할 때 가장 먼저 해야 할 일은 소유권을 포기하는 것입니다. 내가 딛는 땅을 바라보는 것이 아닌 땅에서의 무엇이이루어 진다는 희망을 포기하고 하늘을 바라보는 것입니다. 그래서 무릎을 꿇습니다. 무릎을 꿇는다는 것은 항복입니다. "I surrender"

¹ 하늘에 계시는 주여 내가 눈을 들어 주께 향하나이다 ² 상전의 손을 바라보는 종들의 눈 같이, 여주인의 손을 바라보는 여종의 눈 같이 우리의 눈이 여호와 우리 하나님을 바라보며 우리에게 은혜 베풀어 주시기를 기다리나이다

이 고백에 예배자의 간절한 마음이 절절이 느껴집니다. 여주인을 향한 여종의 눈, 어쩌면 여종의 눈에는 이미 눈물이 가득 고여있을 것입니다. 주님, 나의 삶의 주관자는 당신입니다. 나의 삶과 죽음이 당신의 손에 있습니다. 여주인이 말로 무엇을 말하기 전에 손이 이미 그 내용을 나타내고 있을 것입니다. 가늘게 떨리는 여주인의 손은 알 수 없는 감정의 교차가, 꽉 쥐어진 주먹에 확고함이, 편하게 내려진 그녀의 손에는 관대함이 있음을 말하기 전에 이미 느낄 수 있었을 것입니다.

여주인을 향한 간절한 눈은 하늘에 계신 우리 아버지에 대한 우리의 마음입니다. 날마다 그의 은혜와 자비 그리고 긍휼을 기대하고 바라는 마음이 그를 바라보는 우리의 마음입니다. 본문을 묵상하며 주님께서 제자들에게 가르쳐 주신 기도가 생각납니다.

마 6:9-13

⁹ 그러므로 너희는 이렇게 기도하라 하늘에 계신 우리 아버지여 이름이 거룩히 여김을 받으시오며 ¹⁰ 나라가 임하시오며 뜻이 하늘에서 이루어진 것 같이 땅에서도 이루어지이다 ¹¹ 오늘 우리에게 일용할 양식을 주시옵고 ¹² 우리가 우리에게 죄 지은 자를 사하여 준 것 같이 우리 죄를 사하여 주시옵고 ¹³ 우리를 시험에 들게 하지 마시옵고 다만 악에서 구하시옵소서 (나라와 권세와 영광이 아버지께 영원히 있사옵나이다 아멘)

이 기도의 내용 이전에 예수님께서는 왜 이 기도를 제자들에게 가르치셨는가? 그 이유는 "사람에게 보이려고"였다. 바리새인들의 종교적 삶을 지배하고 있는 형식주의, 섬기는 대상이 없는 종교적 태도, 기도의 본질인 내면의 간절함은 상실한 채 자신을 사람들에게 나타내려는

종교적 쇼맨십에 대한 준엄한 심판이며, 그들을 향한 분노였습니다. 주님은 제자들을 향해 너희는 기도할 때 그들과 같이 하지 말고 이와 같이 기도하라고 제자들에게 가르치신 것입니다. 우리가 예배나 모임의 마침을 표현하며 외우는 '주기도문'은 우리에게 어떤 의미가 있습니까? 우리가 예배나 모임이 끝났음을 나타내는 의식으로 주기도문을 외운다면, 그 기도를 통해서 우리에게 기도를 가르치려고 하셨던 예수님의 의도는 실패한 것입니다. 왜냐하면 끝을 상징하는 그 기도에는 끝났음에 대한 후련함이 있을 지 언정 간절함은 없기 때문입니다.

우리가 외우는 주기도문에 여주인의 눈을 바라보는 눈물 가득한 여종의 간절함이 있는 지를 확인해야 합니다. 간절함이 결여된 기도는 여전히 자신의 주인이 자기 자신임을 뽐내는 자만이 고스란히 드러나고 있습니다. 그 여종의 눈에 맺힌 가득한 눈물의 의미는 무엇입니까? 자신의 연약함에 대한 무한한 연민과 그럼에도 불구하고 자신을 거두어 주시기를 기대하는 여주인에 대한 간절함을 담은 몸짓입니다. 여주인을 바라보는 그 여종의 눈에 맺힌 가득한 눈물의 의미는 무엇입니까? 자신이 여주인의 보호를 떠나서는 세상 어느 곳에도 갈 곳이 없으니 제발 자신을 거두어 달라고 호소하는 간절함입니다. 여주인의 손가락과 눈동자의 미세한 움직임을 바라보는 여종의 눈물이 가득한 이유는 무엇입니까? 당신 만이 나의 마음을 아시는 유일한 분임에 대한 고백입니다.

그렇습니다. 여종의 간절함은 저리도 애절한데, 새벽마다 꿇는 나의 무릎에는 여종의 눈물 가득한 간절함이 없음을 발견합니다. "주님이 나의 전부입니다"라고 외치는 고백이 허공에 흩어지는 메아리가 되어 연기처럼 사라짐이 나를 절망하게 합니다. 주님보다 먼저 세상이 나를 알아주기를 기대하는 바리새인의 어리석은 마음이 나의 마음에 버젓이 자리하고 있음을 확인합니다. 성전에서 기도하는 세리를 향해서 "하나님! 제가 저 세리와 같이 않음을 감사합니다"라고 외치는 오만함과 주님에 대한 간절한 마음을 상실한 바리새인의 모습이 나의 모습일까 두렵습니다.

　주님! 세상의 시선과 상관없이 여주인의 눈을 바라보는 여종의 간절함을 주시옵소서. 주인의 미세한 움직임을 주목하는 여종의 마음을 주시옵소서. 주님께서 제자들에게 가르치셨던 기도의 의미를 다시 생각하게 하시고, 그 기도로 나를 회복시켜 주시옵소서. 그 기도를 통해서 주님을 사모하는 마음을 회복하게 하시고, 나의 죄를 깨닫게 하시고, 죄를 용서하시는 은혜에 감사하게 하옵소서. 날마다 베푸시는 일용할 양식에 세상의 욕심을 품지 않게 하시고, 필요를 채우심에 감사하게 하옵소서. 날마다 눈에 가득한 눈물이 나의 양식이 되기를 기도합니다. 아멘!

I surrender (Hillsong worship)

Here I am

Down on my knees again

Surrendering all

Surrendering all

(주님) 여기 제가 있습니다

다시 제 무릎을 꿇고

모든 것을 내려 놓고, 모든 것을 내려 놓고

And find me here

Lord as You draw me near

Desperate for You

Desperate for You

여기서 나를 찾아주세요

주여, 나를 주 가까이로 끌어당길 때

저에게는 당신이 절박합니다

주를 간절히 원합니다

I surrender

제가 항복합니다

Drench my soul

As mercy and grace unfold

I hunger and thirst

I hunger and thirst

제 영을 흠뻑 적셔주소서

자비와 은혜가 펼쳐질 때

나는 허기지고 갈급합니다

나는 굶주렸고 목마릅니다

With arms stretched wide

I know You hear my cry

Speak to me now

Speak to me now

양 팔을 넓게 벌리신 채로

나는 당신이 내 부르짖음을 들으심을 압니다

제게 지금 말씀하세요

제게 지금 말씀해 주세요

:I surrender

I surrender

I wanna know You more

I wanna know You more:

제가 항복합니다 저의 두 손을 듭니다

나는 주를 더 알기 원합니다 더 알기 원합니다

:Like a rushing wind
Jesus breathe within
Lord have Your way
Lord have Your way in me
마치 돌풍처럼
예수님이 내 안에 호흡을 넣어주십니다
주께는 주 만의 길이 있습니다
주는 제 안에 그 길을 갖고 계십니다.

Like a mighty storm
Stir within my soul
Lord have Your way
Lord have Your way in me:
강력한 폭풍처럼
내 영혼을 휘저으소서
주께는 주 만의 길이 있습니다
주는 제 안에 그 길을 갖고 계십니다

:I surrender I surrender
I wanna know You more
I wanna know You more:
제가 항복합니다 저의 두 손을 주를 향해 듭니다
나는 주를 더 알기 원합니다 더 알기 원합니다

시126편

성전에 올라가는 노래

¹ 여호와께서 시온의 포로를 돌려 보내실 때에 우리는 꿈꾸는 것 같았도다 ² 그 때에 우리 입에는 웃음이 가득하고 우리 혀에는 찬양이 찼었도다 그 때에 뭇 나라 가운데에서 말하기를 여호와께서 그들을 위하여 큰 일을 행하셨다 하였도다 ³ 여호와께서 우리를 위하여 큰 일을 행하셨으니 우리는 기쁘도다 ⁴ 여호와여 우리의 포로를 남방 시내들 같이 돌려 보내소서 ⁵ 눈물을 흘리며 씨를 뿌리는 자는 기쁨으로 거두리로다 ⁶ 울며 씨를 뿌리러 나가는 자는 반드시 기쁨으로 그 곡식 단을 가지고 돌아오리로다

이 시는 유다 백성들이 바벨론에서 포로로 70년을 생활하다가 귀환했을 때의 감격을 노래하며 하나님 앞으로 나아가며 부르는 찬송입니다. 우리나라도 36년간을 일본의 압제 아래에 있다가 해방되었습니다. 사람들이 잘 부르지는 않지만 학생 때 배웠던 광복절(8.15)노래가 생각납니다.

"흙 다시 만져보자 바다 물도 춤을 춘다. 기어이 보시려 던 어른님 벗님 어찌하리"로 시작하는 노래입니다. 기억을 더듬어 보면 당시에 이 노래를 부르면 감격이 있었습니다. 본문을 읽으면서 8.15의 노래가 생각나는 것은 그 만큼 old generation이란 의미인 것 같습니다. 실제로 광복을 경험하지는 못했지만 그 감정을 어느 정도는 공감하는 세대라는 의미도 되는 것 같습니다. 70년의 포로생활을 마치고 조국으로 돌아오

는 감격은 어떤 것 일까요? 먼 길을 끌려갔다 돌아오는 길에서 느끼는 기쁨은 이루 말할 수 없을 것입니다.

　물론 포로로 끌려갔던 당시의 사람들이 고스란히 다시 돌아온 것은 아닙니다. 자신의 나라가 아닌 곳에서 살아가는 사람들의 처지는 세계 어디나 어느 세대나 같을 것입니다. 끌려왔던 세대는 두고 온 고향산천의 생각에 잠 못 이루며, 귀향에 대한 설렘이 있을 것입니다. 포로의 땅에서 태어난 2세들은 한번도 가보지 못하고 말로만 들었던 그곳에 대한 기대와 불안이 함께 그들의 감정을 지배했을 것입니다. 그렇습니다. 감격만큼 걱정과 두려움이 앞서는 것이 정상일 것입니다. 70년 동안 보지 못했던 고향 예루살렘. 성전과 성벽이 다 파괴되었는데, 과연 우리는 그것들을 어떻게 할 수 있을 것인가? 그러한 염려들이 분명이 있었을 것입니다. 그러나 이 찬송에는 그러한 염려는 찾아 볼 수 없습니다. 그들은 왜 새삼 이 노래를 시편에 포함시켰을까? 다윗의 시편과는 오백년이란 세월의 간격이 있는데. 이는 분명 이 찬송을 통한 교훈을 잊지 말자는 의미를 포함하고 있을 것입니다.

> [1] 여호와께서 시온의 포로를 돌려 보내실 때에 우리는 꿈꾸는 것 같았도다 [2] 그 때에 우리 입에는 웃음이 가득하고 우리 혀에는 찬양이 찼었도다 그 때에 뭇 나라 가운데에서 말하기를 여호와께서 그들을 위하여 큰 일을 행하셨다 하였도다 [3] 여호와께서 우리를 위하여 큰 일을 행하셨으니 우리는 기쁘도다

　위의 본문에서 해방의 기쁨은 누구나 갖는 것이지만 그 해방을 베푸신 이가 하나님 이심을 분명하게 언급을 하고 있습니다. "뭇 나라 가운데서 말하기를 여호와께서 그들을 위하여 큰 일을 행하셨다 하였도다" 당시의 상황을 우리가 알고 있듯이 페르시아의 고레스 왕에 의해서 바벨론이 점령되면서 바벨론의 속국민이었던 유다 백성들의 귀환이 결정되었습니다. 그것은 역사적인 사실입니다. 그럼에도 불구하고 주변

의 뭇 나라들이 고레스가 아닌 여호와께서 유다 백성들을 위하여 해방을 허락하셨다고 얘기하는 것은 유다 백성들의 말이라면 이해가 되지만 (물론 성경에는 하나님께서 고레스를 세우셔서 그렇게 하셨다고 기록되었다), 다른 나라들이 그렇게 말하는 것은 이해하기 어렵습니다. 하지만 시편의 기자는 그 일을 그렇게 기록하고 있습니다. 굳이 이방 사람들의 입을 빌어서 까지 이렇게 기록해야 할 이유가 있었을까? 그것은 자신들 즉 유다 백성들뿐 아니라 이방 사람들조차도 유다의 귀환은 하나님의 섭리라는 것을 누구나 알고 있다고 선포하는 것입니다. 하나님께서 이스라엘의 하나님 되심을 선포하는 것이며, 이스라엘은 하나님의 백성인 것을 누구나 알고 있고, 하나님께서 이스라엘을 위하여 일하시는 것을 만방에 알리는 것입니다.

그렇습니다. 하나님의 백성들에 관한 일은, 아니 하나님의 백성들에게 일어나는 일은 우리가 굳이 말하지 않아도 주변의 사람들이 그 사실을 분명히 알고 있었습니다. 하나님의 역사는 내가 아닌 주변 사람들의 입을 통해서 증거되고 있다는 사실입니다. 나의 삶 가운데 일어난 수 많은 일들의 주관자가 내가 아닌 하나님임을 고백하는 것은 너무나 당연한 일이 아닌가요? 포로에서 해방되는 그들은 입에 웃음이 가득하고, 입술에는 찬양이 넘쳤고, 기쁨이 가득했다고(filled with joy) 증언하고 있습니다.

하나님의 일하심은 해방의 사건과 같은 국가적인 문제뿐만 아니라 우리의 영혼에 일어난 구원사건과 같은 일에서도 동일할 것입니다. 당시에는 하나님께서 고레스를 통하여 유다를 해방시키셨지만, 지금 우리의 영혼은 하나님께서 자신의 아들인 예수 그리스도의 십자가를 통해서 이루어 주셨습니다.

⁴ 여호와여 우리의 포로를 남방 시내들 같이 돌려 보내소서 ⁵ 눈물을 흘리며 씨를 뿌리는 자는 기쁨으로 거두리로다 ⁶ 울며 씨를 뿌리러 나가는 자는 반드시 기쁨으로 그 곡

식 단을 가지고 돌아오리로다

앞 절에서는 민족의 해방의 감격을 묘사했지만 뒤 절에서는 해방된 유다 백성들의 일상을 언급하고 있습니다. 해방이 되어서 그들이 일상으로 돌아왔을 때, 그의 삶을 언급하고 있습니다. 해방사건과 같이 하나님께서 여전히 그들의 삶에 간섭하시고 은혜를 베푸실 것입니다. 4절을 영어성경(NIV)은 이렇게 기록하고 있습니다. "Restore our fortunes, O Lord, like streams in the Negev" 이는 "주님 우리에게 네게브에 있는 시내와 같이 당신의 복을 회복하게 하옵소서" 이는 약간의 설명이 필요합니다. "Negev"는 이스라엘의 남쪽지역의 곡창지대입니다. 우기 때에 곡식을 경작하기에 충분한 비가 내려서 마른 논을 적셔 주기 때문입니다. 따라서 유다 백성들이 4절과 같이 찬송하는 것은 "하나님! 우리의 일상을 지켜 주시고 필요를 채워주시옵소서"라는 기도입니다. 그리고 자신들의 삶의 각오를 노래하고 있습니다. 이는 자신들의 일상에 하나님께서 은혜를 베풀어 주심으로 기쁨의 단을 거둘 수 있다는 고백입니다.

우리의 삶도 동일할 것입니다. 네게브 광야에 경작에 필요한 비를 주시는 분은 하나님이시지만 그것이 모든 문제를 해결하지 못합니다. 우리가 일상에서 우리의 책임과 의무를 감당할 때 하나님께서 주시는 은혜와 축복이 의미가 있는 것입니다. 당연히 네게브 광야에 하나님께서 경작에 필요한 비를 주시지 않으시면 우리의 노력은 허사입니다. 그런 면에서 그리스도인들의 일상은 너무나 중요합니다. 이는 하나님의 역사가 나타나는 통로이기 때문입니다.

마 5:16

이같이 너희 빛이 사람 앞에 비치게 하여 저들로 너희 착한 행실을 보고 하늘에 계신 너희 아버지께 영광을 돌리게 하라 사람들은 자신들의 삶에서 기적이 일어나기를 기대합니다. 그러나 그 기적에 대한 기억과 영향은 오래가지 못합니다. 수많은 기적을 본 예수님의 제자들이 결국은 마지막 순간에 모두 예수님께 등을 돌렸습니다. 이스라엘 사람들이 예수님에게 기적을 요구했고, 그 기적의 목격자이었지만 그 기적으로 인해서 하나님 앞으로 돌아온 사람은 그리 많지 않습니다. 자신의 구원의 의미와 하나님 백성의 신분을 이해하고 날마다 성령 하나님과 동행하며 이 땅에서 죄와 피 흘리기까지 싸우며, 그리스도의 제자로서의 삶을 살아가는 일상의 영성이 우리에게 절실히 필요합니다. 그러한 삶을 살아 갈 때, 하나님께서 네게브 광야에 허락하시는 단비가 우리의 삶에 결실을 맺게 할 것입니다. 그 결실의 단을 거두어 오는 자에게 해방으로 귀환의 길에서 유다 백성들이 불렀던 찬송과 같은 노래를 들을 수 있을 것입니다. 그들은 입에 웃음이 가득하고, 입술에 찬양이 넘쳤고, 얼굴에 기쁨이 가득했습니다(filled with joy). 아멘!

시127편

솔로몬의 시, 곧 성전에 올라가는 노래

¹ 여호와께서 집을 세우지 아니하시면 세우는 자의 수고가 헛되며 여호와께서 성을 지키지 아니하시면 파수꾼의 깨어 있음이 헛되도다 ² 너희가 일찍이 일어나고 늦게 누우며 수고의 떡을 먹음이 헛되도다 그러므로 여호와께서 그의 사랑하시는 자에게는 잠을 주시는도다 ³ 보라 자식들은 여호와의 기업이요 태의 열매는 그의 상급이로다 ⁴ 젊은 자의 자식은 장사의 수중의 화살 같으니 ⁵ 이것이 그의 화살통에 가득한 자는 복되도다 그들이 성문에서 그들의 원수와 담판할 때에 수치를 당하지 아니하리로다

인간에게 가장 어려운 숙제는 열심히 노력했는데 뜻대로 잘 되지 않는 것입니다. 통칭 과학(science)이라고 칭할 때, 가장 중요한 척도는 input 에 대한 output입니다. 즉 동일한 상황에서 동일한 내용을 투입했을 때, 동일한 결과가 반복적으로 일어나는 상태를 과학이라 합니다. 과학에 대한 가장 잘못된 예가 의학인데, 의학은 분명 과학을 기초로 하지만 과학은 아닙니다. 동일한 조건하에서 동일한 의술을 시행하든지, 동일한 약물을 투입했음에도 불구하고 동일한 결과가 반복적으로 나타나지 않는 경우는 얼마든지 있습니다. 그러한 고민을 적은 책이 하버드 의대 교수이며 종양학자인 제롬 그루프먼의 "희망의 힘(The anatomy of Hope)"입니다. 과학도로서 의사로서 동일한 Input으로 인한 기대치가 아닌 상이한 Output에 대한 고민을 담은 그의 경험입니다.

그렇습니다. 음식을 먹었다면 배설하는 것이 마땅하고, 책을 읽었으면 그에 대한 지식이 남아서 활용되는 것이 마땅하고, 무엇인가 최선을 다해서 노력했으면 그것에 대한 결과를 얻는 것이 마땅합니다. 그러나 아쉽게 인간의 삶은 그렇지 못합니다. 인간의 삶을 과학적인 투입과 산출의 논리로 이해하려고 하지만 아쉽게도 인간의 삶에서 가장 중요한 일들은 이러한 과학의 법칙에서 비켜나 있습니다. 노력했는데 잘되지 않을 때, 우리는 운이 없다고 말합니다. 혹은 때가 좋지 않았다고 하거나, 다음에는 괜찮아 질것이라고 위안을 합니다. 본문에서는 집이 세워짐과 성이 안전하게 지켜짐과 열심히 일한 수고의 대가가 그의 노력에 달려있는 것이 아니라 하나님의 손에 달려있다고 선언합니다. 이 말은 우리로 하여금 일시적으로 반항하게 하고, 좌절하게 하지만 궁극적으로는 겸손하게 하며, 인생의 주체가 자신이 아닌 하나님임을 인정하게 합니다.

¹ 여호와께서 집을 세우지 아니하시면 세우는 자의 수고가 헛되며 여호와께서 성을 지키지 아니하시면 파수꾼의 깨어 있음이 헛되도다 ² 너희가 일찍이 일어나고 늦게 누우며 수고의 떡을 먹음이 헛되도다 그러므로 여호와께서 그의 사랑하시는 자에게는 잠을 주시는도다

본문에서 확인할 수 있는 것은 두가지입니다. 첫째는 우리의 삶의 모든 행위는 하나님의 섭리안에 있다는 것입니다. 하나님께서 함께하지 않으신다면, 하나님께서 지켜 주지 않으신다면, 그것은 의미가 없습니다. 여기서 우리는 자주 "그것이 이루어지지 않는다"는 점을 강조하기 쉽습니다. 물론 분명한 것은 하나님께서 함께하시고 도와 주시지 않으신다면 어떤 것을 이루기가 어렵습니다. 그러나 다시 생각해 보면, 다른 의미를 찾을 수 있습니다. 그것은 무가치함 입니다. 외형적으로 이루어졌는데, 원래 생각했던 가치나 의미를 찾을 수 없다는 것입니다.

이 일이 이루어지면 모든 것이 다 순조롭게 풀리고, 정상적인 모습으로 돌아올 줄 알았는데, 그것이 아니었다는 것입니다. 어쩌면 많은 사람들이 좌절하는 이유가 여기에 있는 것 같습니다. 모든 것을 다 걸고, 최선의 노력을 기울여서 무엇인가를 이루었는데, 그것을 통해서 다른 모든 것이 해결될 것으로 기대했는데, 결과는 자신의 기대와는 달리 그렇지 되지 않았을 때 겪는 좌절은 너무나 큰 고통입니다. 이를 통하여 자신이 얼마나 어리석은 행동을 했는가를 확인하게 됩니다.

둘째는 앞의 내용과 비슷하지만 조금 다른 방향을 생각해 보면, 추구의 목적이 다른 경우입니다. 그 일을 시작하는 동기가 다른 것을 말합니다. 결과적으로 헛된 것이 아니라, 시작할 때부터 전혀 다른 목적과 동기를 가지고 다른 방향을 향해서 출발하는 것입니다. 그러한 경우 그것이 이루어졌다고 해도 그것은 헛된 것입니다. 즉, 성취에 대한 기대에 미치지 못하거나, 기대한 만큼의 성과를 달성할 수 없는 경우를 말합니다. 물론 어떤 경우는 금방 자신이 성취한 것의 무가치함을 인지하지 못하고, 많은 시간이 지나면서 무엇인가 잘못된 것임을 깨닫기도 합니다. 그러나 분명한 것은 그것으로 인해서 많은 인생이 삶의 허무를 경험하며, 자신이 이룬 것에 대한 회의 때문에 극단적인 삶의 선택을 하는 경우도 얼마든지 발생한다는 것 입니다. 이것이 얼마나 위험한 것인지 직접 경험해 보지 않으면 알 수 없습니다. 어떤 경우는 온 삶을 통해서 그것을 이루었는데, 인생의 끝자락에 무엇인가 잘못되었다는 것을 깨달았다면, 그때 느끼는 좌절은 측정하기가 어려울 것입니다. 그 인생은 어떻게 보상이 되어야 하는지 참으로 암담합니다.

위의 두 가지의 경우 모두를 이 시의 저자인 솔로몬은 너무나 잘 알고 있습니다. 그의 다른 시인 "전도서"에서 그는 자신이 행했던 수많은 일들에 대하여 "헛되다"고 했습니다. "전도자가 이르되 헛되고 헛되며 헛되고 헛되니 모든 것이 헛되도다." 그 의미는 자신이 행했던 하나님의 섭리와 상관없는 세상의 모든 일들이 결국은 의미가 없다는 것 입니다. 사람들의 해 아래서의 수고가 모두 헛되다고 말하고 있습니다. 모든 것을 경험한 사람이, 모든 부귀영화를 누려 본 이가 하는 고백이기에 그 말을 수용할 수 있습니다. 그의 고백은 우리로 하여금 노력의 기대를 좌절 시키는 것이 아니라, 오히려 삶의 올바른 방향에 관심을 갖게 합니다. 그래서 해 아래 수고가 왜 헛된 것인가를 생각하고 알아가도록 합니다. 어떻게 하는 것이 참 의미를 가진 것이며, 해 아래의 수고가 무엇인지를 역설적으로 제시하고 있습니다.

> 3 보라 자식들은 여호와의 기업이요 태의 열매는 그의 상급이로다 4 젊은 자의 자식은 장사의 수중의 화살 같으니 5 이것이 그의 화살통에 가득한 자는 복되도다 그들이 성문에서 그들의 원수와 담판할 때에 수치를 당하지 아니하리로다

인간에게 가장 소중한 것이 무엇인가? 물론 자신의 생명입니다. 그만큼 소중한 것을 꼽으라면 그것은 사랑하는 사람들이 모여 있는 가정입니다. 결혼을 해서 가정을 꾸리고, 자식을 낳아 양육해본 사람은 누구나 공감합니다. 결혼해서 자녀를 낳고, 자녀들이 건강하게 잘 성장하고, 가정이 안정되면 그것에서 큰 행복과 기쁨을 얻습니다. 이것은 일상입니다. 큰 바램이 아닌 일상에서 느끼는 기쁨이 사람들의 행복의 원천입니다. 재미있는 것은 시편127편의 표제에 "솔로몬의 시, 성전에 올라가는 노래"라고 되어있습니다. 재미있지 않습니까? 세상에서 가장 지혜로운 인물로 꼽히는 솔로몬이, 세상이 추앙하고 부러워하는 지혜를 가진 솔로몬이, 가정에 대한 이런 소박한 꿈을 피력한 글을 지었다는 것은 놀랍습니다. 솔로몬이 그렇다고 말한다면, 우리 같은 필부는 두 번 말할 필요가 없습니다. 겸손하게 그 의미를 진리로 받아야 할 것입니다.

가정의 역사는 인류의 역사입니다. 가정의 고통은 인간이 겪은 태초의 고통입니다. 가정의 붕괴는 우리의 죄의 모습을 확인시켜 주었습니

다. 그러고 보니 창조자 하나님을 배반한 것도 가정에서 시작되었고, 이로 말미암아 가정에 분열과 반목이 생겼습니다. 그 죄는 더 발전하여 인류 최초의 살인도 한 가정에서 같이 성장한 형제 사이에서 일어났습니다. 근친상간(近親相姦)도 가정에서 시작되었고, 형제 간의 원수됨도 가장에서 시작되었습니다. 모두가 생각하기를 남녀가 만나서 결혼하면 세워진다고 생각하는 가정을 올바로 세우는 것이 결코 쉽지 않음을 성경을 말하고 있다.

하나님께서 에덴에서 가장 먼저 만드신 것이 가정이라면, 그것이 시사하는 바는 너무나 큽니다. 가정은 결국 하나님나라의 축소모델로 만들어진 것이 아닌가 하는 생각을 갖게 합니다. 가정에 부모가 있고, 형제자매가 있고, 사랑이 있습니다. 하나님께서 아담에게 하와를 이끄신 것은 그들이 서로를 사랑하고 기대하라고 하셨지만 그들만을 서로 바라보라고 하지는 않으셨습니다. 왜냐하면 그들이 맺은 하나님과의 언약 때문이었습니다. 그 언약은 가정이 언제나 하나님을 향하도록 명령하셨습니다. 동시에 허락하신 배우자를 향하여 사랑하는 눈길을 가지길 요구하셨습니다. 따라서 그들은 하나님과 사랑하는 배우자를 동시에 바라보면서 살아가야 했던 것입니다.

이러한 원리를 실행할 때 하나님께서 제정하신 가정이 올바로 세워집니다. 사람들이 가장 사랑하고, 무엇보다 잘 세우기를 원하는 가정도 우리의 힘과 노력위에 하나님의 은혜와 섭리가 임할 때 만이 올바로 세워진다는 사실을 지혜자인 솔로몬은 말하고 있는 것입니다.

전쟁에서 이기는 것 보다 더 어려운 것이 사람들을 계몽하는 일입니다. 세상이 부러워하는 지식과 지혜 그리고 힘을 가지고 있는 솔로몬과 같은 성취를 이룬 사람들은 모든 것이 자신의 능력으로 이루어진 것으로 생각합니다. 그러한 성취를 여러 방법을 통해서 나타내려고 합니다. 동상도 세우게 하고, 기념비도 세우고, 찬양의 시도 짓게 합니다. 그러나 결국은 인간의 노력이 아닌 하나님의 은혜와 섭리임을 깨닫게 됩니다. 물론 많은 사람들이 그러한 사실을 이해하거나 인정하지 않고 세상을 떠나갑니다. 솔로몬은 그 사실을 겸손하게 인정하고 고백하고 있습니다. 솔로몬과 같이 하나님의 섭리를 인정하고 고백할 수 있는 지혜를 주옵소서. 아멘.

시 129편

성전에 올라가는 노래

¹ 이스라엘은 이제 말하기를 저희가 나의 소시부터 여러 번 나를 괴롭게 하였도다 ² 저희가 나의 소시부터 여러 번 나를 괴롭게 하였으나 나를 이기지 못하였도다 ³ 밭 가는 자가 내 등에 갈아 그 고랑을 길게 지었도다 ⁴ 여호와께서는 의로우사 악인의 줄을 끊으셨도다 ⁵ 무릇 시온을 미워하는 자는 수치를 당하여 물러갈지어다 ⁶ 저희는 지붕의 풀과 같을지어다 그것은 자라기 전에 마르는 것이라 ⁷ 이런 것은 베는 자의 줌과 묶는 자의 품에 차지 아니하나니 ⁸ 지나가는 자도 여호와의 복이 너희에게 있을지어다 하거나 우리가 여호와의 이름으로 너희에게 축복한다 하지 아니하느니라.

본문은 다른 시편과 조금 다릅니다. 본문에서 "나"라고 지칭하지만 실제는 "나"는 개인이 아닌 "이스라엘"이라는 공동체 혹은 국가입니다. 국가인 이스라엘이 겪은 일들에 관한 내용입니다. 이스라엘은 참으로 많은 어려움을 겪었습니다. 하나님의 제사장 나라로 택함을 받았지만, 그들은 온전하게 서지 못했습니다. 그 역할을 감당하기 보다는 그 사명을 빌미로 자신을 내세우고 다른 사람들과 나라들을 멸시하는 명분으로 삼았습니다. 그러한 생각들이 치우쳐서 하나님의 말씀도 왜곡하고, 자신들이 편리한 대로 해석해서 사용했습니다. 예수님께서 마태복음 5-7장의 산상설교를 통해서 통렬하게 이스라엘의 대표격인 바리새인과 사두개인들로 구성된 제사장, 서기관들을 꾸짖으셨습니다. 이런 다양한

이유로 이스라엘은 하나님에게 많은 징계를 받았습니다. 물론 "사랑의 매"입니다. 사랑의 매이지만 겪는 사람은 매우 아프고 힘듭니다. 구약의 많은 부분은 이러한 내용입니다. 이스라엘을 책망하시는 하나님의 말씀과 그것을 겪는 이스라엘의 모습을 그리고 있습니다.

이런데 감사한 것은 이스라엘이 이러한 자신의 아프고 슬픈 역사적 내용을 하나님께 드리는 제사에 사용하고 있다는 것입니다. 그것도 기도문으로 사용하고 있는 것입니다. 이 내용을 기억하고 외워서 기도하고 있습니다. 이는 이러한 내용을 통해서 다시는 이러한 역사를 반복하지 말자는 의미입니다. 자신들이 겪었던 어려움의 의미가 무엇인지 확인하고, 다시는 그러한 수치를 당하지 말자라고 권면하고 자신의 마음에 새기는 것과 같습니다.

돌아보면 우리나라도 이스라엘처럼 많은 고초와 어려움을 민족적으로 겪은 나라입니다. 우리 민족도 과거의 민족적 어려움을 기억하고, 그것을 토대로 그러한 일을 겪지 않기를 바라는 마음에서 그 일에 관한 많은 내용을 학생들에게 가르칩니다. 학교 다닐 때 위의 기도문과 같지는 않지만 열심히 배우고 외웠던 것들이 있었습니다. 그것은 "기미년 삼월 일일 정오, 터지자 밀물 같은 대한 독립 만세"로 시작하는 3.1절 노래와 학교 다닐 시험에 자주 나오는 연고로 열심히 외웠던 "기미독립선언문"이 있습니다. 세종대왕의 훈민정음 언해본의 첫 문에 실린 한글 창제를 논하는 글 등을 수없이 읽고 외웠습니다.

> "吾等(오등)은 玆(자)에 我(아) 朝鮮(조선)의 獨立國(독립국)임과 朝鮮人(조선인)의 自主民(자주민)임을 宣言(선언)하노라. 此(차)로써 世界萬邦(세계만방)에 告(고)하야 人類平等(인류 평등)의 大義(대의)를 克明(극명)하며, 此(차)로써 子孫萬代(자손만대)에 誥(고)하야 民族自存(민족 자존)의 政權(정권)을 永有(영유)케 하노라."
>
> 『기미독립선언문』

어린 나이였지만, 이 글을 처음 대하고 읽었을 때, 그날의 기억들이 나의 마음을 사로잡고, 그 장소에 내가 있는 듯한 감동을 느꼈습니다. 일제의 압제에서 죽은 수많은 영령들과 고생한 사람들의 고통이 마치 느껴지는 듯했습니다. 지금 생각해 보면, 아득히 먼 옛 이야기 같은 느낌이 듭니다. 왜냐하면 그때 시험 친 이후로 이 내용을 제대로 생각해 본 적이 없기 때문입니다. 내게 잊혀진 내용입니다. 이것이 위의 본문과 다른 것이 아닌가 생각됩니다. 힘들고 얼룩진 역사이지만 그것을 지금도 생각하면 그 의미를 꼽 씹는 것과 한때 열심히 외우고 생각했다가 필요가 사라지면서 잊어버리는 것과의 차이가 얼마나 큰 것인가를 새삼 생각해 보게 됩니다.

[1] 이스라엘은 이제 말하기를 저희가 나의 소시부터 여러 번 나를 괴롭게 하였도다 [2] 저희가 나의 소시부터 여러 번 나를 괴롭게 하였으나 나를 이기지 못하였도다 [3] 밭 가는 자가 내 등에 갈아 그 고랑을 길게 지었도다 [4] 여호와께서는 의로우사 악인의 줄을 끊으셨도다

위의 내용은 이스라엘이 겪은 고통과 고난에 대하여 언급하고 있습니다. 나라가 겪은 어려움은 온 국민에게 그 고통이 있었다는 의미입니다. 누구도 예외가 없습니다. 상황에 따라 개인의 감정이나 기질에 따라 정도의 차이는 있을 것 입니다. 모든 사람이 겪은 그 고통과 고난을 개인화해서 기록하고 있습니다. 개인이 겪은 고난이나 어려움이라면 개인의 성향이나 감정 혹은 행동에 대한 반응이라고 생각할 수 있습니다. 그러나 국가라면, 특히 이스라엘 이라면 얘기는 달라집니다. 이스라엘은 하나님께서 선택하신 선민이었고, 제사장 나라로 부르심을 받은 나라였기 때문입니다. 이스라엘 주변에는 다른 신을 섬기는 국가들이 많이 있었습니다. 이웃한 국가는 필연적으로 정복전쟁을 하는 것이 고대에는 너무나 당연한 이치였습니다. 이스라엘도 예외는 아니었습니

다. 구약의 전쟁은 신들의 전쟁이었습니다. 전쟁에 진다는 것은 자신의 국가가 섬기는 신이 상대국가가 섬기는 신보다 열등하다는 것을 의미합니다. 이유와 상관없이 전쟁에 져서 압제를 받는다는 것은 민족적 수치이고, 이를 통해서 고통을 겪지만 더 큰 의미는 천지를 지으신 창조주 하나님께서 수치를 당하시는 것입니다. 이스라엘을 위하여 계획하신 징벌이지만 실제로 그 수치와 아픔을 당하신 분은 하나님임을 그들은 알았을까요? 이스라엘은 자신들이 겪은 고통을 "등에 고랑을 내었다"로 표현하고 있습니다. 견디기 어려운 고통이었을 것입니다. 그러나 그것은 자신들의 행위로 인해서 겪은 고통입니다. 자업자득입니다. 이러한 고통은 짧게는 몇 년 길게는 수십년, 혹은 수백년간 지속되었습니다.

그러나 그들은 노래하기를 그러한 상황에서도 그들은 자신들을 포기하지 않았다고 고백합니다. 그러한 일이 있을 때에 그들은 자신들의 죄를 뉘우치고 다시 회복했음을 말하고 있습니다. 그 말의 의미는 결국 하나님께서 그들을 포기하시지 않았음을 의미하는 것입니다.

> 5 무릇 시온을 미워하는 자는 수치를 당하여 물러갈지어다 6 저희는 지붕의 풀과 같을 지어다 그것은 자라기 전에 마르는 것이라 7 이런 것은 베는 자의 줌과 묶는 자의 품에 차지 아니하나니 8 지나가는 자도 여호와의 복이 너희에게 있을지어다 하거나 우리가 여호와의 이름으로 너희에게 축복한다 하지 아니하느니라

시온을 미워한다는 자들은 이스라엘의 대적자입니다. 그들은 겉보기에 풀처럼 무성하지만, 그 풀은 마치 지붕에 자라는 풀과 같습니다. 아침에 무성하던 풀이 오후의 더운 햇살에 시들고 맙니다. 지붕은 풀이 자랄 수 있는 자양을 가지고 있지 않기에 결국 마르고 말 것입니다. 굳이 그들을 베려고 노력할 필요가 없습니다. 그들은 스스로 자멸할 것이기 때문입니다. 그것은 하나님을 섬기지 않는 사람, 민족의 모습입니

다. 그들에게 누구도 축복하거나 잘 될 것이라고 말하지 않습니다.

  축복의 근원은 하나님께만 있습니다. 축복의 원리를 아는 자는 하나님께 속할 것이며, 축복을 누리는 자들입니다. 그러나 축복의 원리를 알지 못하거나 거부하는 자들은 세상에 보기에 풍성해 보이지만, 결국 그들의 끝은 지붕위에 자라는 풀들이 정오의 뜨거운 태양의 열기를 감당할 수 없어서 시드는 것과 같습니다. 그것은 성경이 말하는 세상의 법칙입니다.

  지금도 그렇습니다. 믿는 성도들이 세상에서 겪는 어려움이 참 많습니다. 수치나 모욕도 많습니다 하나님의 공동체가 "개독교"로 불리워질 때, 말할 수 없는 고통이 있습니다. 교회 공동체가 세상에 영향을 주지 못하고, 오히려 세상의 사람들에게 손가락질을 받을 때면 하나님의 이름을 부르기도 죄스럽습니다. 언제 이러한 것들이 회복될 것인가 염려가 됩니다. 하나님의 사람들이 이러한 문제를 붙들고 씨름하며 기도합니다. 어쩌면 그날이 오지 않을 것 같은 불안감이 있습니다. 세상은 점점 득세하며, 기독교는 점점 기세를 잃어가는 것 같이 보입니다. 하지만 성경은 우리에게 오늘의 말씀을 통해서 교훈 합니다. 결국 그들은 지붕의 풀과 같이 정오의 볕에 말라버릴 것이다. 이것이 그들에게는 심판의 소리이며, 우리에게는 약속의 말씀입니다. 하지만 우리는 어리석어서 무엇인가 우리의 힘으로 할 수 있는 것 만을 기대하고, 확신하며, 바라봅니다. 지금까지 우리의 삶 가운데서 나의 힘으로 해결된 일이 별로 없다는 것을 익히 알고 있으면서도 동일한 생각에 사로잡혀 있습니다. 나를 바라보는 것이 아니라 하나님의 약속과 능력을 바라보는 힘이 우리에게 필요함을 느낍니다. 날마다 우리의 삶에 이러한 약속된 회복의 말씀이 우리를 소망 가운데로 이끌어 가시기를 기도합니다. 아멘!

시131편

다윗의 시, 곧 성전에 올라가는 노래

¹ 여호와여 내 마음이 교만하지 아니하고 내 눈이 오만하지 아니하오며 내가 큰 일과 감당하지 못할 놀라운 일을 하려고 힘쓰지 아니하나이다 ² 실로 내가 내 영혼으로 고요하고 평온하게 하기를 젖 뗀 아이가 그의 어머니 품에 있음 같게 하였나니 내 영혼이 젖 뗀 아이와 같도다 ³ 이스라엘아 지금부터 영원까지 여호와를 바랄지어다

"성전으로 올라가는 노래"가 시리즈로 이어지고 있습니다. 어떤 시는 다윗의 것이고, 어떤 시는 아닙니다. 하지만 다윗의 시가 아니더라도 마치 다윗의 마음을 표현하는 것 같습니다. 그 의미는 성전에 기도하러 가는 자의 마음은 비슷하다는 것입니다. 여호와를 향한 간절한 마음, 자신의 연약함에 대한 부끄러움, 하나님의 은혜가 아니면 이 길을 갈 수 없음을 명확하게 아는 구도자의 마음입니다. 오늘 본문인 시편 131편은 다윗이 성전으로 올라가며 부르는 노래, 즉 찬송입니다. 성전에 올라간다는 것은 예배를 드리려 가는 것이거나 기도를 드리려 가는 것입니다. 예배자입니다. 예배자의 가장 기본적인 태도는 존재에 대한 분명한 구별을 인정하는 것입니다. "토마스 아퀴나스"는 이렇게 기도했다고 합니다. "하나님! 당신은 하늘에 계시고, 저는 이 땅에 있습니다." 이 기도는 매우 단순하지만 많은 의미를 내포하고 있습니다. 단순히 하나님과 자신이 거하는 위치를 말하는 것이 아님을 우리는 분명하게 이

해합니다. 위치가 아닌 신분의 의미입니다. 신분! 하나님은 누구 이시며, 그를 예배하는 나는 누구인가? 아무리 직위가 높아도 인간 사이는 어떤 이유로 존경의 대상이 될 수 는 있어도 예배의 대상이 되지는 않습니다. 과거 절대군주시대에는 있을 수 있는 일이지만, 지금과 같은 민주시대에는 있을 수 없습니다. 신분의 다름에 대한 분명한 인정이 우선이기 때문에 예배자의 마음을 가다듬는 것은 매우 중요한 일입니다. 찬송은 우리의 마음을 가다듬는데 탁월한 효과가 있습니다. 찬송은 곧 자신의 마음을 표현하는 것입니다. 우리가 예배할 때, 아무 찬송이나 부르지 않습니다. 내가 부르는 찬양이 내 마음을 대변하고 있기 때문입니다.

> [1] 여호와여 내 마음이 교만하지 아니하고 내 눈이 오만하지 아니하오며 내가 큰 일과 감당하지 못할 놀라운 일을 하려고 힘쓰지 아니하나이다 [2] 실로 내가 내 영혼으로 고요하고 평온하게 하기를 젖 뗀 아이가 그의 어머니 품에 있음 같게 하였나니 내 영혼이 젖 뗀 아이와 같도다

다윗이 성전에 나아가며 위와 같은 내용의 찬송을 읊조리는 것은 그의 마음이 그렇다는 것입니다. 다윗의 위대함은 그가 이스라엘의 기초를 세운 위대한 왕이 분명하지만, 더욱 그를 위대한 왕으로 만든 것은 하나님 앞에서 그의 태도입니다. 그는 자신이 목동 출신임을 평생 잊지 않았습니다. 목동은 당시 이스라엘에서 가장 천한 직업 중 하나였습니다. 그렇기 때문에 선지자 사무엘이 하나님의 명령을 받아 다윗의 아버지 이새의 집에 가서 그의 아들들을 면접할 때에 아버지인 이새 조차도 목동인 막내 아들 다윗을 언급하지 않았습니다. 요즈음 말로 하면 다윗은 그의 집안에서 투명인간과 같은 존재였습니다. 그의 출입을 가족들 조차도 관심을 갖지 않은 존재였습니다.

사람들 마음은 약간의 성공, 돈을 조금 벌었거나, 직위가 상승해서

사람들을 부리게 된다거나, 누군가에게 "갑"질을 할 수 있는 상태가 되면 그의 태도가 급격하게 달라지는 것을 보게 됩니다. 자신의 존재를 나타내고, 인정받고 싶어하는 것입니다. 어쩌면 당연한 일입니다. 인간 사회에서 열심히 노력해서 그 만큼 되었는데, 노력의 대가를 기대하지 않는 사람이 어디 있겠습니까?

세상에서는 충분히 그럴 수 있다는 것을 인정합니다. 어쩌면 당연하게 받아들이고 있습니다. 그러나 교회에서 그러한 일이 일어난다면 조금은 다르게 반응할 것입니다. 우리 모두는 창조자이신 하나님과 우리의 죄를 위하여 자신의 목숨을 버리신 예수 그리스도의 피 값으로 사신 바 된 존재임을 인정하는 사람들의 공동체이기 때문입니다. 안타까운 것은 오늘날의 교회의 모습이 그렇지 못하다는 것을 보는 것입니다. 어쩌면 교회가 일반 사회보다 더 심각한 차별화를 보이고 있는지 모릅니다. 사회의 어떤 조직보다 교회 공동체가 서로의 처지를 더 잘 압니다. 그 말의 의미는 잘못하면 이러한 환경이 구성원의 계급화가 보다 용이하다는 것입니다. 많은 교회가 이러한 환경의 부작용을 경험하고 있습니다. 이러한 여러 가지 불편한 모양의 상태를 보는 것과 다윗의 모습을 보는 것은 하나님의 눈으로 자신을 보는 시각을 제공합니다. 그래서 아삽은 시편78편에서 다윗을 이렇게 묘사했습니다.

> 70 또 그의 종 다윗을 택하시되 양의 우리에서 취하시며 71 젖 양을 지키는 중에서 그들을 이끌어 내사 그의 백성인 야곱, 그의 소유인 이스라엘을 기르게 하셨더니 72 이에 그가 그들을 자기 마음의 완전함으로 기르고 그의 손의 능숙함으로 그들을 지도하였도다

아삽의 시를 통해서 볼 때, 다윗은 왕이 되어서도 그가 목동시절의 마음을 그대로 유지하고 있음을 확인하게 됩니다. 사람이 자신의 직위의 높고 낮음이 하나님과 사람에 대한 자신의 태도를 결정을 결정하는

요인이 된다면, 그는 하나님의 저울에 합당하지 않으며 하나님께서는 그러한 사람을 결코 사용하시지 않으십니다. 위에서 다윗이 고백한 내용을 생각해 보면, 다윗은 평생 자신이 보잘것없는 목동 출신으로 하나님의 손에 의해서 쓰임을 받고 있다는 것을 잊지 않고 있음을 나타내고 있습니다.

하나님께 예배하러 가는 자가 가져야 할 다른 태도는 겸손함 입니다. 하나님께 예배하러 간다는 것은 그의 긍휼하심을 구하는 것입니다. 다윗은 자신을 어린아이로 비유하며 무능하고 의존적인 존재로 묘사하고 있습니다. 자신을 어머니 품속에서 이제 막 젖을 뗀 아이와 같은 존재로 인식하고 있습니다. 젖을 뗀 아이의 특징은 아직 자신이 먹어야 할 음식에 익숙지 않은 아이이며, 여전히 엄마의 품과 그 품에서 먹던 젖을 그리워하며 다시 엄마의 젖을 찾습니다. 자신에게 필요한 음식조차도 무엇이 좋은지를 분별하지 못하는 어리석고 연약한 존재입니다.

다윗은 왕이 되어서도 여전히 자신이 하나님 앞에서 이제 막 젖을 뗀 어린아이와 같은 존재임을 고백한 것입니다. 다윗은 자신이 하나님 앞에서 죄인 된 인간으로서 긍휼히 여김을 받기를 원했던 것입니다. 하나님의 긍휼하심만이 자신이 살아갈 길인 것을 너무나 명확하게 알고 있었습니다.

성경을 통해서 우리가 확인할 수 있는 것은 이스라엘의 모든 왕을 통틀어 다윗만큼 모든 사람들에게 사랑을 받은 왕은 없었습니다. 다윗이 팔매 돌로 골리앗을 죽이고 국가의 영웅이 되었을 때, 사울 왕은 그를 군대장관으로 임명했습니다. 생각해 보면 양을 치던 목동이, 나이도 어린 미소년이 벼락 출세하여 이스라엘 군대 전체를 지휘하는 군대장관이 되었습니다. 군대를 다녀온 형제들은 잘 아시겠지만 군대라는 조직이 얼마나 경력과 출신을 따지는 조직입니까? 우리나라만 해도 승진을 위해서 사관학교, 학군단, 학사, 3사등 다양한 출신의 장교들이 치열한 경쟁을 하는 조직입니다. 그런데 군인으로서 아무런 경력도 없고 나이도 어린 다윗이 군대 장관이 되었습니다. 누가 그를 인정하겠으며, 그에게 복종하겠습니까? 어쩌다 던진 돌멩이에 자신들이 꼼작하지 못했던 골리앗을 죽이기는 했지만, 단 한번의 공적 때문에 평생을 군에서 생활한 직업 군인들이 다윗에게 복종한다는 것은 있을 수 없는 일입니다. 하지만 성경의 기록을 보면 군인들 뿐만 아니라 백성들 조차도 "다윗을 사랑했다"라고 묘사하고 있습니다. 군대라는 조직을 아는 사람은 이러한 현상은 결코 일어날 수 없는 일임을 압니다. 그러나 불가능하게 보였던 일을 가능하게 했던 이유는 무엇입니까? 그것은 하나님 앞에서 보였던 자신의 낮진 모습을 사람들 앞에서도 동일하게 보였기 때문입니다. 겸손한 다윗을 사람들은 알아보았던 것입니다.

우리는 가끔 일부 재벌2세들의 온갖 추태를 매스컴을 통해서 접합니다. 자신이 아닌 선대가 이룬 부를 마치 자신이 이룬 것 같은 모습을 보면서 사람들은 그들을 향해 손가락질을 합니다. 그들의 모습은 자신들이 가진 부와 권력 그리고 그들의 부에 비굴함을 보였던 주변 사람들 때문에 망가진 그들의 인격을 대중들에게 드러냅니다. 사람들은 결코 그들에게 진심으로 호의를 베풀지 않습니다. 앞에서는 허리를 굽힐 지라도 돌아서면 그들을 향해 독한 말을 내뱉는 것이 세상 사람들의 인심입니다.

벼락 출세한 다윗을 사람들이 질투하지 않고 사랑했던 이유는 무엇일까요? 오늘 본문에서 다윗이 보였던 그 모습이 아닐까요? 그것은 하나님께서 그를 사랑하셨던 동일한 이유일 것입니다. 하나님 앞에 젖뗀 어린아이와 같은 자신의 모습을 인정하고 겸손하게 하나님의 긍휼을 구하는 모습 때문일 것입니다.

우리는 자주 우리의 삶의 모습이 하나님 앞에서 예배자의 모습이기를 고백합니다. 이는 예배 자로서의 우리의 모습이 곧 우리의 일상의 모습이기 때문입니다. 성전에서 기도하면서, 성전의 다른 한 켠에서 기도하던 세리를 비웃던 바리새인의 모습은 단순히 성전에서의 모습만이 아니라 그의 일상의 모습이며, 자신의 종교적 우월감과 신분을 과시하는 모습이라는 사실을 분명하게 알 수 있습니다. 나의 모습은 어떻습니까? 성전에 선 바리새인처럼 노골적으로 자신을 과시하지 않습니까? 욕을 먹을 만큼 과한 모습이 있지 않습니까? 만약 그렇지 않다면 다행입니다. 하지만 내 안에 진정으로 하나님에 대한 경외와 자신에 대한 낮아짐이 있는가를 확인해 볼 필요가 있습니다. 만약 그러한 마음이 없다면 우리는 예배자로서 준비가 안된 것입니다. 어쩌면 자격미달인지도 모르겠습니다. 평생 예배자로서 살아가기를 원하지만, 예배자의 참된 모습이 무엇인지를 모르고 예배를 드리는 어리석음이 내게 있지 않는지를 확인해 보아야 합니다.

    모든 것에 대한 절대적인 기준이 사라지고 자신의 생각이 기준인 세상에서 하나님에 대한 예배도 자신의 생각이 기준이라면 이는 참으로 참담함 입니다. 오늘 다윗의 모습은 우리가 닮아야 할 하나님을 예배하는 자로서의 모습임을 분명하게 기억해야 합니다. 그것이 나의 생의 일정기간만이 아닌 하나님의 나라의 문을 들어서는 그 날까지 지속되기를 기도합니다. 주님! 저에게 참 예배자의 모습을 알고 닮아가게 하옵소서. 아멘!

시133편

다윗의 시, 곧 성전에 올라가는 노래

1 보라 형제가 연합하여 동거함이 어찌 그리 선하고 아름다운고 2 머리에 있는 보배로운 기름이 수염 곧 아론의 수염에 흘러서 그의 옷깃까지 내림 같고 3 헐몬의 이슬이 시온의 산들에 내림 같도다 거기서 여호와께서 복을 명령하셨나니 곧 영생이로다

본문은 우리가 너무 잘 아는 찬송의 시입니다. 다윗은 성전에 오르는 찬송을 부르며 예루살렘에서 이루어지는 하나님 나라의 공동체를 생각합니다. 형제들이 함께 동거하여 연합함으로 표현하고 있는데, 이는 "동거함"과 "연합함"을 같이 생각해 보면 매우 다양한 형태의 "함께함"을 생각해 볼 수 있습니다. "동거함"은 가족적인 의미로 해석이 가능한데, 이는 하나님 안에서 한 가족임을 나타내고 있습니다. 우리 모두가 하나님의 자녀로서 한 가족으로서의 정체성을 갖습니다. 세상에서 가장 가까운 사이는 혈연공동체 즉 가족입니다. 자신의 부족함을 가리지 않고 스스럼없이 그대로 보일 수 있는 대상이 가족입니다. 서로의 허물이 용서되고, 서로의 부족함이 보완될 수 있는 사이가 가족입니다. 대상에 대한 긴장감이 가장 낮은 것이 가족입니다. 뿐만 아니라 쉼의 터전입니다. 우리가 세상에서 실패했을 때, 그 실패가 사랑으로 받아들여지는 장소가 가족입니다. 그 의미는 가장 어려울 때, 어려움을 함께 할 수 있는 공동체가 곧 가족입니다. 이러한 상황이 실현될 수 있는 가장 자연

스러운 장소가 가족입니다.

다른 측면에서 연합은 공동체 안에서 자신의 역할이 순기능적으로 수용되는 상태라고 생각해 봅니다. 연합은 언제나 시너지를 냅니다. 이것은 꼭 경영학에서 말하는 효율이나 효능적인 면이 아닐 수 도 있습니다. 하지만 분명한 것은 연합은 우리를 하나님의 나라다운 모습을 보여주는 것입니다. 본질적으로 세상에서 이기주의적인 모습, 개인의 독단적인 모습, 그리고 개인의 욕망이나 욕심 때문에 실패한 연합이 세상에서 상상하지 못한 모습의 아름다운 연합이 하나님 나라의 상징인 예루살렘에서 완전하게 이루어 진다는 것을 의미합니다. 이 모습은 세상에서 찾을 수 없고 경험되어지지 않은 모습입니다. 세상의 선과 아름다움의 한계를 넘는 모습입니다. 따라서 가정과 그리스도를 통한 하나님 나라의 공동체는 같은 의미로 받아들일 수 있습니다.

> 2 머리에 있는 보배로운 기름이 수염 곧 아론의 수염에 흘러서 그의 옷깃까지 내림 같고 3 헐몬의 이슬이 시온의 산들에 내림 같도다

하나님 나라를 상징하는 매우 중요한 상징이 축복입니다. 일반적으로 축복은 무엇인가를 받는다는 사고에서 벗어나기가 쉽지 않습니다. 구약에서 축복의 상징은 기름 부음입니다. 이는 하나님의 은혜와 능력이 함께하신다는 증표이기 때문입니다. 축복의 외형적인 것 보다 더 중요한 것이 축복의 근원인 하나님의 임재입니다. 기름부음을 통한 하나님의 임재는 하나님의 제사장인 아론에게 뿐만 아니라 하나님 나라의 모든 백성에게 주어집니다. 그런데 그 기름 부으심이 단순히 머리만 적시는 것이 아니라 얼굴과 수염 그리고 옷깃까지 흘러내릴 정도로 흠뻑 부어진다는 것입니다. 또 다른 축복의 표현으로 헐몬 산의 이슬을 언급하고 있습니다. 이스라엘은 사막 지역이기 때문에 물이 너무 중요합니다. 이스라엘에 있는 헐몬 산은 비가 가장 많이 오는 곳입니다. 헐몬 산

의 아침 이슬이 촉촉하게 대지를 적시면 그 물기에 의해서 새싹이 파릇파릇 나오고 그 상큼하고 신선한 새싹을 어린 양들이 먹고 자랍니다. 또한 그곳에서의 이슬이 냇가를 만들어 메마른 대지를 적시고 필요한 곳에 물을 공급해 줍니다. 메마르고 황량한 사막에 밑에서부터 오르는 시내는 온 대지의 근원을 적시는 수액과 같습니다.

우리의 입장에서 보면 그리 대수롭지 않을 것 같은 내용이지만 이스라엘의 전통과 환경적인 상황을 생각하면, 그들에게 아론의 수염을 타고 내리는 풍족한 기름부음과 헐몬 산의 이슬을 통해서 촉촉히 적셔지는 대지는 추수 날에 목마른 목을 적시는 시원한 얼음 냉수와 같습니다. 단순한 갈증의 해소가 아니라 온몸이 적셔지는 시원함이다. 이것은 마치 하나님의 영의 생명이 각 사람의 마음에서 생명의 꽃을 피우는 것과 같습니다. 헐몬 산을 통해서 공급되는 물이 예루살렘과 주변에 공급됨은 하나님의 은혜임을 나타내고 있습니다.

3 거기서 여호와께서 복을 명령하셨나니 곧 영생이로다

성경에서의 축복은 언제나 신분과 연관이 있습니다. 하나님의 복은 하나님께 속한 자들의 몫입니다. 이것이 하나님 나라의 법칙입니다. 또한 영생은 죽지 않는다는 문자적 의미가 아니라 신분을 나타내고 있습니다. 하나님의 영원하신 속성이 우리에게 전이된 것을 의미합니다. 따라서 영생은 곧 하나님의 자녀 됨입니다. 하나님의 자녀 됨이 바로 동거와 연합을 상징합니다. 다윗은 예루살렘의 성전으로 가는 찬송을 통해서 그곳에서 이루어질 하나님 나라의 축복에 대한 간절한 열망을 가지고 있음을 보여줍니다.

생각해 보면 다윗은 누구입니까? 그는 이스라엘의 모든 복과 부를 다 가지고 있는 왕입니다. 부족한 것이 없는 절대군주의 입장에서 그가 기대하는 축복은 도대체 무엇입니까? 그에게 축복은 지금 누리고 있는 풍성함 외에 무엇이 더 있겠습니까? 그에게 얼마나 더 많은 것들이 주어져야 축복이라고 생각 할 수 있겠습니까? 그럼에도 불구하고 다윗은 하나님의 성전에서 이루어지는 축복에 대한 강렬한 기대와 소망을 표현합다. 그리고 그것이 이 세상의 어떤 것 보다 아름답다고 말합니다. 그것은 이 세상의 어떤 소유보다 더 큰 축복이라고 말합니다. 이는 다윗이 진정으로 이 땅의 것보다 하나님 나라의 것에 대한 의미를 알고 있음이 분명합니다.

우린 하나님 나라의 축복에 대하여 무엇을 알고 있습니까? 세상에서 누릴 수 있는 것이 우리가 받을 축복의 전부라고 생각하고 있지는 않습니까? 이 땅에서 조금 결핍된 것을 보충하는 것을 하나님의 축복의 전부라고 생각하지는 않습니까? 만약 우리의 생각이 그것에 머물러 있다면 우리는 분명 하나님의 축복에 대하여 오해하고 있음이 분명합니다.

절대 군주인 다윗이 사모한 예루살렘의 축복!

하나님! 우리의 생각이 세상의 원리에 너무 깊이 함몰되어서 세상의 썩어질 것들과 영원한 하나님의 축복을 분별하지 못합니다. 우리의 어리석음을 용서하여 주옵소서. 다윗이 사모했던 그 축복의 의미를 우리도 깨닫게 하옵소서. 아멘.

시134편

성전에 올라가는 노래

¹ 보라 밤에 여호와의 성전에 서있는 여호와의 모든 종들아 여호와를 송축하라 ² 성소를 향하여 너희 손을 들고 여호와를 송축하라 ³ 천지를 지으신 여호와께서 시온에서 네게 복을 주실지어다

오늘 본문은 다른 시편과 하나님을 찬양하는 내용으로는 동일하지만 대상은 조금 다릅니다.

본문에서 하나님을 찬양하는 사람은 다름 아닌 밤에 성전을 지키는 하나님의 종들 곧 레위인들이기 때문입니다. 성전의 다양한 사역을 감당하는 레위인들은 밤낮없이 성전을 지키고 필요한 사역을 감당합니다. 다른 사람들이 곤히 잠들어 있는 한밤중에도 직무를 맡은 레위인들은 밤을 밝히며 성전의 필요한 장소에서 일을 하거나 혹은 불을 지키는 일을 감당하고 있는 것 입니다.

예배를 위해서 성전에 간 사람들이 하나님을 찬양하는 것은 너무나 당연합니다. 그러나 예배가 목적이 아닌 근무를 위해서 성전에 거하는 사람들이 전심으로 하나님을 찬양하는 일은 뜻밖에 쉬운 일이 아닙니다. 특히 아무도 없고, 보는 이도 없는 시간인 한밤에 근무를 위하여 성전에 와있는 레위인이 찬양을 한다는 것은 쉬운 일이 아닙니다. 그것도 온 마음을 드려서 찬양하는 모습인 손을 들고 찬양한다는 것은 상상하

기가 쉽지 않습니다. 그러한 자들에게 하나님께서 복을 주실 것을 약속하십니다.

"예배를 가장 사모하는 사람들은 누구 입니까?"

그들은 역설적으로 성전에 예배를 드리려 오기가 어려운 사람들입니다. 그들은 마음에 예배를 소원하고 성전을 사모합니다. 그들은 성전에 한번 오기 위하여 자신의 것 중 일부를 포기해야 하는 사람들입니다. 자신의 몸으로 일하지 않으면 결코 얻을 수 없는 수입, 긴 시간을 걸어서 와야 하는 수고로움의 헌신, 하나님께 드릴 제물을 위하여 다른 것을 포기하고 일을 해야 하는 답답한 현실에 갇혀 있는 사람들입니다. 그러한 현실을 극복하고 자신을 하나님께 드리는 것을 즐거워하고 사모합니다. 그것이 진정 하나님께서 기뻐하시고 원하시는 예배이며 헌신이라는 생각이 듭니다.

그러나 날마다 성전에 예배가 아닌 근무를 하기 위하여 성전에 머무는 사람들에게 성전에 오는 일은 예배를 사모함이 아니라 일상의 일인 것입니다. 그러한 일상에서 손을 들고 전심으로 하나님을 찬양한다는 것은 쉽지 않습니다. 예배는 하나님께 우리의 생각을 집중해야 하는데, 그 가운데서도 지속적으로 무엇인가 해야 한다는 의무감에 눌려 있다면 진정한 마음으로 예배를 드리기 어렵습니다.

우리의 예배는 어떠합니까?

날마다 예배를 위한 사모함이 있습니까?

예배를 위한 시간을 내기가 어려운 생활에 있던지, 날마다 예배에 참여하는 삶을 살든지 어떤 상황에 처해있던지 상관없이 하나님에 대한 사모함과 예배에 대한 기대가 있습니까? 하나님께서 우리에게 원하시는 것은 우리가 처한 장소와 시간 그리고 삶의 내용과 상관없이 하나님을 예배하기를 원하십니다. 찬양하기를 원하십니다. 우리가 날마다 전심으로 하나님을 향한 마음을 가지기를 명령하십니다.

　하나님의 백성에게 하나님을 찬양하는 것은 선택이 아니라 책임이며 의무입니다. 그것은 기쁨과 감격의 의무입니다. 누구도 보지 않는 밤에 예배가 아닌 사역을 위해서 성전에 가는 레위인의 찬양을 받으시기를 즐거워하시는 하나님께서 동일한 찬양을 우리에게 요구 하십니다.

　하나님께서는 찬양을 통해서 우리의 영혼을 회복시키십니다.
　찬양을 통해서 우리의 마음을 뜨겁게 하십니다.
　찬양은 우리의 눈을 들어 하나님을 바라보게 합니다.
　많은 목회자들이 전심으로 하나님께 예배 드리는 것에 실패합니다. 그들이 드리는 예배는 하나님께 드리는 예배 자로서 예배가 아닌 직업으로, 일로서 드리는 노동 행위가 된 것 입니다. 예배와 삶의 노동행위가 외형으로는 너무나 명확하게 구별되는 일이지만 실제로 하나님 입장에서는 구별되지 않습니다.

　그럼에도 불구하고 목회자들이 예배에 실패한다고 말하는 것은 그들의 예배가 마음이 없는 형식에 처해 있다는 것을 지적하는 것입니다. 실제로 그것은 비단 예배만이 아니라 마음이 없는 노동도 마찬가지 입니다. 무엇을 하든지 주께 하듯 하라고 명령하셨는데, 건성 건성 한다면 그것은 일상에서도 그리스도인의 올바른 태도가 아닌 것 입니다. 하나님께서는 우리의 일상의 삶과 예배를 구별하지 않으십니다.

　아무도 보는 이 없는 심야에 하나님께서 레위인들에게 예배와 찬양을 요구하셨다면 그것은 그들에게 그러한 시간이 필요함을 의미하는 것 입니다. 분주하게 예배를 준비하는 과정에서 온전하게 예배로 나를 드릴 수 없다면 조용한 시간에 나를 하나님께 드리는 헌신의 시간이 필요한 것 입니다. 그것은 자동적으로 주어지는 시간이 아니라 찾고, 노력해서 확보해야 하는 시간입니다. 그것이 한밤 일 수도 있고 다른 시간 일 수 도 있습니다.

오늘날의 목회자들도 동일합니다. 자신이 전심으로 드리는 예배와 헌신의 시간이 필요합니다. 누구를 의식하지 않고, 무엇을 해야 하는 의무감도 없고, 오직 하나님만 바라고 소망하는 그 시간이 필요합니다. 그 시간을 통해서 하나님과 관계를 회복하며, 은혜를 경험하며, 말씀을 위한 지혜를 얻는 시간이 되어야 합니다. "예배에 실패한 목회자" 이 말의 의미는 목회자로서 모든 것을 잃은 것 입니다.

분주한 가운데서도 새벽에 일어나서 규칙적으로 하나님과 교제하며, 기도하는 시간을 확보하신 주님의 모습이 주는 교훈은 모든 성도들에게 특히 예배의 준비에 분주한 목회자들에게 매우 사실적으로 다가옵니다. 그것은 단순한 직업으로써의 의무가 아닙니다. 그것은 새벽시간의 잠을 쫓고 일어나는 습관도 아닙니다. 바쁜 일상에도 불구하고, 새벽 이른 아침에 조용한 곳에서 하나님을 만나 그와 교제를 하셨던 예수 그리스도의 마음을 갖는 것 입니다. 이는 습관이 아니라 경외입니다. 하나님에 대한 경외심을 통해서 나타나는 우리의 모습입니다. 그것이 예배의 기본입니다. 이것이 중요한 것은 이것이 우리의 모습이어야 하기 때문입니다.

이 아침에 우리에게 찬양의 마음을 허락하신 하나님이 온 종일 우리에게 손을 들어 찬양하는 축복을 허락하셨습니다. 이 찬양의 마음과 모습은 어떤 특정한 시간과 장소를 요구하지 않습니다. 왜냐하면 그것은 우리의 마음이기 때문입니다. 내가 어디에 있든지, 나의 마음을 열면 그곳에 찬양을 받으시는 하나님께서 계십니다. 우리가 손을 들면 그 마음을 받으시는 하나님께서 그 앞에 좌정해 계십니다. 그는 우리의 그 마음을 받기 원하시는 것입니다.

예배는 단순히 우리가 하나님께 드리는 행위만은 아닙니다. 예배는 하나님께서 우리에게 주시는 축복입니다. 축복은 누림입니다. 하나님께서는 예배를 통해서 하나님의 임재와 은혜와 축복을 우리가 누리기를 원하십니다. 우리가 하나님의 임재 앞에 있다면 우리의 삶의 모습에서 드리지 못할 것이 없습니다. 누구도 보지 않는 은밀한 장소에서 하나님과 나와의 아름다운 관계를 예배로 쌓아가는 것은 큰 기쁨입니다.
  예배와 찬양의 은혜가 여러분에게 임하시기를 축복합니다. 아멘!

시136편

¹ 여호와께 감사하라 그는 선하시며 그 인자하심이 영원함이로다 ² 신들 중에 뛰어난 하나님께 감사하라 그 인자하심이 영원함이로다 ³ 주들 중에 뛰어난 주께 감사하라 그 인자하심이 영원함이로다 ⁴ 홀로 큰 기이한 일들을 행하시는 이에게 감사하라 그 인자하심이 영원함이로다 ⁵ 지혜로 하늘을 지으신 이에게 감사하라 그 인자하심이 영원함이로다 ⁶ 땅을 물 위에 펴신 이에게 감사하라 그 인자하심이 영원함이로다 ⁷ 큰 빛들을 지으신 이에게 감사하라 그 인자하심이 영원함이로다 ⁸ 해로 낮을 주관하게 하신 이에게 감사하라 그 인자하심이 영원함이로다 ⁹ 달과 별들로 밤을 주관하게 하신 이에게 감사하라 그 인자하심이 영원함이로다 ¹⁰ 애굽의 장자를 치신 이에게 감사하라 그 인자하심이 영원함이로다 ¹¹ 이스라엘을 그들 중에서 인도하여 내신 이에게 감사하라 그 인자하심이 영원함이로다 ¹² 강한 손과 펴신 팔로 인도하여 내신 이에게 감사하라 그 인자하심이 영원함이로다 ¹³ 홍해를 가르신 이에게 감사하라 그 인자하심이 영원함이로다 ¹⁴ 이스라엘을 그 가운데로 통과하게 하신 이에게 감사하라 그 인자하심이 영원함이로다 ¹⁵ 바로와 그의 군대를 홍해에 엎드러뜨리신 이에게 감사하라 그 인자하심이 영원함이로다 ¹⁶ 그의 백성을 인도하여 광야를 통과하게 하신 이에게 감사하라 그 인자하심이 영원함이로다 ¹⁷ 큰 왕들을 치신 이에게 감사하라 그 인자하심이 영원함이로다 ¹⁸ 유명한 왕들을 죽이신 이에게 감사하라 그 인자하심이 영원함이로다 ¹⁹ 아모리인의 왕 시혼을 죽이신 이에게 감사하라 그 인자하심이 영원함이로다 ²⁰ 바산 왕 옥을 죽이신 이에게 감사하라 그 인자하심이 영원함이로다 ²¹ 그들의 땅을 기업으로 주신 이에게 감사하라 그 인자하심이 영원함이로다 ²² 곧 그 종 이스라엘에게 기업으로 주신 이에게 감사하라 그 인자하심이 영원함이로다 ²³ 우리를 비천한 가운데에서도 기억해

주신 이에게 감사하라 그 인자하심이 영원함이로다 24 우리를 우리의 대적에게서 건지신 이에게 감사하라 그 인자하심이 영원함이로다 25 모든 육체에게 먹을 것을 주신 이에게 감사하라 그 인자하심이 영원함이로다 26 하늘의 하나님께 감사하라 그 인자하심이 영원함이로다

오늘의 본문인 시편136편은 시편에서도 매우 독특한 형식입니다. 앞의 구절은 다양한 감사의 내용이 나오면 뒤 구절에서는 "그 인자하심이 영원함이로다"라고 추임새를 넣습니다. 다른 말로는 "후렴"이라고 말하기도 합니다. 이와 비슷한 형식은 예배순서에 있는 교독문입니다. 앞 구절을 사회자나 목회자가 읽으면 회중이 뒤 구절을 읽어서 내용을 맞춥니다. 내용도 한 맥락으로 이어지기 보다는 한 주제에 대한 다양한 내용을 성경에서 발췌하여 묶은 형식입니다.

이러한 형식은 우리에게는 매우 익숙합니다. 우리나라의 전통 민요인 "쾡이나 칭칭나네"가 본문과 같은 형식입니다. 이는 숫자와 상관없이 많은 군중들이 함께 부를 수 있는 흥이 있는 노래입니다. 선창하는 사람이 다양한 내용을 선창하면 군중들은 "쾡이나 칭칭나네"로 후렴구를 후창 하면서 운율을 맞춥니다. 요즈음 말로 하면 "떼창"입니다. 당시 이스라엘의 성전에서 혹은 다양한 종교적인 예전에서 이러한 형식이 사용되었습니다.

본문의 내용은 "하나님께 감사하라"입니다. 그리고 그 감사의 근원이 "하나님의 영원하신 인자"입니다. 감사는 우리의 일상입니다. 감사는 기본적으로 받은 것에 대하여 그것을 준 사람에게 되돌려 드리는 행위입니다. 가장 중요한 것은 되돌려드리는 행위가 단순한 행위만이 아닌 마음을 담은 표현입니다. 어떤 형식으로 표현하던 마음의 중심에서 우러나는 감사의 표현이 가장 중요하며, 그것이 상대에게 전달됩니다. 물질을 통해서도 감사를 표현하는 일이 있습니다만 이것은 조금 어렵고

조심스럽습니다.

본문을 읽어보면 매우 다양한 내용의 감사의 조건들이 나타납니다. 이것을 정리하면 일상에서 누리는 모든 것이 하나님의 인자하심을 통해서 나에게 주어진 것이라는 고백입니다. 특별히 무엇을 한 것도 없는데, 그것을 누릴 수 있는 특권이나 자격을 가지고 있는 것에 대해서 감사의 마음을 표현하는 것입니다. 그리고 보면 본문의 내용은 이스라엘의 모든 삶의 환경이나 역사의 내용을 주관하신 이가 하나님이심을 매우 세세하게 나타내고 있습니다.

감사는 마음을 따뜻하게 합니다. 혼자 조용한 시간에 나에게 베푸신 이와 그 내용을 생각해 보면 자연스럽게 마음이 따뜻해지는 것을 느낍니다. 감사를 제공한 상대에 대한 마음이 느껴집니다. 누군가 나를 기억해준 것이 너무 기쁩니다. 나와 함께 마음을 나눌 수 있고, 나의 마음을 이해해 주는 존재가 있다는 것이 즐겁습니다. 충분한 자격을 갖추지 못했는데, 누릴 수 있는 특혜를 받은 것 같아서 민망합니다. 제대로 감사한 마음으로 갚지 못했는데, 자꾸만 신세를 지는 것 같아서 송구스럽습니다. 감사에는 따뜻함 가운데 이런 다양한 마음이 담겨 있습니다.

감사의 대상은 우리의 하나님 아버지이십니다. 하나님 아버지에 대한 감사함의 원천은 그의 "영원한 인자하심"입니다. 그의 인자하심은 정의할 방법이 없습니다. 자녀가 어떻게 부모의 마음을 알아서 말이나 글로 정확하게 표현할 수 있겠습니까? 정확하게 가늠할 수 없지만 마음에 평생 의지하며 감사하는 것입니다. 그래서 감사의 제목을 열거하기 시작하면 끝도 없는 이유가 그런 것입니다. 감사는 수많은 다른 감사의 방으로 초대합니다. 처음에 조심스럽게 문을 연 감사의 방에서 이방 그리고 다른 방의 문을 열면서 잊었던 감사의 내용을 확인할 수 있습니다. 그리고 끝없이 열리는 감사의 방문들은 그것을 잊고 살았던 삶을 부끄럽게 합니다. 얼마나 오랫동안 감사를 잊고 살았던 가를 확인하는 동시에 이렇게 많은 것들이 주어졌다는 사실에 놀라게 됩니다. 그런 생각을 하면 감사도 모르는 "후안무치"한 인간의 전형이 나였던 것을 깨닫게 됩니다. 내가 제일 싫어하는 사람의 모습이 바로 나였다는 사실을 부끄럽게 확인합니다.

참으로 궁금한 것은 어쩌면 그렇게 감사가 쉬 잊혀 질 수 있었을까? 마치 재생할 수 없는 암흑의 방으로 나의 기억을 내어 던진 듯합니다. 그것이 어쩌면 인간이 가지고 있는 속성, 부정할 수 없는 죄의 모습인 것 같습니다. 그럼에도 불구하고 하나님의 인자하심은 베푸신 감사를 잊은 나에게 동일하게 베푸셨습니다.

"감사하라"는 말이 이 시간 "기억하라"로 들립니다. 기억은 감사보다 더 적극적인 내용을 담고 있습니다. 감사의 대상과 내용 그리고 그 상황을 돌아보게 합니다. 감사의 원천인 그분의 인자하심이 지금까지 인도하시고 지키셨다는 사실을 새롭게 느낍니다. 돌아보면, Born again Christian으로 40여년을 살면서 뼈저리게 감사했던 적이 얼마나 있었던가를 생각해 봅니다. 기억이 잘 나지 않습니다. 아니 기억이 나지 않는 것이 아니라 거의 없었던 것입니다. 이것이 나의 모습입니다.

감사 할 줄 모르는 무정한 인간, 감사하지 않으면서 감사를 말하는 이중적인 모습입니다. 이러한 모습을 확인하는 것이 새삼스러운 일은 아닙니다만 자주 이러한 수치스러운 내면을 확인합니다. 그리고 곧 잊어버립니다. 기억하고 되새김질을 해야 의미를 이해하게 되고, 돌이키게 되는데, 망각하니 이전의 모습을 깨닫지 못합니다. 어리석다는 것이 이런 의미인가 봅니다. 어리석음은 죄인의 또 다른 모습입니다. 자신의 지은 죄를 깨닫지 못함은 물론 기억하지 못하는 병입니다.

감사는 이 기억 상실의 병에서 자신을 모습을 보고 깨우치게 합니다. 자신의 모습을 인지하는 순간 돌이켜 하나님 앞으로 나가는 힘을 얻습니다. 그때가 감사의 마음을 회복하는 순간입니다.

이 아침에 조금은 근심스러운 마음으로 인생의 감사의 방문을 조심스럽게 열어봅니다. 그동안 제대로 깨닫지 못했던 감사의 세상은 어떤 것인지 궁금함을 가지고, 그 안을 향해서 한발 디뎌봅니다. 경험해 보지 못한 놀라운 세상이 나에게 열릴 것 같은 기대감을 가지고 그 방 안으로 고개를 넣어 봅니다. 감사는 예기치 않은 축복입니다.

"너에게 인생을 허락한 이에게 감사하라 그의 인자하심이 영원함이로다" 아멘!

시137편

¹ 우리가 바벨론의 여러 강변 거기에 앉아서 시온을 기억하며 울었도다 ² 그 중의 버드나무에 우리가 우리의 수금을 걸었나니 ³ 이는 우리를 사로잡은 자가 거기서 우리에게 노래를 청하며 우리를 황폐하게 한 자가 기쁨을 청하고 자기들을 위하여 시온의 노래 중 하나를 노래하라 함이로다 ⁴ 우리가 이방 땅에서 어찌 여호와의 노래를 부를까 ⁵ 예루살렘아 내가 너를 잊을진대 내 오른손이 그의 재주를 잊을지로다 ⁶ 내가 예루살렘을 기억하지 아니하거나 내가 가장 즐거워하는 것보다 더 즐거워하지 아니할진대 내 혀가 내 입천장에 붙을지로다 ⁷ 여호와여 예루살렘이 멸망하던 날을 기억하시고 에돔 자손을 치소서 그들의 말이 헐어 버리라 헐어 버리라 그 기초까지 헐어 버리라 하였나이다 ⁸ 멸망할 딸 바벨론아 네가 우리에게 행한 대로 네게 갚는 자가 복이 있으리로다 ⁹ 네 어린 것들을 바위에 메어치는 자는 복이 있으리로다매우 주관적인 관점이지만 이스라엘과 우리나라의 여러 공통점들 중 하나가 나라 잃은 슬픔을 경험한 것입니다. 우리나라는 힘이 없어서 이웃나라의 침략을 수없이 받았습니다. 지정학적으로 개국 이래에 수많은 강대국의 사이에서 말할 수 없는 침략과 압제의 고통을 겪었습니다. 국가적으로, 개인적으로 그로 인해서 겪은 수모와 고통은 측정할 수 없습니다. 오늘의 짧은 본문에도 이스라엘 민족의 말할 수 없는 수모와 고통이 담겨있습니다. 공통점이 있다면 다른 점도 있을 것입니다. 이스라엘의 역사에는 철저하게 하나님의 섭리의 개입이 우리의 역사와 다른 것입니다.

본문은 구체적인 사건을 언급하고 있습니다. 바벨론에 끌려가서 그

곳의 여러 곳에서 자신들이 수금을 걸었습니다. 포로 된 백성들이 무슨 즐거운 일이 있어서 도처에서 수금을 걸고 노래를 부르겠습니까? 이 일은 자발적이 아닌 강요된 노래였습니다. 강요된 기쁨과 즐거움에 흥을 돋은 경험이 있는 사람은 그 순간의 치욕과 수치가 어떤 것인지를 알 것입니다. 노래를 부르는 사람은 슬픔이 더해 가고, 그 기쁨을 가장 슬픔의 노래를 시켜 듣는 자들은 기쁘고 즐거웠습니다. 그들은 포로들의 슬픈 노래를 들으면서 정복자의 신분을 맘껏 누렸습니다. 정복자들이 부르기를 청한 노래는 다름 아닌 하나님을 위한 찬양이었습니다. 그것은 하나님에 대하여 방자한 정복자들의 태도였습니다. 자신들의 불순종으로 이방인들에게 수치를 당하시는 하나님을 이스라엘 백성들은 견딜 수 없었습니다. 그 치욕의 부끄러움을 쉽게 잊을 수 없을 것입니다. 이스라엘이 겪은 일이 이 뿐 만은 아니었습니다. 그들이 당한 마음의 한(恨)은 설명할 수 없고, 그들이 겪은 수치는 이루 말할 수 없었습니다.

⁷ 여호와여 예루살렘이 멸망하던 날을 기억하시고 에돔 자손을 치소서 그들의 말이 헐어 버리라 헐어 버리라 그 기초까지 헐어 버리라 하였나이다 ⁸ 멸망할 딸 바벨론아 네가 우리에게 행한 대로 네게 갚는 자가 복이 있으리로다

포로 된 자가 정복자의 멸망을 기원하지 않는 사람이 있겠습니까? 시편기자도 동일하게 바벨론의 멸망을 기원했습니다. 놀라운 사실은 하나님께서 이미 예레미야를 통해서 바벨론 포로기간이 70년임을 예언하셨습니다. 바벨론은 갑자기 성장하였다가 바사의 고레스에 의해서 갑자기 멸망했습니다. 이는 바벨론의 건립이 이스라엘의 징계와 무관하지 않다는 것을 알 수 있습니다. 이스라엘은 예레미야 선지자의 예언(렘25:12)에 따라 이스라엘의 포로기간이 70년이 찼을 때 멸망했습니다. 이스라엘이 겪었던 수모와 고통이 얼마나 컸던가를 다음의 구절을 통해서 짐작할 수 있습니다. 저주도 이런 수준이라면 섬뜩합니다. 내가

당한 한을 상대의 어린 자녀에게 갚는다는 것은 인간이 할 일이 아닙니다. 그럼에도 성경이 이렇게 기록한 것은 그들의 고통과 수모와 한이 어느 정도인가를 나타내는 것입니다.

9 네 어린 것들을 바위에 메어치는 자는 복이 있으리로다

이 시는 하나님의 말씀을 불순종했던 자신들에게 내려진 하나님의 징벌과 이방인 나라에 까지 끌려가 겪었던 민족의 수모를 기억하며 부르는 통곡의 노래입니다. 두고 두고 기억하게 되는 삶의 통한의 순간입니다. 우리에게도 이러한 삶의 순간들이 있었을 것입니다. 기억하기에 너무나 아픈 불순종의 기억들 말입니다. 다시 올까 두려운 인생의 암흑과도 같았던 시간들이지만 시간이 지나면 또 다시 그 기억은 희미해 지고 맙니다. 몸에 각을 뜨는듯한 고통의 시간이지만 상처가 아무는 시간이 지나면 그 상처의 흔적을 보지 않습니다.

그것이 사사기의 기록이 아닌가요? 고통에 몸부림친 사사기의 고통이 반복된 이유는 무엇입니까? 망각입니다. 그래서 하나님께서 말씀을 마음에 새기라고 하지 않았던가? 이스라엘 백성은 하나님을 찬양하는 노래는 기억을 했지만, 말씀은 그들의 일상에서 기억하지 못했습니다. 말씀이 그들의 삶의 기준이 되지 못했습니다. 상황에 대한 몰두는 말씀이 결정의 기준이 되는 것을 방해합니다. 나의 인생도 혹시 그러한 전철을 밟고 있는 것은 아닌지 두렵습니다. 매일 아침의 묵상이 말씀을 새기는 시간이기 보다 단순한 종교적 습관이 될까 두렵습니다. 말씀을 통한 성령의 은혜가 나를 지배하기 보다 종교적 습관을 지키는 것이 나를 지배할까 두렵습니다. 정복자가 요구한 하나님을 찬양하는 노래를 거부할 의지조차 없었던 그들의 무기력함이 바로 모양만 있고 능력이 사라진 세대에 살고 있는 우리의 고통입니다. 이 연약함이 하나님을 사모하는 통곡이 되는 아침이 되기를 기대합니다. 그 통곡이 나의 마음 깊은

곳에서 올라오는 찬양이 되기를 소망합니다. 주님! 나를 살피는 능력을 허락해 주시옵소서. 아멘!

　보니 엠(Boney M)이라는 자메이카 출신의 혼성 4인조그룹이 1978년 시편137편을 주제로 부른 노래를 소개합니다. 우리가 잘 아는 팝송입니다.

Rivers Of Babylon(바빌론의 강가에서) - Boney M

By the rivers of Babylon 바빌론(원수의 도성)의 강가에
there we sat down 우리는 앉아서
ye-eah we wept, 예, 우리는 울었어요
when we remember Zion. 자이언(조국)을 생각하며
By the rivers of Babylon 바빌론(원수의 도성)의 강가에
there we sat down 우리는 앉아서
ye-eah we wept, 예, 우리는 울었어요
when we remember Zion. 자이언(조국)을 생각하며
When the wicked 사악한 무리들이
Carried us away in captivity 우리를 포로로 잡아왔어요
Required from us a song 우리에게 노랠부르라고했죠
Now how shall we sing 하지만 우리가 어떻게
the lord's song 주의 노래를 부를수 있나요
in a strange land 이런 낯선 땅에서
When the wicked 사악한 무리들이
Carried us away in captivity 우리를 포로로 잡아왔어요
Requiering of us a song 그리고 우리에게 노래를 부르라고 했지요
Now how shall we sing the lord's song
하지만 우리가 어떻게 주의 노래를 부를 수 있나요
in a strange land 이런 낯선 땅에서

Let the words of our mouth 우리의 입에서 나오는 말과
and the meditation of our heart 우리의 가슴에서의 명상을
be acceptable in thy sight here tonight 여기 오늘밤 그대 앞에서 받아주어요
Let the words of our mouth 우리의 입에서 나오는 말과
and the meditation of our heart 우리의 가슴에서의 명상을

be acceptable in thy sight here tonight 여기 오늘밤 그대 앞에서 받아주어요
By the rivers of Babylon 바빌론(원수의 도성)의 강가에
there we sat down 우리는 앉아서
ye-eah we wept, 예, 우리는 울었어요
when we remember Zion. 자이언(조국)을 생각하며
By the rivers of Babylon 바빌론 (원수의 도성)의 강가에
there we sat down 우리는 앉아서
ye-eah we wept, 예, 우리는 울었어요
when we remember Zion. 자이언(조국)을 생각하며

By the rivers of Babylon 바빌론(원수의 도성)의 강가에
(dark tears of Babylon) (바빌론의 어두운 눈물)
there we sat down 우리는 앉아서
(You got to sing a song) (당신은 노래를 했어요)
ye-eah we wept, (Sing a song of love)
예 우리는 울었어요 (사랑의 노래를 불렀어요)
when we remember Zion. 자이언(조국)을 생각하며
(Yeah yeah yeah yeah yeah) (예 예 예 예 예)
By the rivers of Babylon 바빌론 강가에
(Rough bits of Babylon) (바빌론의 거친 작은 조각들)
there we sat down 우리는 앉아서
(You hear the people cry) (당신은 사람들이 우는 것을 듣지요)
ye-eah we wept, 예 우리는 울었어요
(They need their God) (그들은 그들의 신이 필요해요)
when we remember Zion. 자이언을 생각하며
(Ooh, have the power) (오, 권력을 가져요)

시141편

다윗의 시

¹ 여호와여 내가 주를 불렀사오니 속히 내게 오시옵소서 내가 주께 부르짖을 때에 내 음성에 귀를 기울이소서 ² 나의 기도가 주의 앞에 분향함과 같이 되며 나의 손 드는 것이 저녁 제사 같이 되게 하소서 ³ 여호와여 내 입에 파수꾼을 세우시고 내 입술의 문을 지키소서 ⁴ 내 마음이 악한 일에 기울어 죄악을 행하는 자들과 함께 악을 행하지 말게 하시며 그들의 진수성찬을 먹지 말게 하소서 ⁵ 의인이 나를 칠지라도 은혜로 여기며 책망할지라도 머리의 기름 같이 여겨서 내 머리가 이를 거절하지 아니할지라 그들의 재난 중에도 내가 항상 기도하리로다 ⁶ 그들의 재판관들이 바위 곁에 내려 던져졌도다 내 말이 달므로 무리가 들으리로다 ⁷ 사람이 밭 갈아 흙을 부스러뜨림 같이 우리의 해골이 스올 입구에 흩어졌도다 ⁸ 주 여호와여 내 눈이 주께 향하며 내가 주께 피하오니 내 영혼을 빈궁한 대로 버려 두지 마옵소서 ⁹ 나를 지키사 그들이 나를 잡으려고 놓은 올무와 악을 행하는 자들의 함정에서 벗어나게 하옵소서 ¹⁰ 악인은 자기 그물에 걸리게 하시고 나만은 온전히 면하게 하소서

기도는 그리스도인의 신앙생활에 가장 기본적인 요소이며, 영적인 삶과 매우 밀접한 관계를 가지고 있습니다. 하지만 많은 그리스도인들은 자신의 기도생활에 자신감이 없습니다.

기도는 하나님과의 관계를 전제로 하기 때문에 기도생활에 소홀하거나 기도에 자신이 없다는 의미는 하나님과의 관계가 불투명하거나 올바

르지 않다는 것을 의미합니다. 어떤 경우는 하나님을 잘 모르기 때문에 그렇기도 합니다. 물론 죄인인 우리가 하나님 앞에 당당하게 자신감을 가지고 나아간다는 것을 분명 모순이며, 온당치 않은 태도인 것 같이 여겨집니다.

세상적인 관점에서는 그 말이 맞습니다. 빚진 사람이 빚을 갚아준 사람에 대하여 결코 당당할 수 없습니다. 평생 빚진 자의 모습으로 살아가는 것이 어쩌면 당연한 이치입니다. 하나님과 우리의 관계도 비슷하다고 생각 할 수 있습니다.

그러나 다릅니다. 그것은 하나님께서 우리의 죄를 사하여 주실 때, 죄만 사하여 주신 것이 아니라 우리의 신분, 즉 자녀됨의 신분을 회복시켜 주셨습니다. 이는 세상의 법칙으로는 결코 이해할 수 없는 하나님의 섭리이며, 성경에서 가르치는 가장 중요한 구원의 도리입니다. 따라서 우리가 기도 할 때에 구원과 사함에 대한 감사의 마음으로 하나님께 나아가는 것이 너무나 마땅하지만 다른 한편으로는 하나님의 자녀의 신분으로 당당함으로 나아가야 합니다. 많은 그리스도인들이 이 원리를 잘 이해하지 못합니다. 하나님께서는 자녀들에게 당당한 자녀의 모습을 기대하시고, 원하십니다. 너무 쪼그라든 죄인의 모습으로만 보여지는 것은 분명 하나님께는 마음 아픈 일이며, 우리에게는 자녀라는 신분에 맞지 않은 태도입니다.

자녀로서 현재적인 천국 축복을 누리지못하는 것은 분명 하나님에 대한 이해의 부족에서 나타나는 모습입니다. 이는 하나님께서 원하시지 않는 것 입니다.

[1] 여호와여 내가 주를 불렀사오니 속히 내게 오시옵소서 내가 주께 부르짖을 때에 내 음성에 귀를 기울이소서 [2] 나의 기도가 주의 앞에 분향함과 같이 되며 나의 손 드는 것이 저녁 제사 같이 되게 하소서

다윗은 하나님 앞에 통회하는 심정으로 나아가지만 여전히 자신이 하나님의 자녀임에 대한 인식과 하나님께 자녀에 대한 보호와 약속을 당당하게 주장하는 기도를 드리는 것을 볼 수 있습니다. 우리의 기도는 하나님께 구하게 하시는 그의 한없는 궁휼하심과 자녀이기에 주장 할 수 있는 약속의 양면을 동시에 가지고 있음을 알 수 있습니다. 다윗은 성경의 인물 중에서 하나님 앞에 가장 겸손한 사람입니다. 그럼에도 불구하고 본문의 기도를 보면 너무나 당당하게 하나님 앞으로 나아가는 것을 발견하게 됩니다. 자신의 기도에 귀를 기울여 달라고 간구하지만 다른 한편으로는 자신의 기도에 당연하게 귀를 기울여 주실 하나님을 전제하고 기도하고 있습니다. 죄인이 거룩하신 하나님께, 사람이 전능하신 신에게 이렇게 기도한다는 것은 가당치 않습니다. 그러나 이것이 하나님께서 우리에게 허락하신 하나님의 자녀로 회복된 신분의 은혜이며, 축복입니다.

특히 다윗은 자신의 기도를 제사와 비교해서 설명하고 있습니다. 구약에서 하나님과 이스라엘 백성의 관계를 설명하는 가장 중요한 내용이 제사입니다. 제사에 관해서는 출애굽기에서 하나님께서 제정하신 내용을 레위기에서 자세하게 다시 설명하고 있습니다. 다섯가지의 제사법과 제사 때 드리는 방법과 제물의 종류와 성격에 대한 자세한 설명이 있습니다. .제사법을 읽으며 생각되는 것은 하나님께서 우리의 죄에 대하여 매우 자세하게 어떻게, 무엇때문에, 그리고 왜 제사를 드려야 하는지 그리고 각각의 제사에 해당되는 죄의 내용과 상황에 대하여 적시하고 있다는 것입니다.

하지만 제사법에 관한 내용을 읽으면서 갖는 질문은 왜 하나님께서 제사법에 관해서 이렇게 자세하게 기록하셨을까? 물론 인간이 하나님께 대하여 지은 죄를 사죄하기 위하여 제사를 지내는데, 순서나 절차와 정신을 정확하게 잘 알아서 시행하는 것이 중요하다는 것은 누구나 인정할 수 있지만 이렇게까지 자세하게 해야만 하는 것인가라는 의문을 갖게 됩니다.

그러나 한번 더 생각해 보면 순서나 절차보다 더 큰 의미가 있다는 것을 알 수 있습니다.

하나님께서 우리에게 제사를 요구하시는 이유를 생각해 보면 먼저는 내가 지은 죄에 대한 자각입니다. 둘째는 나의 죄에 대한 인정과 돌이킴 입니다. 셋째는 나의 죄에 대하여 나 자신의 힘으로 할 수 있는 것이 아무것도 없다는 즉 나의 무능함에 대한 인정입니다.

이는 내가 전적으로 하나님을 의지 할 수 밖에 없는 전적으로 수동적인 존재임을 깨닫는 것 입니다.

죄사함의 제사는 그것을 통해서 우리가 하나님의 거룩하심을 닮아가는 것이며, 하나님께 전적으로 의존적인 존재가 되는 것입니다. 이것이 제사의 목적이라면 하나님께서는 우리가 그 내용을 잘못 이해해서 죄사함의 기회를 놓치는 것을 원치 않으시기 때문에 이렇게 자세하게 제사법을 설명하신다는 생각이 듭니다. 즉, 하나님께서 우리가 모르고 지나칠 수 있는 제사의 내용을 자세하게 알려주시는 것입니다.

감사입니다. 제사법이 복잡하다고 생각하는 것은 제사에 대한 기본적인 정신을 이해하지 못하기 때문입니다. 그것은 정말 잘못된 성경에 대한 이해입니다.

성경에서 제시하는 제사는 다섯가지(번제, 소제, 화목제, 속죄제, 속건제)가 있습니다. 제사를 드리는 순서나 방법도 다양합니다. 그렇게 때문에 그것이 복잡하다고 느껴 질 수 있습니다.

하지만 그 정신은 분명합니다. 제사는 우리가 하나님께 드리는 그 무엇이 아닌 하나님께서 용서 받을 수 없는 우리의 죄를 용서하시기 위하여 하나님께서 먼저 자신의 문을 여신 것 입니다. 즉, 우리를 향하신 하나님의 은혜와 긍휼의 절정이라는 사실을 이해해야 합니다.

언급한 것과 같이, 우리가 지은 죄에 대하여 소홀히 생각하여, 하나님과 화목하는 기회를 놓칠까 봐 아주 자세히 기술해서 그러한 불행한 일이 발생하지 않도록 매우 세심하게 신경을 쓰신 것입니다. 이것이 제사의 원래의 의미이며, 정신인 것입니다. 이러한 내용을 이해하면 지금 우리가 드리는 기도에 대한 자세가 달라질 수 있습니다. 그리고 내가 드리는 기도의 의미를 이해 할 수 있습니다.

다윗은 자신의 기도를 하나님께 드리는 제사와 같이 인식하고 있습니다. 물론 지금의 우리가 드리는 기도와 다윗 당시에 드리는 기도의 형태나 제사적 관점에서의 기도에 대한 인식은 많이 다를 것입니다. 생각해 보면 당시의 제사에 비견되는 기도에 비해 지금의 기도는 너무 가볍게 느껴 질 때가 많습니다. 가끔은 내가 이렇게 기도해도 되는 것일까라는 의문이 들기도 하고, 누군가 기도할 때 저런 모습으로 혹은 태도로 기도해도 되는 것일까 라는 생각이 들기도 합니다. 다윗 당시에 누구든 제사를 드리는 마음은 분명 매우 신중하고, 경건하고, 자신을 성찰하는 마음가짐이었을 것입니다.

지금 우리의 기도를 생각해 봅니다. 지금 우리의 예배와 기도는 너무 가볍습니다. 아니 가볍다 못해 불경하다고 해도 반론을 펴기가 어렵습니다. 거룩하고, 지존하신 하나님보다 우리와 함께하시는 하나님을 강조하다 보니 그런 현상이 생긴 것인지 알 수 없지만 분명 이것은 하나님에 대한 인식에 문제가 있음을 알게 됩니다.

자주 접하는 예를 들어보면, 누군가 식사기도를 할 때 "하나님 감사합니다 잘 먹겠습니다. 예수님 이름으로 기도합니다. 아멘." 그렇게 마친다. 물론 이 기도는 틀리지 않았고, 내용상으로도 전혀 문제가 없습니다. 있어야 할 기도의 내용은 다 있고, 기도로서의 형식도 갖추고 있기 때문입니다. 그러나 왠지 못 마땅한 느낌이 드는 것은 왜 일까.

"내가 너무 보수적인가?"

"진부한가?"

"아님 형식주의자인가?"

이런 내용으로 기도하는 사람의 음성의 톤마저 가볍다면 마치 기도가 아닌 장난과 같은 느낌이 드는 것을 피하기 어렵습니다. 자신의 기도를 제사와 연관시켜 고백하는 다윗의 기도를 들으니 더더욱 그런 생각이 듭니다. 이글을 쓰면서 나의 기도를 돌아 봅니다.

³ 여호와여 내 입에 파수꾼을 세우시고 내 입술의 문을 지키소서 ⁴ 내 마음이 악한 일에 기울어 죄악을 행하는 자들과 함께 악을 행하지 말게 하시며 그들의 진수성찬을 먹지 말게 하소서 ⁵ 의인이 나를 칠지라도 은혜로 여기며 책망할지라도 머리의 기름 같이 여겨서 내 머리가 이를 거절하지 아니할지라 그들의 재난 중에도 내가 항상 기도하리로다

다윗은 자신의 기도가 삶에서 어떤 모습으로 실현되기를 원하는지를 분명하게 알고 고백하고 있습니다.

이런 고백은 매우 유용합니다. 자신의 약한 부분에 대한 성찰을 통해서 하나님께서 구체적으로 자신의 삶에서 필요한 영역에서 역사 하시도록 기도하고 있기 때문입니다. 우리는 자주 이러한 기도에 실패합니다. 하나님께서 우리의 삶의 전 영역에서 함께하시고 은혜와 긍휼을 베푸시기를 기도합니다. 그러한 다윗의 기도를 통해서 확인할 수 있는 것은 다윗은 자신의 삶의 모든 영역에서 하나님의 거룩하심에 비추어 자신의 모습을 확인하고 연약한 부분에 대한 성찰이 있었다는 것입니다. 자신의 연약한 부분을 알고 하나님의 도우심을 구할 때 그 기도에는 간절함이 묻어 나옵니다.

실패한 자신의 모습을 기억하고 있기 때문입니다. 자신의 무능함을 인정할 수 밖에 없기 때문입니다. 하나님의 도우심만이 이것을 해결할 수 있는 유일한 길임을 알기 때문입니다.

시편을 보면 우리의 눈에 그렇게 위대하게 보이는 다윗이 자신의 모습을 하나님 앞에서 얼마나 초라하게 느끼는지를 확인 할 수 있습니다.

왜 그럴까? 그것은 바로 자신의 삶의 영역에서 지속적으로 실패한 자신의 모습을 확인하고, 그것들이 하나님의 은혜와 긍휼을 통해서만이 해결될 수 있는 것임을 분명하게 알고 인정했기 때문입니다. 그러한 상황에서 죄 때문에 고통하고, 번민하는 인간의 모습을 담고 있기 때문입니다.

> 6 그들의 재판관들이 바위 곁에 내려 던져졌도다 내 말이 달므로 무리가 들으리로다 7 사람이 밭 갈아 흙을 부스러뜨림 같이 우리의 해골이 스올 입구에 흩어졌도다 8 주 여호와여 내 눈이 주께 향하며 내가 주께 피하오니 내 영혼을 빈궁한 대로 버려 두지 마옵소서 9 나를 지키사 그들이 나를 잡으려고 놓은 올무와 악을 행하는 자들의 함정에서 벗어나게 하옵소서 10 악인은 자기 그물에 걸리게 하시고 나만은 온전히 면하게 하소서

다윗의 기도의 특징은 죄에 대하여는 생사를 거는 간절함이 있는 기도를 하고 있습니다. 그렇습니다. 우리의 기도는 특히 죄에 대한 사죄와 용서의 기도는 생사를 건 모험입니다. 그렇지 않으면 그 결과가 너무나 명백하기 때문입니다.

"사람이 밭 갈아 흙을 부스러뜨림 같이 우리의 해골이 스올 입구에 흩어졌도다"는 하나님의 용서가 없는 삶의 결과가 어떤 것인가를 명확하게 드러나 주고 있습니다.

세상에서 가장 연약한 존재가 우리이며, 우리가 세상의 원리에 휘둘린다면 가장 비참한 존재로 전락하는 것이 그리스도인이라고 바울은 고백했습니다.

그 위기의 절명의 순간에 시편기자는 자신을 구원해 달라고 고백합니다. 어쩌면 어리석은 고백 같지만 이 고백은 나를 살리는 고백이며, 나의 삶을 내가 아닌 하나님께 맡기는 고백이며, 나의 영혼이 어디에 있어야 하는 지를 확인하는 고백인 것입니다.

하나님께서는 이 고백을 기다리셨습니다.

晩時之歎(만시지탄)

그렇습니다. 마지막 순간에 나온 고백입니다.
언제부터 인가 외치고 싶었던 말인데, 왜 이 말이 이렇게 힘들었을까요? 교만입니다. 아무것도 없으면서, 세상에서 어떤 힘도 가지고 있지 않으면서 선천적으로 허세를 가지고 있는 나라는 존재의 교만입니다. 그 교만이 꺾였습니다.

감사입니다. 무거운 나를 내려 놓을 수 있음은 감사입니다.
그래서 기도의 시작은 감사인가 봅니다.
하나님! 기도 할 수 있어서 감사합니다.
그리고 감사로 기도를 시작할 수 있게 하셔서 감사합니다. 아멘!

시143편

다윗의 시

1 여호와여 내 기도를 들으시며 내 간구에 귀를 기울이시고 주의 진실과 의로 내게 응답하소서 2 주의 종에게 심판을 행하지 마소서 주의 눈 앞에는 의로운 인생이 하나도 없나이다 3 원수가 내 영혼을 핍박하며 내 생명을 땅에 엎어서 나로 죽은 지 오랜 자 같이 나를 암흑 속에 두었나이다 4 그러므로 내 심령이 속에서 상하며 내 마음이 내 속에서 참담하니이다 5 내가 옛날을 기억하고 주의 모든 행하신 것을 읊조리며 주의 손이 행하는 일을 생각하고 6 주를 향하여 손을 펴고 내 영혼이 마른 땅 같이 주를 사모하나이다 (셀라) 7 여호와여 속히 내게 응답하소서 내 영이 피곤하니이다 주의 얼굴을 내게서 숨기지 마소서 내가 무덤에 내려가는 자 같을까 두려워하나이다 8 아침에 나로 하여금 주의 인자한 말씀을 듣게 하소서 내가 주를 의뢰함이니이다 내가 다닐 길을 알게 하소서 내가 내 영혼을 주께 드림이니이다 9 여호와여 나를 내 원수들에게서 건지소서 내가 주께 피하여 숨었나이다 10 주는 나의 하나님이시니 나를 가르쳐 주의 뜻을 행하게 하소서 주의 영은 선하시니 나를 공평한 땅에 인도하소서 11 여호와여 주의 이름을 위하여 나를 살리시고 주의 의로 내 영혼을 환난에서 끌어내소서 12 주의 인자하심으로 나의 원수들을 끊으시고 내 영혼을 괴롭게 하는 자를 다 멸하소서 나는 주의 종이니이다

우리가 신앙생활을 하다가 어려운 일을 겪게 되면 혹시 내가 하나님께 벌을 받는 것은 아닌가라는 생각을 하게 될 때가 있습니다. 그리스도

인이 자신의 삶을 돌아보면서 하나님 앞에 떳떳한 사람이 어디에 있겠습니까? 잘못을 하면 벌을 받는 것이 당연하다고 생각하면서도 우리가 하나님의 용서에 익숙해져 있기 때문에 그 벌에 대하여 하나님의 기준보다는 나의 기대의 기준을 적용하는 경향이 있습니다. 벌은 제정자의 몫이지, 죄를 범한자의 수용이 기준이 될 수 없습니다.

요즈음처럼 "유전무죄, 무전유죄"라는 말이 실감나는 때도 없습니다. 그래서 돈이든 권력이든 무엇이라도 조금 있는 사람들은 죄짓는 것을 두려워하지 않습니다. 짧은 시간 불편한 것을 감수하면 자신에게 돌아오는 이익이 너무 크기 때문입니다. "창피함은 짧고, 이익은 길다." 그리고 더욱 가관인 것 자신이 지은 죄에 대한 형벌을 자신이 결정합니다. 세상이 점점 "후안무치(厚顔無恥)"가 팽배해져 가고 있는 것 같습니다.

> ¹ 여호와여 내 기도를 들으시며 내 간구에 귀를 기울이시고 주의 진실과 의로 내게 응답하소서 ² 주의 종에게 심판을 행하지 마소서 주의 눈 앞에는 의로운 인생이 하나도 없나이다

본문에서 다윗은 자신의 기도에 응답하지 않으시는 하나님을 생각하며 혹시 자신의 죄로 인해서 벌 받는 것이 아닌가 하는 생각을 하고 있는 듯합니다.

내가 죄인인 것은 사실이지만 둘러보면 다른 사람들은 죄를 짓고도 잘 살고 있는데, 나만 벌을 받는 것은 부당하고 불공평하다는 생각을 하게 됩니다.

죄를 지을 때는 모르지만, 벌을 받을 때는 세상 억울한 것이 "내가 받는 벌"입니다. 그래도 나는 잘 살아보려고 매우 노력하는 사람인데 라는 가당치 않는 공로 의식을 내세우기도 하고, 다른 사람보다 그래도 죄의 값이 무겁다고 항변하기도 합니다.

그런 모습을 보면 인간은 절망적인 이기주의자입니다.

자신의 죄에 대한 심판도 다른 사람과 비교하여 조금이라도 나은 것이 있다면 그것을 내세웁니다. 그것은 세상의 죄에 대한 관점이 등급을 가지고 있기 때문입니다.

누구는 중벌을 받아야 하고, 누구는 경범죄로 훈계방면되고 하는 사고를 가지고 있기 때문에 하나님 앞에서 죄의 문제도 서로를 비교하고 경중을 따지는 것 같습니다.

참으로 어리석은 행동입니다. 하나님 앞에서 죄는 곧 죽음입니다.

> 3 원수가 내 영혼을 핍박하며 내 생명을 땅에 엎어서 나로 죽은 지 오랜 자 같이 나를 암흑 속에 두었나이다 4 그러므로 내 심령이 속에서 상하며 내 마음이 내 속에서 참담하니이다

다윗은 현재 자신의 상태를 매우 참담하게 인지하고 있습니다. 자신의 죄가 너무 심하고, 그로 인해서 자신의 상태가 너무 악화되었다는 것을 고백하고 있습니다. 뿐만 아니라 그 상태가 일정기간 이상 지속되었다고 설명하고 있습니다.

지속적으로 오랫동안 반복적으로 짓는 죄에 빠진 사람들이 갖는 특징적인 현상은 죄에 대하여 무감각하고, 무기력하다는 것입니다. 그 죄의 틀에서 자신의 힘으로 빠져 나오기가 매우 어렵기 때문입니다. 자신이 죄의 권세 아래서 아무런 힘을 발휘하지 못하고 지속적으로 죄에 탐닉하고 있는 모습을 확인하는 것입니다.

예를 하나 들어보겠습니다.

오늘날 나이나 세대에 상관없이 많은 성도들이 온라인상에서 소위 말하는 야동에 탐닉하고 있다는 것은 어제 오늘의 얘기가 아닙니다. 특히 젊은 목회자들이 교회학교 자료를 구하기 위하여 동영상을 찾다가 한두 번 무심결에 들어간 포르노 사이트에 지속적으로 접속하는 경우를 봅니다.

그리고 그곳에서 빠져 나오지 못하고 있습니다. 그 시간만 되면, 혹은 혼자 있을 때면 무기력하게 그 죄의 소굴로 자신이 스스로 자신을 인도하여 들어갑니다. 처음에는 강력하게 저항합니다. 노력합니다. 그러나 사소한 이유를 내세워 결국은 그 사이트로 들어가는 것을 봅니다. "아마 그곳에 내가 학생들을 위하여 사용할 수 있는 자료가 있을지 몰라"라는 자기 기만적인 이유로 다시 그 곳으로 빨려 들어가는 것을 봅니다. 이런 경우라면 이미 상당하게 자신에 대한 통제력을 상실한 경우입니다. 원수들이 참담하게 자신을 죄의 상태에 내침을 당해도 스스로 극복할 힘이 없습니다.

영적 자존감은 낮아지고, 사역은 어려워지고, 하나님과의 관계를 이미 깨어져 있는 것을 보게 됩니다. 그야말로 만신창이가 된 것입니다. 영적인 생활을 유지하기가 매우 어려워진 것 입니다.

⁵ 내가 옛날을 기억하고 주의 모든 행하신 것을 읊조리며 주의 손이 행하는 일을 생각하고 ⁶ 주를 향하여 손을 펴고 내 영혼이 마른 땅 같이 주를 사모하나이다 (셀라) ⁷ 여호와여 속히 내게 응답하소서 내 영이 피곤하니이다 주의 얼굴을 내게서 숨기지 마소서 내가 무덤에 내려가는 자 같을까 두려워하나이다

이러한 곤고한 시절에 그 죄의 상태에서 자신을 건질 수 있는 가장 좋은 방법은 5절에 기록된 고백입니다. 지난 날에 주께서 나에게 행하신 일들을 기억하고 그것을 묵상하고 찬양하는 것입니다.

사람은 언제나 어리석어서 지금 하나님께서 나와 동행하심을 잘 깨닫지 못합니다. 그러나 시간이 지나고 나서 과거를 돌아보면 그때 하나님께서 나와 함께 하셨던 순간과 시절을 확인하게 됩니다.

종종 그때 주님께서 도와 주시지 않았다면 어떻게 되었을까라고 생각하며 가슴을 쓸어 내리게 됩니다. 이러한 주님의 도우심을 기억하고 그 주님이 나의 주님이요, 나의 힘이고 능력이신 것을 고백하는 것입니다.

이스라엘 백성들은 묵상을 우리처럼 생각만 하는 것이 아니라 입으로 읊조리는 것을 뜻합니다. 소리 내어 기도하는 것입니다. 자신의 삶에서 역사하셨던 하나님에 대한 믿음을 가지고 하는 기도는 조용하게 읊조리는 듯 하여도 힘이 있고 능력이 있습니다. 왜냐하면 그 말을 하나님께서 들으시지만 나 자신도 듣습니다. 그 말을 하는 나에게, 듣는 나 자신에게 큰 도움과 위로가 됩니다.

그 안에 확신이 있고, 하나님을 향한 깊은 감격과 사모함이 있습니다.

이러한 기도는 죄에 대한 자백으로 인하여 회개의 기도로 이어집니다. 우리의 기도가 회개의 길로 들어서면 성령께서 강력하게 나의 기도에 함께하시는 것을 느낄 수 있습니다. 왜냐하면 회개는 기도의 첫 자리이기 때문이며, 회개는 성령의 감동이 아니면 일어날 수 없기 때문입니다. 회개는 하나님의 눈을 나를 바라 볼 때 일어나는 일입니다. 특히 죄의 압제아래 있던 삶에 대한 회복은 언제나 성령의 돌이키심을 받아들이는 회개로부터 시작됩니다.

회개는 십자가에 대한 사모함 입니다. 예수 그리스도의 십자가에서 흘리신 피가 나의 죄를 덮기 때문임을 기억함 입니다. 그리스도께서 나를 위하여 찢기고 고통을 당하신 십자가이지만 나에게는 그의 고통 때문에 얻은 회복의 자리입니다. 이러한 기도는 하나님의 은혜를 사모함 입니다.

마른 땅에 닿은 물줄기가 파여진 고량을 통해 빠르게 땅에 물이 스며들 듯이 하나님을 향한 메마른 심령은 그가 내리는 은혜의 빗줄기를 단 한 방울도 흘리지 않고 담으려 합니다.

그 마음엔 간절함이 있습니다. 죄에서의 회복은 마치 생사의 갈림길에서의 선택과 같은 절박함 입니다. 이전에 경험했던 하나님과의 관계에 대한 추억이 나로 하여금 본능적으로 그리스도의 체취를 느끼게 합니다. 마치 어린아이가 엄마의 젖가슴을 본능적으로 찾아가는 것과 같습니다.

⁸ 아침에 나로 하여금 주의 인자한 말씀을 듣게 하소서 내가 주를 의뢰함이니이다 내가 다닐 길을 알게 하소서 내가 내 영혼을 주께 드림이니이다 ⁹ 여호와여 나를 내 원수들에게서 건지소서 내가 주께 피하여 숨었나이다

기도는 영의 고백이지만 그것을 가능하게 하는 것은 습관이며 훈련입니다.
물론 명목적인 반복의 의미하는 것은 아닙니다. 반복은 습관을 형성합니다. 특히 기도의 습관은 형성하기가 매우 어렵습니다. 사탄이 우리의 기도함을 가장 싫어하기 때문입니다. 예수님과 3년이나 함께한 제자들이 감람산에서 십자가를 앞에 두고 기도하시는 예수님과 함께 기도할 수 없었던 것을 보면 기도한다는 것이 얼마나 어려운 일인가를 알게 됩니다. 예수님께서 그러한 제자들의 모습을 보시고 "너희가 한시도 나와 함께 기도 할 수 없더냐"라고 탄식하셨습니다. 하나님의 아들이신 예수님께서도 일찍 아침에 일어나셔서 하나님에게 기도했습니다. 다윗도 "내가 새벽을 깨우리로다"라고 고백했습니다. 꼭 새벽이어야 할 필요는 없지만 그래도 새벽이 좋습니다.
조용하고, 혼자의 시간이 가능하고, 영이 맑게 깨어 있고, 하루의 첫 시간이기에 하나님을 만나기 딱 좋은 시간입니다.
하루 하루의 고백이 우리를 이끌어 갈 것입니다. 새벽에 조용하게 누구도 없이 나만이 하나님과 갖는 데이트를 사모하는 자는 그의 길을 하나님께서 형통하게 하실 것 입니다. 우리의 고백 가운데 하나님께서 함께 하실 것 입니다.
죄의 길에 있는 우리에게 고백을 통한 회복의 길을 여신 주님을 찬양하고 감사합니다. 아멘!

시145편

다윗의 찬송시

¹ 왕이신 나의 하나님이여 내가 주를 높이고 영원히 주의 이름을 송축하리이다 ² 내가 날마다 주를 송축하며 영원히 주의 이름을 송축하리이다 ³ 여호와는 위대하시니 크게 찬양할 것이라 그의 위대하심을 측량하지 못하리로다 ⁴ 대대로 주께서 행하시는 일을 크게 찬양하며 주의 능한 일을 선포하리로다 ⁵ 주의 존귀하고 영광스러운 위엄과 주의 기이한 일들을 나는 작은 소리로 읊조리리이다 ⁶ 사람들은 주의 두려운 일의 권능을 말할 것이요 나도 주의 위대하심을 선포하리이다 ⁷ 그들이 주의 크신 은혜를 기념하여 말하며 주의 의를 노래하리이다 ⁸ 여호와는 은혜로우시며 긍휼이 많으시며 노하기를 더디 하시며 인자하심이 크시도다 ⁹ 여호와께서는 모든 것을 선대하시며 그 지으신 모든 것에 긍휼을 베푸시는도다 ¹⁰ 여호와여 주께서 지으신 모든 것들이 주께 감사하며 주의 성도들이 주를 송축하리이다 ¹¹ 그들이 주의 나라의 영광을 말하며 주의 업적을 일러서 ¹² 주의 업적과 주의 나라의 위엄 있는 영광을 인생들에게 알게 하리이다 ¹³ 주의 나라는 영원한 나라이니 주의 통치는 대대에 이르리이다 ¹⁴ 여호와께서는 모든 넘어지는 자들을 붙드시며 비굴한 자들을 일으키시는도다 ¹⁵ 모든 사람의 눈이 주를 앙망하오니 주는 때를 따라 그들에게 먹을 것을 주시며 ¹⁶ 손을 펴사 모든 생물의 소원을 만족하게 하시나이다 ¹⁷ 여호와께서는 그 모든 행위에 의로우시며 그 모든 일에 은혜로우시도다 ¹⁸ 여호와께서는 자기에게 간구하는 모든 자 곧 진실하게 간구하는 모든 자에게 가까이 하시는도다 ¹⁹ 그는 자기를 경외하는 자들의 소원을 이루시며 또 그들의 부르짖음을 들으사 구원하시리로다 ²⁰ 여호와께서 자기를 사랑하는 자들은 다 보호하시고 악인들은 다 멸하시리로다 ²¹ 내 입이 여호와의 영예를 말하며 모든 육체가 그의 거룩하신 이름을 영원히 송축할지로다

¹ 왕이신 나의 하나님이여 내가 주를 높이고 영원히 주의 이름을 송축하리이다 ² 내가 날마다 주를 송축하며 영원히 주의 이름을 송축하리이다 ³ 여호와는 위대하시니 크게 찬양할 것이라 그의 위대하심을 측량하지 못하리로다 ⁴ 대대로 주께서 행하시는 일을 크게 찬양하며 주의 능한 일을 선포하리로다 ⁵ 주의 존귀하고 영광스러운 위엄과 주의 기이한 일들을 나는 작은 소리로 읊조리리이다

우리가 익히 알고 있는 찬양입니다. "왕이신 나의 하나님, 내가 주를 높이고" 학창시절에 참으로 사랑했던 찬양입니다. 목회할 때, 때때로 예배의 입례 송으로 불렀던 찬양입니다. 이 아침에 다시 이 찬양을 부르면서 그 때와는 전혀 다른 감정을 느낍니다. 당시에는 "하나님, 당신은 나의 왕이십니다"라는 고백이 있었습니다. 왕 되신 하나님에 대한 진정한 고백이었음을 지금도 느낍니다.

이 아침에는 본문의 표지에 (다윗의 찬송시)라는 글귀를 보고 다윗이 하나님을 향해서 "왕이신 나의 하나님, 내가 주를 높이고"라고 찬송하는 것은 어떤 감정일까라는 생각이 듭니다. 당시 가나안의 맹주였던 다윗, 한 국가의 절대권력을 가지고 있던 위대한 왕 다윗, 아무도 대적할 수 없었던 블레셋의 대장군 골리앗을 어린 목동의 신분으로 단 한번의 작은 팔매 돌로 제압해 버린 전설의 인물인 다윗입니다. 자신이 왕인데, 하나님을 왕으로 호칭하는 것은 어떤 의미일까요? 그것은 하나님 앞에서 자신은 왕이 아니다는 의미가 아닐까요? 하나님! 당신 앞에서 나는 영원히 양치는 목동입니다. 혹은 나는 당신의 종입니다. 아마 다윗이 이 찬양을 읊조렸다면 그런 심정으로 한 고백이 아닐까라는 생각을 해 봅니다. 이것이 다윗의 진정한 고백일 것입니다.

절대 군주인 왕의 입에서, 하나님을 왕으로 호칭하는 것은 참으로 다른 느낌입니다. 만약 내가 그런 자리에 있다면, 과연 이러한 고백이 가능한가를 생각해 봅니다. 아마 결코 쉽지 않았을 것입니다. 사울 왕은 자신이 왕이 된 후 2년쯤 후에나 하나님께 제단을 쌓았습니다. 그것도

블레셋이 침공해 오는 다급한 상황에서 말입니다. 그런 사울이 다윗처럼 아침마다 "왕이신 나의 하나님"이란 고백을 했다고 생각되지 않습니다.

다윗은 지속적으로 하나님을 찬양하고 있습니다. 특히 "나는 작은 소리로 읊조리이다"라고 고백하고 있습니다. 이는 여러 번 언급한 바가 있지만 자신의 입으로 낮은 소리로 흥얼거리는 찬양을 하는 것입니다. 낮은 소리로 기쁨으로 하나님의 말씀을 혹은 찬양을 흥얼거리는 때는 언제 입니까? 그것은 흥얼거리는 내용에 대한 동의와 그로 인한 풍성함이 가득 차 있을 때입니다. 이는 다윗이 찬양의 형식을 따르는 것이 아닌 자신의 내면에 채워지는 충만함을 나타내는 것입니다. 그러한 찬양을 통해서 내면에 스며드는 영의 충만함을 만끽할 수 있습니다. 그것은 하나님께서 자신을 왕으로 만들어 주셔서 드리는 찬양이 아닙니다. 그것과 상관없이 하나님의 어떠하심에 대한 진정한 고백입니다. 이는 다음절에서 그의 진정성을 확인할 수 있습니다.

> 8 여호와는 은혜로우시며 긍휼이 많으시며 노하기를 더디 하시며 인자하심이 크시도다 9 여호와께서는 모든 것을 선대하시며 그 지으신 모든 것에 긍휼을 베푸시는도다

위의 내용은 단순한 하나님의 속성을 언급하고, 나열하고 있는 것 같지 않습니다. 다윗은 자신의 입으로 자신의 삶에서 보여주신 하나님의 성품과 은혜를 노래하고픈 것입니다. 은혜와 긍휼, 오래 참으심과 인자하심, 그리고 자신을 선대하심을 생각하며 이 고백을 하고 있는 것입니다. 왕으로서 하나님께 입은 은혜를 고백하는 것입니다.

높은 직위에 있는 사람들이 내가 다른 사람의 힘으로 이 자리에 왔습니다. 지금도 나는 "그에게 이러한 도움을 받고 있습니다"라고 고백하는 것은 참으로 어렵습니다. 이는 자신의 노력과 능력을 무너뜨리는 행위입니다. 하나님 앞에서도 그렇습니다. 높은 직위에 있는 사람들은 자

신이 무너지는 모습을 결코 보이고 싶어하지 않습니다. 그들은 자신의 노력으로 그 자리에 올라갔다고 생각하고, 자신이 그 자리를 지킬 수 있는 충분한 자격이 있다고 생각합니다.

사울 왕이 아말렉과의 전쟁에서 크게 이기고 나서 하나님의 명령을 무시하고 전리품을 챙겼습니다. 이것을 보고 사무엘이 사울 왕을 크게 꾸짖고 그를 떠나 가려 했습니다. 그때에 사울 왕이 사무엘의 겉옷자락이 찢어질 정도로 붙잡으며 사무엘에게 한 말을 기억하십니까? "내 백성의 장로들 앞과 이스라엘 앞에서 나를 높이사 나와 함께 돌아가서 내가 당신의 하나님 여호와께 경배하게 하소서 하더라(삼상15:30)"를 생각해 보면 성공한 사람이 자신을 겸손하게 낮추는 것 얼마나 어려운가를 확인하게 됩니다.

반면, 다윗의 고백은 결코 쉽지 않습니다. 이는 사울에게 하나님은 자신의 권력을 유지하기 위한 도구였지만, 다윗에게는 자신의 삶의 주인이셨던 것입니다. 사울에게 하나님은 자신을 귀찮게 하는 존재였지만, 다윗에게는 지존하신 자신의 주인이며 왕이셨던 것입니다. 다윗은 그 하나님께서 자신에게 은혜를 베푸셨고, 많은 긍휼을 베푸셔서 자신이 위로를 받았고, 하나님의 명령을 어기고 다른 길로 갔을 때에도 벌하지 않으시고 오래 참으셔서 그것을 깨닫게 하셨고, 보잘것없는 자신을 선대하셔서 이스라엘의 왕으로 삼으시고 지금까지 가르치시고 인도하셨다는 것을 인정하고, 이해하며, 고백하고 있습니다. 얼마나 놀라운 고백입니까? 한 나라의 왕이 고백할 수 있는 내용이 결단코 아닙니다. 왕이 아닌 죄인의 모습이어야 가능한 고백입니다. 하나님께서 다윗의 왕이시기에 가능한 고백입니다. 나에게 하나님은 누구 입니까?

14 여호와께서는 모든 넘어지는 자들을 붙드시며 비굴한 자들을 일으키시는도다 15 모든 사람의 눈이 주를 앙망하오니 주는 때를 따라 그들에게 먹을 것을 주시며 16 손을 펴사 모든 생물의 소원을 만족하게 하시나이다 17 여호와께서는 그 모든 행위에 의로

우시며 그 모든 일에 은혜로우시도다 ¹⁸ 여호와께서는 자기에게 간구하는 모든 자 곧 진실하게 간구하는 모든 자에게 가까이 하시는도다 ¹⁹ 그는 자기를 경외하는 자들의 소원을 이루시며 또 그들의 부르짖음을 들으사 구원하시리로다 ²⁰ 여호와께서 자기를 사랑하는 자들은 다 보호하시고 악인들은 다 멸하시리로다 ²¹ 내 입이 여호와의 영예를 말하며 모든 육체가 그의 거룩하신 이름을 영원히 송축할지로다

다윗은 하나님이 자신만의 하나님이 아니라고 말합니다. 하나님의 선하심은 이 땅의 모든 사람 즉 하나님을 바라보며 그에게 자신의 사정을 아뢰며 간구하는 모든 자의 하나님이신 것을 선포하고 있습니다. 하나님께서는 자신을 경외하는 모든 사람에게 동일한 은혜를 베푸시며, 그에게 부르짖어 기도하는 자들에게 동일한 사랑과 은혜와 보호하심을 보이시는 하나님이신 것을 공포하고 있습니다. 권력자는 자신의 권력의 비밀을 결코 다른 사람에게 말하지 않습니다. 하지만 다윗은 이스라엘의 모든 백성들이 자신과 같이 하나님 앞으로 나아가서 그에게 동일한 은혜를 구하며, 그것을 얻기를 원합니다.

다윗은 사람들이 자신에게 "당신의 능력은 당신의 것이 아니라 하나님의 것이군요"라고 말해도 상관이 없다는 태도입니다. 자신의 권력의 노하우를 만천하에 공개하는 것입니다. 세상의 권력자들은 자신의 권력이나 능력의 원천을 공개하지 않습니다. 모든 것이 자신의 능력임을 보이고 싶어합니다. 이는 교만입니다. 이 땅의 권력은 자신이 아닌 하나님으로부터 나옵니다. 따라서 그 권력의 자리는 하나님을 섬기고, 사람들을 사랑하는 자리인 것입니다.

다윗은 이렇게 외칩니다. 이스라엘 사람들아 들어라! 하나님을 공경하고, 그의 말씀에 순종하십시오. 그리하면 하나님께서는 당신에게 간구하는 모든 사람에게 내가 입은 동일한 은혜를 주십니다. 어서 와서 함께 하나님을 찬송하고, 그에게 우리의 필요를 간구하며, 그가 주시는 은혜와 긍휼과 사랑을 누립시다. 그러한 은혜와 형통을 경험하시고 싶

은 사람들은 모두 오십시오. 이것이 하나님을 사랑하고, 이스라엘을 사랑하는 다윗의 고백입니다.

주님! 다윗의 고백이 너무 멋집니다. 부족한 저에게도 그러한 고백을 할 수 있는 용기를 주십시오. 아멘.

시148편

1 할렐루야 하늘에서 여호와를 찬양하며 높은 데서 그를 찬양할지어다 2 그의 모든 천사여 찬양하며 모든 군대여 그를 찬양할지어다 3 해와 달아 그를 찬양하며 밝은 별들아 다 그를 찬양할지어다 4 하늘의 하늘도 그를 찬양하며 하늘 위에 있는 물들도 그를 찬양할지어다 5 그것들이 여호와의 이름을 찬양함은 그가 명령하시므로 지음을 받았음이로다 6 그가 또 그것들을 영원히 세우시고 폐하지 못할 명령을 정하셨도다 7 너희 용들과 바다여 땅에서 여호와를 찬양하라 8 불과 우박과 눈과 안개와 그의 말씀을 따르는 광풍이며 9 산들과 모든 작은 산과 과수와 모든 백향목이며 10 짐승과 모든 가축과 기는 것과 나는 새며 11 세상의 왕들과 모든 백성들과 고관들과 땅의 모든 재판관들이며 12 총각과 처녀와 노인과 아이들아 13 여호와의 이름을 찬양할지어다 그의 이름이 홀로 높으시며 그의 영광이 땅과 하늘 위에 뛰어나심이로다 14 그가 그의 백성의 뿔을 높이셨으니 그는 모든 성도 곧 그를 가까이 하는 백성 이스라엘 자손의 찬양 받을 이시로다 할렐루야

시편의 마지막 부분은 찬양의 시로 가득 차 있습니다. 시편 전체가 찬양이기 때문에 찬양으로 시편을 마무리하는 것은 너무나 당연하다는 생각이 듭니다. 오늘의 찬양은 다른 날과 조금 특별한 내용입니다. 오늘의 찬양은 창조사역의 첫날부터 여섯째 날까지 창조하신 모든 내용을 다 모아 놓은 것 같은 생각이 듭니다. 하늘의 빛으로부터 시작해서 땅 위에서 하나님의 영으로 받은 호흡으로 생을 유지하고 있는 인생들

에까지 세세하게 기록하고 있습니다. 이 모든 만물이 다 하나님의 피조물이며, 하나님을 찬양해야 할 의무를 가진 것들임을 선포하고 있습니다. 전체의 내용을 그려보면 천체의 모든 만물이 가장 아름다운 하모니로 하나님을 찬양하는 웅장하고도 섬세함을 느낄 수 있습니다.

천국을 생각할 때, 이사야 선지자의 기록처럼 사자와 어린 양이 함께 뛰놀고, 독사의 굴에 손을 넣어도 해를 입지 않는 모습을 그립니다. 그와 같이 이 세상에서 신분과 연령, 직업과 재산의 유무와 상관없이 한마음으로 하나님을 찬양하고 모습을 생각할 수 있습니다.

명절이나 특별한 날에 잔치를 하면 예외없이 등장하는 것이 무엇인지 아십니까? 그것은 아이들의 노래입니다. 아이들이 나와서 노래하면 그곳에 있는 모든 사람들의 시선이 집중되며, 누구나 예외 없이 기뻐하고 즐거워합니다. 그 이유는 아이들이 노래와 율동을 잘하기 때문이 아닙니다. 그 아이들은 자신의 자손이며 핏줄이기 때문입니다.

그렇습니다. 아무리 훈련을 많이 받고 사람들에게 잘 알려진 가수의 노래라 할지라도 자신의 자녀들의 노래 보다는 못한 것 입니다. 이것이 하나님의 마음입니다. 하나님께서는 자신의 형상을 닮은 사람들의 찬양을 가장 기뻐하십니다. 감사한 것은 그 가운데 나의 찬양도 포함되어 있다는 것입니다. 하나님께서 기뻐하시는 것에 나의 작은 부분이 포함되어 있다는 것은 참으로 감사하고 자랑스러운 일입니다.

이 아침에도 내가 작은 소리로 드리는 찬양에 귀를 기울이시고 그 찬양을 기쁘시게 받으시는 하나님을 찬양합니다. 나의 찬양을 하나님께서는 가장 아름다운 소리로 들으십니다. 이것이 이 아침에도 내가 찬양할 수 있는 이유가 됩니다. 가끔 예배의 시작에 이 찬양을 부르면 힘이 납니다. 은혜가 됩니다.

"찬양하라 내 영혼아, 찬양하라 내 영혼아, 내속에 있는 것들아 다 찬양하라"

특히 "내 속에 있는 것들아 다 찬양하라" 하는 구절을 부를 때면 감격스럽습니다. 내 속에 무엇이 있는 것을 내가 아는데, 내 안에 있는 악과 죄, 부정직함과 모순, 미움과 불신앙이 너무 큰 것을 아는데, 그 모든 것을 덮으시고 내 안에 있는 자신의 형상만을 보시고 내 찬양을 기쁘게 들으시는 하나님을 생각하면 언제나 눈가에 떨림이 있음을 느낍니다. 나의 연약함을 내가 알지만 그럼에도 불구하고 나의 찬양을 들으시기를 즐겨 하시는 하나님을 찬양합니다.

찬양은 언제나 나의 시선을 주님께로 향하게 합니다. 나의 마음이 세상의 일로 분주 할 때, 내가 부르는 한 줄의 찬양을 통해서 나의 마음이 어느덧 하나님의 섭리안에 거함을 느낍니다. 이것이 찬양의 힘입니다. 이것은 성령의 도우심이며 능력입니다. 어느 날은 아침부터 계속 유행가 가사가 나의 입 속에 맴돕니다. 왜 그럴까? 평소에 잘 부르지 않는 노래인데 하고 생각해 보면 어제 어느 때 즈음에 들었던 노래입니다. 그 노래가 다음날 아침까지 나의 무의식에 남아있었던 것입니다. 그렇습니다. 내가 평상시에 듣고, 보고, 생각하고, 느끼는 모든 것이 내마음에 남아서 내 입술을 통해서 나의 노래로 흥얼거리게 합니다. 내가 찬양을 하고 싶어도 내 안에 찬양의 소재가 없다면 그 찬양은 나오지 않는 것입니다. 그러기에 내가 보고, 듣고, 느끼고, 생각하는 것이 얼마나 중요한가를 새삼 깨닫습니다. 찬양은 단순히 입술만의 고백이 아닙니다. 나의 전신의 고백입니다.

나의 마음과 몸의 리듬입니다. 하나님께서 지으신 만물의 움직임과 흐름이 곧 찬양의 리듬이라는 생각이 듭니다. 그 리듬에 내 몸의 리듬이 동화되며 반응하는 것입니다. 이 아침에도 나의 온 몸이 하나님을 송축하는 도구가 되길 원합니다. 나의 찬양을 받아주시옵소서. 아멘!

시150편

¹ 할렐루야 그의 성소에서 하나님을 찬양하며 그의 권능의 궁창에서 그를 찬양할지어다 ² 그의 능하신 행동을 찬양하며 그의 지극히 위대하심을 따라 찬양할지어다 ³ 나팔 소리로 찬양하며 비파와 수금으로 찬양할지어다 ⁴ 소고 치며 춤 추어 찬양하며 현악과 퉁소로 찬양할지어다 ⁵ 큰 소리 나는 제금으로 찬양하며 높은 소리 나는 제금으로 찬양할지어다 ⁶ 호흡이 있는 자마다 여호와를 찬양할지어다 할렐루야

   시편의 마지막 장입니다. 지난 여러 달 동안 시편을 묵상하며 전에 경험하지 못했던 새로운 많은 것들을 깨달았습니다.
   돌아보면 시편은 매일 아침마다 나의 몸과 영과 혼을 깨우는 알람과 같은 역할을 했습니다. 다윗, 아삽, 솔로몬 그리고 많은 노래하는 자들이 지은 시가 한 구절 한 구절 나의 삶에 다가왔습니다.
   그들의 찬양이 나의 찬양이었고,
   그들의 고통이 나의 고통이었으며,
   그들의 기쁨이 나로 웃음짓는 환희가 되었고,
   그들의 애끓는 기도가 나로 무릎 꿇게 만드는 기도의 제목이 되었습니다. 시편은 하나님의 복으로 시작해서 그 복을 누리는 사람들의 모습을 기록하고 있습니다.
   시편은 그들의 生死禍福(생사화복), 喜怒哀樂(희로애락)에 언제나 함께하시는 하나님을 만나게 됩니다.

그들은 때로는 순례자로, 기도자로, 예배자로, 어떤 때는 세상의 유혹에 넘어진 실패자로, 하나님의 은혜를 갈급하게 기다리는 자로 살아가는 모습을 보이지만 결국은 그들에게 하나님께서 그들의 하나님이심을 나타내셨습니다.

시편을 통해서 우리의 삶의 실제적인 모습을 보게 됩니다. 전도자가 그가 세상의 모든 좋은 것을 다 경험해 보니, 헛되고 헛되며 헛되고 헛되니 모든 것이 헛되다라고 고백했던 것과 같이 이 땅에서 하나님의 백성으로 어떤 삶을 살아야 하는가를 명확하게 보여주고 있습니다. 우리의 감정을 숨기지 않고 솔직하게 하나님께 드러내며 하나님의 은혜와 긍휼을 기대하는 삶을 살아가는 것이 하나님께서 나에게 원하시는 삶의 모습이라는 생각됩니다.

내가 내 감정에 솔직해 질 때 하나님께서 나를 터치하시며 고칠 수 있습니다. 내가 나를 속인다면 결국은 나 뿐 아니라 하나님을 속이는 자가 될 것입니다. 그러한 행동은 하나님을 기쁘시게 할 수 없습니다. 시편의 기자들이 가장 힘들어했던 것은 자신을 하나님 앞에 정직하게 있는 그대로 세우는 일이었다는 생각을 하게 됩니다.

시편은 숨기고 싶은 죄 된 나의 마음을 하나님께 드러내게 합니다. 에덴에서 죄를 지은 후에 자신을 숨겼던 아담과 하와의 모습이 아닌, 동생을 죽이고도 "내가 아벨을 지키는 자이니까?"라고 하나님께 대항했던 가인의 모습이 아닌, 하나님의 은혜로 왕위에 올랐지만, 한번도 자발적으로 하나님께 제단을 쌓지 않았고, 하나님 보다 사람의 시선을 더 의식했던 사울의 모습이 아닌, 왕임에도 불구하고 나단이 지적한 자신의 죄를 만인 앞에서 인정하고, 그 죄 때문에 밤마다 눈물로 베개를 적시며 벌거벗은 체로 하나님 앞에 나갔던 다윗의 모습을 닮기를 원합니다.

죄를 숨기지 않고 드러내며 자신의 연약함을 고백하는 자가 되기를 원합니다. 이런 연약한 자를 살리시며 인도하시는 하나님을 더 깊이 신뢰하고 그를 향해서 나아가는 삶의 여정이 되기를 원합니다. 그 모습이 결국은 하나님께서 나에게 허락하시는 하늘의 복인 것을 깨닫게 하십니다. 그리고 그 하늘의 복을 누리며 찬양하는 자가 되길 원합니다.

주님은 내 삶의 모든 질고를 찬양으로 바꾸어 주신 분이십니다.
주님은 내 삶의 고뇌를 찬양으로 바꾸어 주신 분이십니다.
주님은 내 삶의 분노를 찬양으로 바꾸어 주신 분이십니다.
주님은 내 삶의 관계의 어려움을 찬양으로 바꾸어 주신 분이십니다.
주님은 내 삶에서 잃어버린 찬양을 회복하게 하신 분이십니다.

"호흡이 있는 자마다 여호와를 찬양할지어다. 할렐루야!"

아멘!